经济优化方法与模型

费 威◎主 编

清華大學出版社
北 京

图书在版编目(CIP)数据

经济优化方法与模型/费威主编. —北京：清华大学出版社，2020.12
ISBN 978-7-302-56838-4

Ⅰ. ①经… Ⅱ. ①费… Ⅲ. ①经济数学－高等学校－教材 Ⅳ. ①F224.0

中国版本图书馆 CIP 数据核字(2020)第 225271 号

责任编辑：吴　雷
封面设计：汉风唐韵
责任校对：宋玉莲
责任印制：宋　林

出版发行：清华大学出版社
网　　址：http://www.tup.com.cn，http://www.wqbook.com
地　　址：北京清华大学学研大厦 A 座　　邮　　编：100084
社 总 机：010-62770175　　邮　　购：010-62786544
投稿与读者服务：010-62776969，c-service@tup.tsinghua.edu.cn
质量反馈：010-62772015，zhiliang@tup.tsinghua.edu.cn
印 装 者：三河市金元印装有限公司
经　　销：全国新华书店
开　　本：185mm×260mm　　印　张：10.25　　字　　数：248 千字
版　　次：2020 年 12 月第 1 版　　印　　次：2020 年 12 月第1 次印刷
定　　价：49.00 元

产品编号：087178-01

PREFACE 前言

经济系统优化方法与应用是数量经济学的主要研究方向之一，主要以现代运筹学和系统科学理论与方法为主要工具，分析、研究整体经济最优布局、经济发展的最优控制、经济结构的优化等经济学和管理学问题。现代经济的理论与实践表明，用数量化方法研究经济现象、解决经济问题，不仅可获得极大的成功，而且已经成为一种趋势。人们研究经济现象，解决经济问题，进行经济决策的根本目标是追求效益的最大化。因此，经济优化问题分析既具有理论研究价值，又具有实际应用意义。随着现代经济学的飞速发展，使用数理分析工具，解决经济管理领域的现实案例越来越凸显其重要性。对此，掌握经济优化基本理论、方法与模型及其应用不可或缺。鉴于此，本教材的编写目的是向人们介绍经济优化的常用模型以及构建的方法，着重阐述目前广泛使用的数学工具、方法及其基本原理，为应用数理方法分析经济问题提供实用路径。

本教材对经济优化常用方法和模型的数学原理进行较全面、系统的阐述。不同于一般经济数学类教材，本教材更注重方法与应用的结合。与已有教材相比，本教材主要特点体现在以下方面：

一是本教材先叙述问题的经济背景，然后在此基础上构建经济数学模型，提出优化问题，再介绍为解决优化模型所使用的数学工具、方法及原理，最后才回到其在经济上的应用；

二是本教材通过选择典型的经济模型，围绕模型展开讨论，既帮助读者弄清相关经济背景及意义，又有针对性地进行数量分析，在解决经济问题的同时，叙述了相关数学方法和原理；

三是本教材关于数学工具、方法及理论的介绍，在紧紧围绕经济优化这一中心议题的同时，又力求叙述完整、论证严格、方法简明、理论充实、深入浅出、易于读懂，具有微积分和线性代数及基础概率知识的文科类专业学生也能接受，并且不会感到抽象难懂。本教材定会成为这类学生学习现代经济数学的入门基础书，同时也是一部为数学、理科相关专业学生讲解如何应用数学工具和方法建立经济模型的参考书。此外，为提升教与学的效果，本教材在每章章首设置了学习目标与关键概念，每章章末也均配备了练习题。

本教材的撰写工作得到了夏少刚教授的悉心指导，同时东北财经大学硕士研究生张容、丁月、高思琪和吕欣阳参与了相关编写工作。编写工作的具体分工为：张容参与第 1 章和第 2 章的编写；丁月参与第 3 章和第 4 章的编写；高思琪参与第 5 章前 2 节和第 7 章的编写；吕欣阳参与第 5 章第 3 节和第 6 章的编写。本教材的撰写和出版还得到了东北财经大学经济学院的大力支持。

本教材在编写过程中参阅了国内外大量与经济优化方法与模型相关的著作和文献资料，在此谨对这些值得尊敬的专家、学者和老师表示深深的感谢。由于编者水平有限，书中不妥之处在所难免，还恳请同行专家、学者及读者批评指正。

编　者

2020 年 9 月 28 日

CONTENTS

目录

第1章

矩阵基础

学习目标

通过本章的学习，应该达到以下学习目标：

1. 掌握向量和矩阵的模及其计算；
2. 熟悉矩阵的收敛性分析；
3. 掌握非负矩阵的相关知识；
4. 灵活运用非负矩阵进行基本投入产出模型分析；
5. 熟悉投影矩阵；
6. 了解不可约矩阵和 L_- 矩阵；
7. 灵活运用判断矩阵，掌握两种近似求特征向量的方法。

关键概念

向量　矩阵　模　收敛性　非负矩阵　不可约矩阵　投入产出模型　对角优势矩阵　L_- 矩阵　投影矩阵　判断矩阵　方根法　和积法

1.1　向量和矩阵基础知识

1.1.1　向量和矩阵的模

在线性代数中，对于向量 $\boldsymbol{x}=(x_1,x_2,\cdots,x_n)^{\mathrm{T}}$，我们曾用其“长度”$\sqrt{x_1^2+x_2^2+\cdots+x_n^2}$ 分析处理问题。将这一思想加以深入和推广，便产生如下模或范数的概念。

用 $\mathbf{R}^n$ 表示 n 维向量 $\boldsymbol{x}=\begin{pmatrix}x_1\\x_2\\\vdots\\x_n\end{pmatrix}=(x_1,x_2,\cdots,x_n)^{\mathrm{T}}$ 构成的实向量空间，分量 $x_1,x_2,\cdots,x_n$ 为实数，T 表示转置。

在 $\mathbf{R}^n$ 中引入范数 $\|\cdot\|$，它满足下列范数公理：

(1) $\|\boldsymbol{x}\|\geqslant 0,\forall \boldsymbol{x}\in\mathbf{R}^n$；$\|\boldsymbol{x}\|=0$，当且仅当 $\boldsymbol{x}=\mathbf{0}$；

(2) $\| \alpha \boldsymbol{x} \| = |\alpha| \, \| \boldsymbol{x} \|, \forall \boldsymbol{x} \in \mathbf{R}^n, \alpha \in \mathbf{R}^1$；

(3) $\| \boldsymbol{x}+\boldsymbol{y} \| \leqslant \| \boldsymbol{x} \| + \| \boldsymbol{y} \|, \forall \boldsymbol{x}, \boldsymbol{y} \in \mathbf{R}^n$。

最常用的范数有 Euclid 范数 $\| \cdot \|_2$，$\boldsymbol{L}_1$- 范数 $\| \cdot \|_1$ 与最大模范数 $\| \cdot \|_\infty$：

$$\| \boldsymbol{x} \|_2 = \sqrt{\sum_{i=1}^{n} x_i^2} = \sqrt{\boldsymbol{x}^{\mathrm{T}} \boldsymbol{x}}$$

$$\| \boldsymbol{x} \|_1 = \sum_{i=1}^{n} | x_i |$$

$$\| \boldsymbol{x} \|_\infty = \max_i | x_i | = \lim_{p \to \infty} \left(\sum_{i=1}^{n} | x_i |^p \right)^{\frac{1}{p}}$$

n 维空间中任何两种范数等价，即若 $\| \cdot \|_{\mathrm{I}}$，$\| \cdot \|_{\mathrm{II}}$ 为 $\mathbf{R}^n$ 中任意两种范数，则存在正常数 $0<\alpha<\beta$，使

$$\alpha \| \boldsymbol{x} \|_{\mathrm{II}} \leqslant \| \boldsymbol{x} \|_{\mathrm{I}} \leqslant \beta \| \boldsymbol{x} \|_{\mathrm{II}}, \quad \forall \boldsymbol{x} \in \mathbf{R}^n \tag{1.1}$$

设 $\boldsymbol{A}=(a_{ij})_{m \times n}$，由之构成的线性空间记为 $\boldsymbol{L}(\mathbf{R}^n, \mathbf{R}^m)$，若 $m=n$，则简记为 $\boldsymbol{L}(\mathbf{R}^n)$，$\forall \boldsymbol{A} \in \boldsymbol{L}(\mathbf{R}^n, \mathbf{R}^m)$ 以及 $\mathbf{R}^n$、$\mathbf{R}^m$ 中的两种范数 $\| \cdot \|$，$\| \cdot \|'$，定义矩阵范数为

$$\| \boldsymbol{A} \| = \sup_{\| \boldsymbol{x} \| = 1} \| \boldsymbol{A}\boldsymbol{x} \|' \tag{1.2}$$

这样定义的矩阵范数也满足范数公理：

(1) $\| \boldsymbol{A} \| \geqslant 0, \forall \boldsymbol{A} \in \boldsymbol{L}(\mathbf{R}^n, \mathbf{R}^m)$； $\| \boldsymbol{A} \| = 0 \Leftrightarrow \boldsymbol{A} = \boldsymbol{0}$；

(2) $\| \alpha \boldsymbol{A} \| = |\alpha| \, \| \boldsymbol{A} \|, \forall \boldsymbol{A} \in \boldsymbol{L}(\mathbf{R}^n, \mathbf{R}^m), \alpha \in \mathbf{R}^1$；

(3) $\| \boldsymbol{A}+\boldsymbol{B} \| \leqslant \| \boldsymbol{A} \| + \| \boldsymbol{B} \|, \forall \boldsymbol{A} \in \boldsymbol{L}(\mathbf{R}^n, \mathbf{R}^m)$。

根据向量范数的等价性可以推出矩阵范数的等价性：

存在正常数 $0<\alpha<\beta$，使 $\alpha \| \boldsymbol{A} \|_{\mathrm{II}} \leqslant \| \boldsymbol{A} \|_{\mathrm{I}} \leqslant \beta \| \boldsymbol{A} \|_{\mathrm{II}}, \forall \boldsymbol{A} \in \boldsymbol{L}(\mathbf{R}^n, \mathbf{R}^m)$。

相应于向量范数 $\| \cdot \|_1$，$\| \cdot \|_\infty$，$\| \cdot \|_2$ 的矩阵范数分别如下：

$$\| \boldsymbol{A} \|_1 = \max_{1 \leqslant j \leqslant n} \sum_{i=1}^{m} | a_{ij} |, \quad \text{（列模）}$$

$$\| \boldsymbol{A} \|_\infty = \max_{1 \leqslant i \leqslant m} \sum_{j=1}^{n} | a_{ij} |, \quad \text{（行模）}$$

$$\| \boldsymbol{A} \|_2 = (\rho(\boldsymbol{A}^{\mathrm{T}} \boldsymbol{A}))^{\frac{1}{2}}, \quad \text{（谱模）}$$

式中 $\rho(\boldsymbol{A}^{\mathrm{T}} \boldsymbol{A})$ 表示 $\boldsymbol{A}^{\mathrm{T}} \boldsymbol{A}$ 的谱半径，即 $\boldsymbol{A}^{\mathrm{T}} \boldsymbol{A}$ 的特征值的最大值（所有特征根的集合又称为谱）。

上述向量与矩阵范数的对应关系证明如下：

由定义可知

$$\begin{aligned} \| \boldsymbol{A} \|_1 &= \sup_{\| \boldsymbol{x} \|_1 = 1} \| \boldsymbol{A}\boldsymbol{X} \|' = \sup_{\| \boldsymbol{x} \|_1 = 1} \sum_{i=1}^{m} \left| \sum_{j=1}^{n} a_{ij} x_j \right| \leqslant \sum_{i=1}^{m} \sum_{j=1}^{n} | a_{ij} | \, | x_j | \\ &= \sum_{j=1}^{n} \left(| x_j | \sum_{i=1}^{m} | a_{ij} | \right) \leqslant \max_{1 \leqslant j \leqslant n} \sum_{i=1}^{m} | a_{ij} | \sum_{j=1}^{n} | x_j | \\ &= \max_{1 \leqslant j \leqslant n} \sum_{i=1}^{m} | a_{ij} | \end{aligned} \tag{1.3}$$

另外，取 $x=(0,\cdots,1,0,\cdots,0)^{\mathrm{T}}$，则易见 $\forall j$ 均有 $\|A\|_1 \geqslant \sum_{i=1}^{m}|a_{ij}|$。于是 $\|A\|_1 \geqslant \max_{1\leqslant j\leqslant n}\sum_{i=1}^{m}|a_{ij}|$，从而必有 $\|A\|_1=\max_{1\leqslant j\leqslant n}\sum_{i=1}^{m}|a_{ij}|$。

故 $\|A\|_1$ 与 $\|x\|_1$ 相对应。行模 $\|A\|_\infty$ 与 $\|x\|_\infty$ 的对应可类似证明。

下面证 $\|A\|_2=(\rho(A^{\mathrm{T}}A))^{\frac{1}{2}}$。

设 $B=A^{\mathrm{T}}A$，则因 $\forall x, x^{\mathrm{T}}Bx=x^{\mathrm{T}}A^{\mathrm{T}}Ax=(Ax)^{\mathrm{T}}Ax=\|Ax\|_2^2\geqslant 0$，故 B 是半正定的。从而对其特征根有 $\lambda_1\geqslant\lambda_2\geqslant\cdots\geqslant\lambda_n\geqslant 0$。

又因 B 是实对称的，故有正交矩阵 $P=(u_1,\cdots,u_n)$。其中，$u_i(i=1,\cdots,n)$ 为 n 维列向量，使

$$P^{\mathrm{T}}BP=\begin{pmatrix}\lambda_1 & & 0\\ & \ddots & \\ 0 & & \lambda_n\end{pmatrix}=\operatorname{diag}(\lambda_1,\cdots,\lambda_n) \tag{1.4}$$

左乘 P 可得 $Bu_i=\lambda_i u_i, i=1,\cdots,n$。即 P 的列向量是 B 的特征向量。

设 $x=x_1u_1+x_2u_2+\cdots+x_nu_n$，则 $\|x\|_2=\sqrt{x_1^2+\cdots+x_n^2}$。

$$A^{\mathrm{T}}Ax=Bx=\lambda_1x_1u_1+\lambda_2x_2u_2+\cdots+\lambda_nx_nu_n \tag{1.5}$$

于是

$$\|Ax\|_2^2=(Ax)^{\mathrm{T}}(Ax)=x^{\mathrm{T}}A^{\mathrm{T}}Ax=\lambda_1x_1^2+\lambda_2x_2^2+\cdots+\lambda_nx_n^2 \tag{1.6}$$

从而有 $\sqrt{\lambda_n}\|x\|_2\leqslant\|Ax\|_2\leqslant\sqrt{\lambda_1}\|x\|_2$，则 $\sup\|Ax\|_2\leqslant\sqrt{\lambda_1}\|x\|_2$。

特别地，取 $x=u_1$，则上式化成等式，故有

$$\|A\|_2=\sup_{\|x\|_2=1}\|Ax\|_2=\sqrt{\lambda_1}=(\rho(A^{\mathrm{T}}A))^{\frac{1}{2}} \tag{1.7}$$

设 $A\in L(\mathbf{R}^n)$，用 $\lambda_j(j=1,\cdots,n)$ 表示 A 的特征值，则对任意 $L(\mathbf{R}^n)$ 中的范数均有

$$|\lambda_j|\leqslant\|A\| \tag{1.8}$$

特别对 A 的谱半径 $\rho(A)=\max\limits_j|\lambda_j|$ 有

$$\rho(A)\leqslant\|A\| \tag{1.9}$$

上述关系很容易由不等式

$$\|\lambda x\|=\|Ax\|\leqslant\|A\|\|x\| \tag{1.10}$$

推出，而式(1.10)易用式(1.2)直接证明。若 A 是对称的，则

$$\|A\|_2=\sqrt{\rho(A^{\mathrm{T}}A)}=\sqrt{\rho(A^2)}=\rho(A) \tag{1.11}$$

设 p 是 n 阶非奇异矩阵，则对 $\mathbf{R}^n$ 中的任意范数 $\|x\|$，$\|x\|_p=\|px\|$，构成 $\mathbf{R}^n$ 中的新范数，对 $A\in L(\mathbf{R}^n)$，相应上述范数的矩阵范数为 $\|A\|_p=\|pAp^{-1}\|$。

因为 $\|A\|_p=\sup\limits_{\|x\|_p=1}\|Ax\|_p=\sup\limits_{\|px\|=1}\|pAx\|$（令 $px=y$）则

$$\|A\|_p=\sup_{\|y\|=1}\|pAp^{-1}y\|=\|pAp^{-1}\| \tag{1.12}$$

前述矩阵范数都是利用向量范数导出的。亦可不必借助向量范数而直接引进矩阵范数，只要它满足范数公理即可。其中，最重要的是 Frobenius 范数（简称 F-范数）：

$$\| \boldsymbol{A} \|_F = \sqrt{\sum_{i=1}^{m}\sum_{j=1}^{n} a_{ij}^2} = (\operatorname{tr}(\boldsymbol{A}^{\mathrm{T}}\boldsymbol{A}))^{\frac{1}{2}} \tag{1.13}$$

这里 tr 表示相应矩阵的迹，即该矩阵对角线元素之和。不难验证，它满足范数公理。此外还有

$$\| \boldsymbol{Ax} \|_2 \leqslant \| \boldsymbol{A} \|_F \| \boldsymbol{x} \|_2 \tag{1.14}$$

对式(1.14)证明如下：

因为 $\boldsymbol{A}^{\mathrm{T}}\boldsymbol{A}$ 半正定，即 $\boldsymbol{A}^{\mathrm{T}}\boldsymbol{A}$ 的特征根 $\lambda_i \geqslant 0, i=1,2,\cdots,n$。

故谱半径 $\rho(\boldsymbol{A}^{\mathrm{T}}\boldsymbol{A}) \leqslant \operatorname{tr}(\boldsymbol{A}^{\mathrm{T}}\boldsymbol{A}) = a_{11}+a_{22}+\cdots+a_{nn} = \lambda_1+\lambda_2+\cdots+\lambda_n$，从而，由式(1.10)可得：$\| \boldsymbol{Ax} \|_2 \leqslant \| \boldsymbol{A} \|_2 \| \boldsymbol{x} \|_2 = \sqrt{\rho(\boldsymbol{A}^{\mathrm{T}}\boldsymbol{A})} \| \boldsymbol{x} \|_2 \leqslant (\operatorname{tr}(\boldsymbol{A}^{\mathrm{T}}\boldsymbol{A}))^{\frac{1}{2}} \| \boldsymbol{x} \|_2$，即 $\| \boldsymbol{Ax} \|_2 \leqslant \| \boldsymbol{A} \|_F \| \boldsymbol{x} \|_2$。证毕。

同样由式(1.10)可证，若 $\boldsymbol{A}, \boldsymbol{B} \in \boldsymbol{L}(\mathbf{R}^n)$，则有：

$$\| \boldsymbol{AB} \| \leqslant \| \boldsymbol{A} \| \cdot \| \boldsymbol{B} \| \tag{1.15}$$

事实上，由于 $\| \boldsymbol{ABx} \| \leqslant \| \boldsymbol{A} \| \cdot \| \boldsymbol{Bx} \| \leqslant \| \boldsymbol{A} \| \cdot \| \boldsymbol{B} \| \| \boldsymbol{x} \|$，所以 $\| \boldsymbol{AB} \| = \sup\limits_{\| \boldsymbol{x} \|=1} \| \boldsymbol{ABx} \| \leqslant \| \boldsymbol{A} \| \cdot \| \boldsymbol{B} \|$。

关于范数和谱半径，除了式(1.9)之外还有下述关系：

定理 1.1 设 $\boldsymbol{A}$ 为任意矩阵，则对任何 $\varepsilon>0$，存在 $\boldsymbol{A}$ 的某一种范数 $\| \boldsymbol{A} \|_\varepsilon$，使

$$\| \boldsymbol{A} \|_\varepsilon \leqslant \rho(\boldsymbol{A}) + \varepsilon \tag{1.16}$$

证明思路如下：

令 $\boldsymbol{A}_\varepsilon = \dfrac{1}{\varepsilon}\boldsymbol{A}$，将 $\boldsymbol{A}_\varepsilon$ 化成 Jordan 型 $\varepsilon \boldsymbol{T}\boldsymbol{A}^\varepsilon \boldsymbol{T}^{\mathrm{T}} \Rightarrow \begin{pmatrix} \lambda_j & \varepsilon & & \\ & \ddots & \ddots & \\ & & \ddots & \varepsilon \\ & & & \lambda_j \end{pmatrix} \Rightarrow \boldsymbol{TAT}^{-1}$，

于是 $\| \boldsymbol{TAT}^{-1} \|_\infty \leqslant \max\limits_j |\lambda_j| + \varepsilon$。依据上述证明思路，可由读者自行证明。

推论 1.1 如果 $\rho(\boldsymbol{A})<1$，则存在 $\boldsymbol{A}$ 的一种范数 $\| \boldsymbol{A} \|$，使 $\| \boldsymbol{A} \|<1$。

1.1.2 向量和矩阵的收敛性

设 $\{\boldsymbol{x}^k\}$ 为 $\mathbf{R}^n$ 中的向量序列，如果存在向量 $\boldsymbol{x}^* \in \mathbf{R}^n$ 使得 $\boldsymbol{x}_i^k \to \boldsymbol{x}_i^*$ $(i=1,2,\cdots,n)$，则称 $\boldsymbol{x}^k$ 收敛于 $\boldsymbol{x}^*$，记作 $\lim\limits_{k\to\infty} \boldsymbol{x}^k = \boldsymbol{x}^*$。显然 $\lim\limits_{k\to\infty} \boldsymbol{x}^k = \boldsymbol{x}^* \Leftrightarrow \lim\limits_{k\to\infty} \| \boldsymbol{x}^k - \boldsymbol{x}^* \| = 0$。

此外，Cauchy 判别准则对之也成立。

向量序列 $\{\boldsymbol{x}^k\}$ 收敛的充要条件如下：

$$\lim_{l,k\to\infty} \| \boldsymbol{x}^l - \boldsymbol{x}^k \| = 0 \tag{1.17}$$

对矩阵序列 $\{\boldsymbol{A}^k\}$ 亦有类似的定义和结论：若 $\lim\limits_{k\to\infty} a_{ij}^k = a_{ij}$ $(i=1,2,\cdots,m;\ j=1,2,\cdots,n)$，则称 $\boldsymbol{A}^k$ 收敛于 $\boldsymbol{A}$。

$$\lim_{k\to\infty} \boldsymbol{A}^k = \boldsymbol{A} \Leftrightarrow \lim_{k\to\infty} \| \boldsymbol{A}^k - \boldsymbol{A} \| = 0 \tag{1.18}$$

$$\boldsymbol{A}^k \text{ 有极限} \Leftrightarrow \lim_{l,k\to\infty} \| \boldsymbol{x}^l - \boldsymbol{x}^k \| = 0$$

定理 1.2 设 $\boldsymbol{A}$ 为任意 n 阶矩阵，则 $\lim\limits_{k\to\infty}\boldsymbol{A}^k=\boldsymbol{0}$ 的充要条件是 $\rho(\boldsymbol{A})<1$。

证明：若 $\rho(\boldsymbol{A})<1$，则由推论 1.1 可知 $\|\boldsymbol{A}\|<1$，从而 $\|\boldsymbol{A}\|^k\to 0(k\to\infty)$，由此得出

$$\boldsymbol{A}^k\to\boldsymbol{0}\quad(k\to\infty)$$

若 $\boldsymbol{A}^k\to\boldsymbol{0}$，设 λ_i 为 $\boldsymbol{A}$ 的特征值，则有 $\boldsymbol{x}^i\neq\boldsymbol{0}$，使 $\boldsymbol{A}\boldsymbol{x}^i=\lambda_i\boldsymbol{x}^i$，$\boldsymbol{A}^k\boldsymbol{x}^i=\lambda_i^k\boldsymbol{x}^i$。

故必有 $\lambda_i^k\to 0(k\to\infty)$，从而 $|\lambda_i|<1\ (i=1,2,\cdots,n)$，即 $\rho(\boldsymbol{A})<1$。

利用定理 1.2，容易推出定理 1.3。

定理 1.3 设 $\boldsymbol{H}\in \boldsymbol{L}(\mathbf{R}^n)$，解线性方程组 $\boldsymbol{x}=\boldsymbol{H}\boldsymbol{x}+\boldsymbol{b}$ 的迭代法 $\boldsymbol{x}^{k+1}=\boldsymbol{H}\boldsymbol{x}^k+\boldsymbol{b}$，对任意初始近似 $\boldsymbol{x}^0$ 以及任意右端向量 $\boldsymbol{b}$ 均收敛的充要条件是 $\rho(\boldsymbol{H})<1$。

证明：(1) 充分性：

$$\begin{aligned}\|\boldsymbol{x}^l-\boldsymbol{x}^k\|&=\|\boldsymbol{x}^l-\boldsymbol{x}^{l-1}+\boldsymbol{x}^{l-1}-\cdots+\boldsymbol{x}^{k+1}-\boldsymbol{x}^k\|\\&=\|\boldsymbol{H}^k(\boldsymbol{H}^{l-k-1}+\cdots+\boldsymbol{H}+\boldsymbol{I})(\boldsymbol{x}^1-\boldsymbol{x}^0)\|\\&\leqslant\|\boldsymbol{H}\|^k\frac{1}{1-\|\boldsymbol{H}\|}\|\boldsymbol{x}^1-\boldsymbol{x}^0\|\end{aligned}\tag{1.19}$$

由于 $\rho(\boldsymbol{H})<1$，由推论 1.1 可知 $\|\boldsymbol{H}\|<1$，从而 $\|\boldsymbol{x}^l-\boldsymbol{x}^k\|\to 0$。

(2) 必要性：

若有 $\boldsymbol{x}^k\to\boldsymbol{x}^*(k\to\infty)$，则有 $\boldsymbol{x}^*=\boldsymbol{H}\boldsymbol{x}^*+\boldsymbol{b}$，$\boldsymbol{x}^k=\boldsymbol{H}\boldsymbol{x}^{k+1}+\boldsymbol{b}$，从而

$$\|\boldsymbol{x}^k-\boldsymbol{x}^*\|=\|\boldsymbol{H}(\boldsymbol{x}^{k-1}-\boldsymbol{x}^*)\|=\|\boldsymbol{H}^k(\boldsymbol{x}^0-\boldsymbol{x}^*)\|\tag{1.20}$$

由于对于任意的 $\boldsymbol{x}^0$，都有 $\|\boldsymbol{x}^k-\boldsymbol{x}^*\|=\|\boldsymbol{H}^k(\boldsymbol{x}^0-\boldsymbol{x}^*)\|\to 0(k\to\infty)$，故必有 $\boldsymbol{H}^k\to\boldsymbol{0}$，又由定理 1.3 可知 $\rho(\boldsymbol{H})<1$。

此定理是线性方程组迭代法收敛的基本定理。

以后经常涉及逆矩阵的存在性及范数估计问题，我们有：

定理 1.4 设 $\boldsymbol{H}\in L(\mathbf{R}^n)$ 的某一范数 $\|\boldsymbol{H}\|<1$，则 $(\boldsymbol{I}-\boldsymbol{H})^{-1}$ 存在，且有

$$\|(\boldsymbol{I}-\boldsymbol{H})^{-1}\|\leqslant\frac{1}{1-\|\boldsymbol{H}\|}\tag{1.21}$$

证明：由于 $\|\boldsymbol{H}\|<1$，故矩阵级数 $\sum\limits_{k=0}^{\infty}\boldsymbol{H}^k=\boldsymbol{I}+\boldsymbol{H}+\boldsymbol{H}^2+\cdots$ 收敛。容易验证 $(\boldsymbol{I}-\boldsymbol{H})\sum\limits_{k=0}^{\infty}\boldsymbol{H}^k=\boldsymbol{I}$，即 $(\boldsymbol{I}-\boldsymbol{H})^{-1}=\sum\limits_{k=0}^{\infty}\boldsymbol{H}^k$。

于是有 $(\boldsymbol{I}-\boldsymbol{H})^{-1}=\left\|\sum\limits_{k=0}^{\infty}\boldsymbol{H}^k\right\|\leqslant\sum\limits_{k=0}^{\infty}\|\boldsymbol{H}\|^k=\dfrac{1}{1-\|\boldsymbol{H}\|}$。证毕。

由式(1.21)还知，若 $\boldsymbol{H}\geqslant\boldsymbol{0}$，则 $(\boldsymbol{I}-\boldsymbol{H})^{-1}\geqslant\boldsymbol{0}$。

推论 1.2 若 $\rho(\boldsymbol{H})$，则定理结论成立。

定理 1.5 设矩阵 $\boldsymbol{B}$ 有逆矩阵，且

$$\|\boldsymbol{B}^{-1}\|\leqslant\beta,\quad\|\boldsymbol{A}-\boldsymbol{B}\|\leqslant\alpha,\quad\alpha\beta<1\tag{1.22}$$

则矩阵 $\boldsymbol{A}$ 亦有逆矩阵存在，且

$$\|\boldsymbol{A}^{-1}\|\leqslant\frac{\beta}{1-\alpha\beta}\tag{1.23}$$

证明：根据式(1.22)有

$$\|(\boldsymbol{I}-\boldsymbol{B}^{-1}\boldsymbol{A})\|=\|\boldsymbol{B}^{-1}(\boldsymbol{B}-\boldsymbol{A})\|\leqslant\|\boldsymbol{B}^{-1}\|\,\|\boldsymbol{B}-\boldsymbol{A}\|\leqslant\alpha\beta<1\tag{1.24}$$

从而据定理1.5，$\boldsymbol{B}^{-1}\boldsymbol{A}=\boldsymbol{I}-(\boldsymbol{I}-\boldsymbol{B}^{-1}\boldsymbol{A})$有逆存在，且$\|(\boldsymbol{B}^{-1}\boldsymbol{A})^{-1}\|\leqslant\frac{1}{1-\alpha\beta}$。

由此可得出$\boldsymbol{A}$有逆矩阵存在，且$\boldsymbol{A}^{-1}=(\boldsymbol{B}^{-1}\boldsymbol{A})^{-1}\boldsymbol{B}^{-1}$。

从而$\|\boldsymbol{A}^{-1}\|\leqslant\|(\boldsymbol{B}^{-1}\boldsymbol{A})^{-1}\|\ \|\boldsymbol{B}^{-1}\|\leqslant\frac{\beta}{1-\alpha\beta}$。证毕。

向量的模或范数是三维欧式空间中向量长度概念的推广，用于刻画向量的大小，满足正定性、齐次性、三角不等式，最常用的范数有Euclid范数$\|\cdot\|_2$，$\boldsymbol{L}_1$范数$\|\cdot\|_1$与最大模范数$\|\cdot\|_\infty$；矩阵范数刻画矩阵的大小，满足范数公理，对应有列模、行模、谱模。

向量和矩阵的收敛性在数值分析中起着重要作用，Cachy判别准则对向量序列收敛成立，需掌握向量和矩阵收敛的充要条件、线性方程组迭代法收敛的基本定理及涉及逆矩阵的存在性及范数估计问题的解决方法。

1.2 非负矩阵及其他特殊矩阵

1.2.1 非负矩阵的背景——投入产出模型

20世纪30年代，美籍俄裔经济学家华西里·列昂惕夫(W. W. Leontief，1906—1999)(1973年诺贝尔经济学奖获得者)提出了《投入产出表》，建立了投入产出模型。该模型简明扼要地概括了经济系统所有部门的各种投入来源以及各种产出的去向，简述如下：

设经济系统内有n个部门，分别用$1,2,\cdots,n$表示，设第i个部门的总产出数量为x_i，其中有x_{ij}的产品作为对第j部门的投入，被称为中间产品。第i个部门剩余产品的数量为c_i，用于消费或积累，被称为最终产品或最终需求。此外，第j个部门还要把活劳动消耗t_j和固定资产折旧f_j等记入总投入，通常把这部分投入称为附加值v_j。于是可得如下的投入产出表(见表1.1)。

表1.1 投入产出表

部门间流量（产出 / 投入）		中间产品				最终产品	总产品
		1	2	…	n		
中间投入	1	x_{11}	x_{12}	…	x_{1n}	c_1	x_1
	2	x_{21}	x_{22}	…	x_{2n}	c_2	x_2
	⋮	…	…	…	…	⋮	⋮
	n	x_{n1}	x_{n2}	…	x_{nn}	c_n	x_n
最初投入		v_1	v_2	…	v_n		
总投入		x_1	x_2	…	x_n		

据此可建立起如下的平衡关系：

$$x_i=x_{i1}+x_{i2}+\cdots+x_{in}+c_i\quad i=1,\cdots,n \tag{1.25}$$

其实这就是一般均衡理论的具体化，即“总供给＝总需求”。此外，根据“总产出(价值)＝总投入(价值)”，又有

$$x_j=x_{1j}+x_{2j}+\cdots+x_{nj}+v_j\quad j=1,\cdots,n \tag{1.26}$$

华西里·列昂惕夫引进直接消耗系数

$$a_{ij}=\frac{x_{ij}}{x_j} \quad 或 \quad x_{ij}=a_{ij}x_j \tag{1.27}$$

它表示生产一个单位的 j 产品所消耗的第 i 种产品的数量。将式(1.27)代入式(1.25)，并写成矩阵形式：

$$\boldsymbol{x}=\boldsymbol{A}\boldsymbol{x}+\boldsymbol{c} \quad 或 \quad (\boldsymbol{I}-\boldsymbol{A})\boldsymbol{x}=\boldsymbol{c} \tag{1.28}$$

其中 $\boldsymbol{A}=(a_{ij})_{nn}$ 为直接消耗系数矩阵，$\boldsymbol{x}=(x_1,x_2,\cdots,x_n)^{\mathrm{T}}$，$\boldsymbol{c}=(c_1,c_2,\cdots,c_n)^{\mathrm{T}}$。

不难发现，上面的表示只是些普通的形式转换，并且没有带来实质性的推进。但是华西里·列昂惕夫于平凡中发现了真理！因为他注意到直接消耗系数矩阵 $\boldsymbol{A}$ 反映了各种产品生产过程中的技术联系，它取决于生产技术水平，通常在较短的时间内变化不大，因而索性假定直接消耗系数 a_{ij} 是常量，或者说中间产品与总产品成正比。这就导致了投入产出分析的基本问题：

对于任意给定的非负最终需求向量 $\boldsymbol{c}$，能否存在非负的总产出向量 $\boldsymbol{x}$，满足方程(1.28)。

对于方程(1.26)，如令 x_j 的价格为 p_j，则有

$$p_jx_j=p_1x_{1j}+p_2x_{2j}+\cdots p_nx_{nj}+v_j, \quad j=1,\cdots,n \tag{1.29}$$

再将式(1.27)代入式(1.29)，两边再除以 x_j，并令 $r_j=\dfrac{v_j}{x_j}$，得

$$p_j=p_1a_{1j}+p_2a_{2j}+\cdots p_na_{nj}+r_j, \quad j=1,\cdots,n \tag{1.30}$$

经过矩阵形式变换，即 $\boldsymbol{P}=\boldsymbol{A}^{\mathrm{T}}\boldsymbol{P}+\boldsymbol{r}$，$(\boldsymbol{I}-\boldsymbol{A}^{\mathrm{T}})\boldsymbol{P}=\boldsymbol{r}$。

$$\boldsymbol{P}^{\mathrm{T}}(\boldsymbol{I}-\boldsymbol{A})=\boldsymbol{r}^{\mathrm{T}} \tag{1.31}$$

这里 $\boldsymbol{P}=(p_1,p_2,\cdots,p_n)^{\mathrm{T}}$，$\boldsymbol{r}=(r_1,r_2,\cdots,r_n)^{\mathrm{T}}$。$\boldsymbol{P}$ 可理解为新旧价格之比，称为价格指数。通常称式(1.28)为生产方程，而式(1.31)被称为价格方程，两者存在对偶关系：方程(1.31)有唯一非负解的充要条件是方程(1.28)有唯一非负解。

注意这里的消耗系数矩阵 $\boldsymbol{A}$ 是非负的，即有 $a_{ij}\geqslant 0$，$\forall i,j$。

正因为如此，基本问题的要求才有可能满足。

例 1.1 表 1.2 为某地区某年的统计资料编制的投入产出表，具体如下：

表 1.2 某地区某年的投入产出表 （单位：百万元）

部门间流量（产出/投入）		中间产品			最终产品	总产品
		农业	工业	服务业		
中间投入	农业	27	44	2	120	193
	工业	58	11 010	182	13 716	24 966
	服务业	23	284	153	960	1 420
合计		108	11 338	337		
新创价值		85	13 628	1 083		
总投入		193	24 966	1 420		

如果给定下一年计划的最终需求向量 $\boldsymbol{c}=\begin{pmatrix}135\\13\,820\\1\,023\end{pmatrix}$，请求解农业、工业与服务业的总产出。

解：可得直接消耗系数矩阵如下：

$$\boldsymbol{A}=\begin{pmatrix}0.1399 & 0.0018 & 0.0014\\0.3005 & 0.4410 & 0.1282\\0.1192 & 0.0114 & 0.1077\end{pmatrix}$$

$$(\boldsymbol{I}-\boldsymbol{A})^{-1}=\begin{pmatrix}0.1643 & 0.0038 & 0.0024\\0.6635 & 1.7962 & 0.2591\\0.1640 & 0.0234 & 1.1243\end{pmatrix}$$

则由模型$(\boldsymbol{I}-\boldsymbol{A})\boldsymbol{x}=\boldsymbol{c}$，有$\boldsymbol{x}=(\boldsymbol{I}-\boldsymbol{A})^{-1}\boldsymbol{c}=\begin{pmatrix}212\\25\,178\\1\,496\end{pmatrix}$，故可估计下一年农业、工业、服务业的总产出分别为$x_1=212$，$x_2=25\,178$，$x_3=1\,496$。

1.2.2 非负矩阵和不可约矩阵

1. 非负矩阵

像消耗系数矩阵那样，现实经济中抽象出的数学模型所涉及的矩阵变量和参数往往要求取非负值，否则将失去实际意义。非负矩阵的理论要求较多的数学知识，本节专门予以简单介绍。

定理 1.6 (Perron-Frobenious)设 $\boldsymbol{A}$ 是 n 阶非负矩阵，则

(1) 存在特征向量 $\bar{\boldsymbol{x}}\geqslant\boldsymbol{0}$，使得 $\boldsymbol{A}\bar{\boldsymbol{x}}=\rho(\boldsymbol{A})\bar{\boldsymbol{x}}$。(这里隐含着最大特征根及其对应的特征向量是实数)

(2) 如果 $\boldsymbol{B}>\boldsymbol{A}$(即 $b_{ij}\geqslant a_{ij}$，$\forall i,j$)则 $\rho(\boldsymbol{B})\geqslant\rho(\boldsymbol{A})$。

(3) $\forall\mu>\rho(\boldsymbol{A})$，有 $\mu\boldsymbol{I}-\boldsymbol{A}$ 可逆，且$(\mu\boldsymbol{I}-\boldsymbol{A})^{-1}\geqslant\boldsymbol{0}$。

(4) $\min\limits_{1\leqslant j\leqslant n}\sum\limits_{i=1}^{n}a_{ij}\leqslant\rho(\boldsymbol{A})\leqslant\max\limits_{1\leqslant j\leqslant n}\sum\limits_{i=1}^{n}a_{ij}$，(列模) $=\|\boldsymbol{A}\|_1$。

(5) $\min\limits_{1\leqslant i\leqslant n}\sum\limits_{j=1}^{n}a_{ij}\leqslant\rho(\boldsymbol{A})\leqslant\max\limits_{1\leqslant i\leqslant n}\sum\limits_{j=1}^{n}a_{ij}$，(行模) $\|\boldsymbol{A}\|_\infty$。

证明：

(1) 设 $S=\left\{\boldsymbol{x}\mid\boldsymbol{x}\geqslant\boldsymbol{0},\sum\limits_{i=1}^{n}x_i=1\right\}$，则 S 是非空有界闭集，即紧集。

令 $E=\{\lambda\mid\boldsymbol{A}\boldsymbol{x}\geqslant\lambda\boldsymbol{x},\boldsymbol{x}\in S,\lambda\geqslant0\}$。

由于 $\lambda=0\in E$，故 E 非空。

又因为 $\lambda=\sum\limits_{i=1}^{n}(\lambda\boldsymbol{x})_i\leqslant\sum\limits_{i=1}^{n}(\boldsymbol{A}\boldsymbol{x})_i\leqslant nM$ (记 $M=\max\{a_{ij}\}$)，则 $0\leqslant(\boldsymbol{A}\boldsymbol{x})_i\leqslant M$，$\boldsymbol{x}\in S$)，从而集合 E 有界。

若 $\lambda^k\to\lambda^0$，则有 $\boldsymbol{x}^k\in S$ 使 $\boldsymbol{A}\boldsymbol{x}^k\geqslant\lambda^k\boldsymbol{x}^k$。

由于 S 是紧集，不妨设 $\boldsymbol{x}^k\to\boldsymbol{x}^0$，故有 $\boldsymbol{A}\boldsymbol{x}^0\geqslant\lambda^0\boldsymbol{x}^0$。这表明 $\lambda^0\in E$，即 E 是紧集，从而有 $\bar{\lambda}=\max\{\lambda\in E\}$。

设 $\boldsymbol{A}>\boldsymbol{0}$，往证存在 $\bar{\boldsymbol{x}}>\boldsymbol{0}$，使 $\boldsymbol{A}\bar{\boldsymbol{x}}=\bar{\lambda}\bar{\boldsymbol{x}}$。因 $\bar{\boldsymbol{x}}\in E$，故 $\exists\,\bar{\boldsymbol{x}}\in S$ 使 $\boldsymbol{A}\bar{\boldsymbol{x}}\geqslant\bar{\lambda}\bar{\boldsymbol{x}}$，记 $\bar{\boldsymbol{y}}=\boldsymbol{A}\bar{\boldsymbol{x}}$，则

必有 $\bar{y}=A\bar{x}=\bar{\lambda}\bar{x}$。若不然，则有 $\bar{y}-\bar{\lambda}\bar{x}\geqslant 0, A(\bar{y}-\bar{\lambda}\bar{x})=A\bar{y}-\bar{\lambda}A\bar{x}>0$，即 $A\bar{y}>\bar{\lambda}\bar{y}\Rightarrow$ $\exists\varepsilon>0$ 使 $A\bar{y}\geqslant(\bar{\lambda}+\varepsilon)\bar{y}$。归一化后知，与 $\bar{\lambda}$ 的最大性相矛盾。

由于 $A\bar{x}>0$，因此 $\bar{\lambda}>0$，且 $\bar{x}>0$。

若另有 $Az=\lambda z$，其中 z,λ 均有可能是复数。

$(Az)_i=\lambda z_i$，$|\lambda||z_i|\leqslant\sum_{j=1}^{n}|a_{ij}||z_j|=\sum_{j=1}^{n}a_{ij}|z_j|$ 从而 $|\lambda||z|\leqslant A|z|$。这里 $|z|=(|z_1|,\cdots,|z_n|)^{\mathrm{T}}$。

故 $|z|\in E$，于是有 $|\lambda|\leqslant\bar{\lambda}$，即 $\bar{\lambda}=\rho(A)$。

其实，还可证 $|\lambda|<\bar{\lambda}$。

对 $A\geqslant 0$，则有 $A+\frac{1}{k}U>0$，其中 U 的每个元素都是 1，令 $k\to\infty$，即得所述结论。

(2) 由定理 1.6(1) 有 $Bx^1=\bar{\lambda}_1x^1, A^{\mathrm{T}}x^2=\bar{\lambda}_2x^2$。因 $B\geqslant A$，故 $Bx^1\geqslant Ax^1$，从而 $\bar{\lambda}_1x^{2\mathrm{T}}x^1=x^{2\mathrm{T}}Bx^1\geqslant x^{2\mathrm{T}}Ax^1=(A^{\mathrm{T}}x^2)^{\mathrm{T}}x^1=\bar{\lambda}_2x^{2\mathrm{T}}x^1$。

将 A 换成 $A+\frac{1}{k}U$，可以保证 $x^{2\mathrm{T}}x^1>0$，再令 $k\to\infty$，即得 $\bar{\lambda}_1\geqslant\bar{\lambda}_2$。

(3) 因 $\mu>\rho(A)$，故 μ 不是 A 的特征根，于是 $|\mu I-A|\neq 0$，故 $\mu I-A$ 可逆，再注意 $(\mu I-A)^{-1}=\left(\mu\left(I-\frac{A}{\mu}\right)\right)^{-1}=\frac{1}{\mu}\left(I-\frac{A}{\mu}\right)^{-1}=\frac{1}{\mu}\sum_{k=0}^{\infty}\left(\frac{A}{\mu}\right)^k\geqslant 0$。$\left(\rho\left(\frac{A}{\mu}\right)=\frac{1}{\mu}\rho(A)<1\right)$。

(4) 设 $\rho(A)=\bar{\lambda}$，相应的特征向量 $\bar{x}$ 满足 $\sum_{j=1}^{n}\bar{x}_i=1$，则 $A\bar{x}=\bar{\lambda}\bar{x}$。

$$\bar{\lambda}=\sum_{i=1}^{n}\bar{\lambda}_i\bar{x}_i=\sum_{i=1}^{n}\sum_{j=1}^{n}a_{ij}\bar{x}_j=\sum_{j=1}^{n}\bar{x}_j\sum_{i=1}^{n}a_{ij}\tag{1.32}$$

于是

$$\begin{aligned}\min_j\sum_{i=1}^{n}a_{ij}&=\sum_{j=1}^{n}\bar{x}_j\min_j\sum_{i=1}^{n}a_{ij}\leqslant\bar{\lambda}\\&=\sum_{j=1}^{n}\bar{x}_j\sum_{i=1}^{n}a_{ij}\leqslant\sum_{j=1}^{n}\bar{x}_j\max_j\sum_{i=1}^{n}a_{ij}\\&=\max_j\sum_{j=1}^{n}a_{ij}\end{aligned}\tag{1.33}$$

同理可证(5)。

现在，我们给出前一节中提出的投入产出基本问题的可解性定理：

定理 1.7 设 A 是非负方阵，则下列结论等价：

(1) 存在向量 $\tilde{x}\geqslant 0$，使得 $(I-A)\tilde{x}>0$；

(2) $\rho(A)<1$；

(3) $I-A$ 非奇异，且 $(I-A)^{-1}=\sum_{k=0}^{\infty}A^k\geqslant 0$；

(4) $\forall c\geqslant 0$，存在唯一的 $x\geqslant 0$，使 $(I-A)x=c$。

证明：

(1)⇒(2)因为 $\boldsymbol{b}\equiv(\boldsymbol{I}-\boldsymbol{A})\tilde{\boldsymbol{x}}>\boldsymbol{0}$，从而 $\tilde{\boldsymbol{x}}=\boldsymbol{b}+\boldsymbol{A}\tilde{\boldsymbol{x}}>\boldsymbol{0}(\boldsymbol{A}\tilde{\boldsymbol{x}}\geqslant\boldsymbol{0})$

注意 $\rho(\boldsymbol{A})=\rho(\boldsymbol{A}^{\mathrm{T}})=\bar{\lambda}$，由定理 1.6，有特征向量 $\boldsymbol{p}\geqslant\boldsymbol{0}$，使

$$\boldsymbol{A}^{\mathrm{T}}\boldsymbol{p}=\bar{\lambda}\boldsymbol{p},\quad(\boldsymbol{I}-\boldsymbol{A}^{\mathrm{T}})\boldsymbol{p}=(1-\bar{\lambda})\boldsymbol{p}\tag{1.34}$$

于是$(1-\bar{\lambda})\tilde{\boldsymbol{x}}^{\mathrm{T}}\boldsymbol{p}=\tilde{\boldsymbol{x}}^{\mathrm{T}}(\boldsymbol{I}-\boldsymbol{A}^{\mathrm{T}})\boldsymbol{p}=\boldsymbol{b}^{\mathrm{T}}\boldsymbol{p}>\boldsymbol{0}$

注意到 $\tilde{\boldsymbol{x}}^{\mathrm{T}}\boldsymbol{p}>\boldsymbol{0}$，故有 $1-\bar{\lambda}>0$，从而 $\rho(\boldsymbol{A})=\bar{\lambda}<1$。

(2)⇒(3)由定理 1.4 的推论立得。

(3)⇒(4)因为 $(\boldsymbol{I}-\boldsymbol{A})^{-1}=\sum_{k=0}^{\infty}\boldsymbol{A}^k\geqslant\boldsymbol{0}$，从而 $\forall\boldsymbol{c}\geqslant\boldsymbol{0}$，方程$(\boldsymbol{I}-\boldsymbol{A})\boldsymbol{x}=\boldsymbol{c}$ 有唯一解 $\boldsymbol{x}=\sum_{k=0}^{\infty}\boldsymbol{A}^k\boldsymbol{c}\geqslant\boldsymbol{0}$。

(4)⇒(1)显然，只需取 $\boldsymbol{c}>\boldsymbol{0}$。证毕。

定理 1.7 给出投入产出模型有效性的一些等价条件。它指出，只要能找到一个向量 $\tilde{\boldsymbol{x}}\geqslant\boldsymbol{0}$，使得$(\boldsymbol{I}-\boldsymbol{A})\tilde{\boldsymbol{x}}>\boldsymbol{0}$，则对任意指定的最终需求 $\boldsymbol{c}\geqslant\boldsymbol{0}$ 生产方程(1.28)总有唯一非负解，即模型是有效的。或者检验 $\boldsymbol{A}$ 的行模或列模，若有 $\|\boldsymbol{A}\|<1$，模型亦是有效的。关于模型的有效性分析以后还将涉及。

2. 不可约矩阵

在投入产出模型中，部门(或产品)的标号本来是可以任意排定的。例如，第 i 部门和第 j 部门是可以互换标号的，这相当于把消耗系数矩阵 $\boldsymbol{A}$ 的 i 列和 j 列互换之后再将 i 行和 j 行互换。如果方阵 $\boldsymbol{A}$ 经过上述的行列同时互换，可变成如下形状：

$$\boldsymbol{A}=\begin{pmatrix}\boldsymbol{A}_{11} & \boldsymbol{A}_{12}\\ \boldsymbol{0} & \boldsymbol{A}_{22}\end{pmatrix}\tag{1.35}$$

其中 $\boldsymbol{A}_{11},\boldsymbol{A}_{22}$ 皆为方阵，则称 $\boldsymbol{A}$ 为可约(分)矩阵，否则，称为不可约(分)矩阵。

可约矩阵的概念具有重要的经济意义。例如，一些经济学模型可以写成线性方程组 $\boldsymbol{A}\boldsymbol{x}=\boldsymbol{b}$。

如果 $\boldsymbol{A}$ 是可约的，即具有式(1.35)形式，则有

$$\begin{pmatrix}\boldsymbol{A}_{11} & \boldsymbol{A}_{12}\\ \boldsymbol{0} & \boldsymbol{A}_{22}\end{pmatrix}\begin{pmatrix}\boldsymbol{x}_{\mathrm{I}}\\ \boldsymbol{x}_{\mathrm{II}}\end{pmatrix}=\begin{pmatrix}\boldsymbol{b}_{\mathrm{I}}\\ \boldsymbol{b}_{\mathrm{II}}\end{pmatrix}\tag{1.36}$$

即

$$\boldsymbol{A}_{11}\boldsymbol{x}_{\mathrm{I}}+\boldsymbol{A}_{12}\boldsymbol{x}_{\mathrm{II}}=\boldsymbol{b}_{\mathrm{I}}$$
$$\boldsymbol{A}_{22}\boldsymbol{x}_{\mathrm{II}}=\boldsymbol{b}_{\mathrm{II}}$$

这说明可以独立地决定 $\boldsymbol{x}_{\mathrm{II}}$ 而与 $\boldsymbol{x}_{\mathrm{I}}$ 无关，从而该模型可以分解为较小的子模型。显然，若 $\boldsymbol{A}>\boldsymbol{0}$，则 $\boldsymbol{A}$ 是不可约的。

对于不可约的非负矩阵，相应于定理 1.6 有以下更强的结果：

定理 1.8 若 $\boldsymbol{A}$ 是不可约的非负矩阵，则

(1) 存在特征向量 $\bar{\boldsymbol{x}}>\boldsymbol{0}$，使 $\boldsymbol{A}\bar{\boldsymbol{x}}=\rho(\boldsymbol{A})\bar{\boldsymbol{x}}$，且 $\rho(\boldsymbol{A})>0$，以及 $\bar{\boldsymbol{x}}$ 是唯一的(不计常数倍)。

(2) 若 $\boldsymbol{A}_1\geqslant\boldsymbol{A}_2\geqslant\boldsymbol{0}(\boldsymbol{A}_1\neq\boldsymbol{A}_2)$皆不可约，则 $\rho(\boldsymbol{A}_1)>\rho(\boldsymbol{A}_2)$。

(3) 若 $\min\limits_{1\leqslant j\leqslant n}\sum\limits_{i=1}^{n}a_{ij}<\max\limits_{1\leqslant j\leqslant n}\sum\limits_{i=1}^{n}a_{ij}$，则有 $\min\limits_{1\leqslant j\leqslant n}\sum\limits_{i=1}^{n}a_{ij}<\rho(\boldsymbol{A})<\max\limits_{1\leqslant j\leqslant n}\sum\limits_{i=1}^{n}a_{ij}$。

证明：

(1) 由定理 1.6 知，存在特征向量 $\bar{\boldsymbol{x}}\geqslant\boldsymbol{0}$，使得 $\boldsymbol{A}\bar{\boldsymbol{x}}=\rho(\boldsymbol{A})\bar{\boldsymbol{x}}$。

现要证 $\bar{\boldsymbol{x}}>\boldsymbol{0}$，及 $\bar{\lambda}=\rho(\boldsymbol{A})>0$。若 $\bar{\boldsymbol{x}}$ 有 0 分量，不妨设 $\bar{\boldsymbol{x}}=(\bar{\boldsymbol{x}}^1,\bar{\boldsymbol{x}}^2)$，$\bar{\boldsymbol{x}}^1>\boldsymbol{0}$，$\bar{\boldsymbol{x}}^2=\boldsymbol{0}$。相应地使得

$$\begin{pmatrix}\boldsymbol{A}_{11} & \boldsymbol{A}_{12}\\ \boldsymbol{A}_{21} & \boldsymbol{A}_{22}\end{pmatrix}\begin{pmatrix}\bar{\boldsymbol{x}}^1\\ \bar{\boldsymbol{x}}^2\end{pmatrix}=\bar{\lambda}\begin{pmatrix}\bar{\boldsymbol{x}}^1\\ \bar{\boldsymbol{x}}^2\end{pmatrix}\tag{1.37}$$

于是 $\boldsymbol{A}_{21}\bar{\boldsymbol{x}}^1+\boldsymbol{A}_{22}\bar{\boldsymbol{x}}^2=\bar{\lambda}\bar{\boldsymbol{x}}^2=\boldsymbol{0}$，故有 $\boldsymbol{A}_{21}\bar{\boldsymbol{x}}^1=\boldsymbol{0}$。但是由 $\boldsymbol{A}_{21}\geqslant\boldsymbol{0}$，且 $\bar{\boldsymbol{x}}^1>\boldsymbol{0}$，可推出 $\boldsymbol{A}_{21}=\boldsymbol{0}$，这说明方阵 $\boldsymbol{A}$ 是可约的，此与假设矛盾。可见，特征向量 $\bar{\boldsymbol{x}}>\boldsymbol{0}$。

再证 $\bar{\lambda}>0$。若不然，$\bar{\lambda}=0$，于是

$$(\boldsymbol{A}\bar{\boldsymbol{x}})_i=\sum_{j=1}^{n}a_{ij}\bar{\boldsymbol{x}}_j=\bar{\lambda}\boldsymbol{x}_i=0,\quad i=1,\cdots,n\tag{1.38}$$

由 $\bar{\boldsymbol{x}}>\boldsymbol{0}$，可推出 $a_{ij}=0(i,j=1,\cdots,n)$，此与方阵 $\boldsymbol{A}$ 不可约相矛盾。

最后证明唯一性：

假设 $\bar{\boldsymbol{y}}$ 也是对应于 $\bar{\lambda}$ 的特征向量，即 $\boldsymbol{A}\bar{\boldsymbol{y}}=\bar{\lambda}\bar{\boldsymbol{y}}$。但 $\bar{\boldsymbol{y}}$ 与 $\bar{\boldsymbol{x}}$ 线性无关，如前可证 $\bar{\boldsymbol{y}}>\boldsymbol{0}$。

选取 $\alpha=\min\limits_{i}\dfrac{\bar{y}_i}{\bar{x}_i}$。令 $\boldsymbol{\omega}=\bar{\boldsymbol{y}}-\alpha\bar{\boldsymbol{x}}$，则 $\boldsymbol{\omega}$ 至少有一个 0 分量，且 $\boldsymbol{\omega}\geqslant\boldsymbol{0}$，$\boldsymbol{\omega}\neq\boldsymbol{0}$，显然 $\boldsymbol{A}\boldsymbol{\omega}=\boldsymbol{A}\bar{\boldsymbol{y}}-\alpha\boldsymbol{A}\bar{\boldsymbol{x}}=\bar{\lambda}(\bar{\boldsymbol{y}}-\alpha\bar{\boldsymbol{x}})=\bar{\lambda}\boldsymbol{\omega}$，即 $\boldsymbol{\omega}$ 是对应于 $\bar{\lambda}$ 的特征向量。

依前所证结论，应有 $\boldsymbol{\omega}>\boldsymbol{0}$，这便导致矛盾。结论(1)得证。

(2) 设 $\boldsymbol{A}_1\bar{\boldsymbol{x}}^1=\bar{\lambda}_1\bar{\boldsymbol{x}}^1$，$\boldsymbol{A}_2\bar{\boldsymbol{x}}^2=\bar{\lambda}_2\bar{\boldsymbol{x}}^2$，则由(1)知 $\bar{\boldsymbol{x}}^1>\boldsymbol{0}$，$\bar{\boldsymbol{x}}^2>\boldsymbol{0}$。

于是由 $\boldsymbol{A}_1\geqslant\boldsymbol{A}_2$ ($\boldsymbol{A}_1\neq\boldsymbol{A}_2$) 可知 $\bar{\lambda}\bar{\boldsymbol{x}}^1=\boldsymbol{A}_1\bar{\boldsymbol{x}}^1\geqslant\boldsymbol{A}_2\bar{\boldsymbol{x}}^1$，且其中至少有一分量为严格不等式。

于是 $\bar{\lambda}_1\bar{\boldsymbol{x}}^{2\mathrm{T}}\bar{\boldsymbol{x}}^1=\bar{\boldsymbol{x}}^{2\mathrm{T}}\boldsymbol{A}_1\bar{\boldsymbol{x}}^1>\bar{\boldsymbol{x}}^{2\mathrm{T}}\boldsymbol{A}_2\bar{\boldsymbol{x}}^1=(\boldsymbol{A}_2^{\mathrm{T}}\bar{\boldsymbol{x}}^2)^{\mathrm{T}}\bar{\boldsymbol{x}}^1=\bar{\lambda}_2\bar{\boldsymbol{x}}^{2\mathrm{T}}\bar{\boldsymbol{x}}^1$

注意，$\bar{\boldsymbol{x}}^{2\mathrm{T}}\bar{\boldsymbol{x}}^1>\boldsymbol{0}$，故必有 $\bar{\lambda}_1>\bar{\lambda}_2$。

(3) 当 $\min\limits_{1\leqslant j\leqslant n}\sum\limits_{i=1}^{n}a_{ij}<\max\limits_{1\leqslant j\leqslant n}\sum\limits_{i=1}^{n}a_{ij}$ 时，则 $\sum\limits_{i=1}^{n}a_{i1},\cdots,\sum\limits_{i=1}^{n}a_{in}$ 不可能完全相等。

因此，对于 $\boldsymbol{A}\bar{\boldsymbol{x}}=\bar{\lambda}\bar{\boldsymbol{x}}$，$\sum\limits_{i=1}^{n}\bar{x}_i=1$ 有

$\bar{\lambda}=\bar{\lambda}\sum\limits_{i=1}^{n}\bar{x}_i=\sum\limits_{i=1}^{n}(\boldsymbol{A}\bar{\boldsymbol{x}})_i=\sum\limits_{i=1}^{n}\sum\limits_{j=1}^{n}a_{ij}\bar{x}_j=\sum\limits_{j=1}^{n}\bar{x}_j\sum\limits_{i=1}^{n}a_{ij}$，注意 $\bar{x}_j>0(j=1,\cdots,n)$。

故必有 $\min\limits_{1\leqslant j\leqslant n}\sum\limits_{i=1}^{n}a_{ij}<\bar{\lambda}<\max\limits_{1\leqslant j\leqslant n}\sum\limits_{i=1}^{n}a_{ij}$

证毕。

关于求非负矩阵 $\boldsymbol{A}$ 的最大特征根 $\rho(\boldsymbol{A})=\bar{\lambda}$ 与特征向量 $\bar{\boldsymbol{x}}$ 的问题，对于通常的

$$\bar{\lambda}=\frac{(\boldsymbol{A}^{k+1}\boldsymbol{x})_i}{(\boldsymbol{A}^{k}\boldsymbol{x})_i}\tag{1.39}$$

$$\bar{\boldsymbol{x}} \doteq \frac{\boldsymbol{A}^k \boldsymbol{x}}{\sum_{i=1}^{n} (\boldsymbol{A}^k \boldsymbol{x})_i} \tag{1.40}$$

其中,假设 $\sum_{i=1}^{n} \bar{x}_i = 1$。

其实如果迭代序列

$$\boldsymbol{x}^k = \frac{\boldsymbol{A}\boldsymbol{x}^{k-1}}{\| \boldsymbol{A}\boldsymbol{x}^{k-1} \|_\infty} \quad k = 1, 2, \cdots \tag{1.41}$$

收敛,即 $\boldsymbol{x}^k \to \bar{\boldsymbol{x}}(k \to \infty)$。

显然,有

$$\bar{\lambda} = \| \boldsymbol{A}\bar{\boldsymbol{x}} \|_\infty \approx \| \boldsymbol{A}\boldsymbol{x}^k \|_\infty = \lambda^k \quad (k \to \infty) \tag{1.42}$$

而 $\bar{\boldsymbol{x}} \approx \boldsymbol{x}^k$ 即为相应的特征向量。其最大性可以从 $\bar{\lambda} \leqslant \| \boldsymbol{A} \| = \sup\limits_{\| \boldsymbol{x} \| = 1} \| \boldsymbol{A}\boldsymbol{x} \|$ 中悟出,这里恰有 $\| \boldsymbol{x}^k \|_\infty = 1$。注意到 $\| \boldsymbol{x}^k \|_\infty = \max\limits_i |x_i^k|$ 的最大性,而若把式(1.41)中的分母换成绝对值仅小于 $\| \boldsymbol{x}^k \|_\infty$ 的其他分量,便会得到仅小于 $\bar{\lambda}$ 的特征根[在式(1.41)收敛的前提下]。

例 1.2 已知不可约矩阵及初始特征向量分别为 $\boldsymbol{A} = \begin{pmatrix} 5 & 4 & 1 \\ 4 & 5 & 2 \\ 2 & 2 & 3 \end{pmatrix}$,$\boldsymbol{x}^0 = \begin{pmatrix} 1 \\ 1 \\ 1 \end{pmatrix}$。试求解该矩阵的最大特征值及特征向量。

解:利用式(1.41)算得

$$\boldsymbol{x}^1 = \frac{1}{11}\begin{pmatrix} 10 \\ 11 \\ 7 \end{pmatrix} \quad \lambda^1 = 11$$

$$\boldsymbol{x}^2 = \begin{pmatrix} 0.92266056 \\ 1 \\ 0.5779817 \end{pmatrix} \quad \lambda^2 = 9.9090909$$

$$\vdots$$

$$\boldsymbol{x}^7 = \begin{pmatrix} 0.9364862 \\ 1 \\ 0.5635141 \end{pmatrix} \quad \lambda^7 = 9.872938$$

$$\bar{\boldsymbol{x}} \doteq \boldsymbol{x}^8 = \begin{pmatrix} 0.93649 \\ 1 \\ 0.56351 \end{pmatrix} \quad \lambda^8 \approx \bar{\lambda} \approx 9.87296$$

1.2.3 对角优势矩阵和 L_- 矩阵

如果

$$|a_{ii}| \geqslant \sum_{\substack{j=1 \\ j \neq i}}^{n} |a_{ij}|, \quad i = 1, 2, \cdots, n \tag{1.43}$$

则矩阵 $\boldsymbol{A}$ 称为具有对角优势。且至少有一个 i 使上式成为严格不等式。如果式(1.43)对任意的 i 均为严格不等式,则称 $\boldsymbol{A}$ 具有强(或严格)对角优势。

矩阵 $\boldsymbol{A}$ 称为 $\boldsymbol{L}_-$ 矩阵,如果

$$\begin{aligned} &a_{ij}>0,\quad i=1,2,\cdots,n \\ &a_{ij}\leqslant 0,\quad i\neq j;\ i,j=1,2,\cdots,n \end{aligned} \tag{1.44}$$

定理 1.9 如果矩阵 $\boldsymbol{A}$ 是不可约对角优势矩阵,则 $\boldsymbol{A}$ 是可逆的。

证明:(反证法)假设 $\boldsymbol{A}$ 不可逆,则方程组 $\boldsymbol{AX}=\boldsymbol{0}$ 有非零解。即有 $\boldsymbol{x}\neq\boldsymbol{0}$ 使

$$\sum_{j=1}^{n}a_{ij}x_j=0,\quad i=1,2,\cdots,n \tag{1.45}$$

$$|a_{ii}x_i|\leqslant\sum_{j\neq i}^{n}|a_{ij}x_j|,\quad i=1,2,\cdots,n \tag{1.46}$$

若 $\left|\dfrac{x_j}{x_i}\right|=1,i\neq j$,则有 $|a_{ii}|\leqslant\sum\limits_{j\neq i}^{n}|a_{ij}|,i=1,2,\cdots,n$。这与 $\boldsymbol{A}$ 是对角优势矩阵矛盾。

若 $\left|\dfrac{x_j}{x_i}\right|$ 不恒等于1,不妨设 $x_1,\cdots,x_{i_0}$ 是其中绝对值最大的,则必有 $i_0<n$。而当 $i_0<t\leqslant n,1\leqslant i\leqslant i_0$ 时,$\left|\dfrac{x_j}{x_i}\right|<1$,于是便有

$$|a_{ii}|\leqslant\sum_{j\neq i}|a_{ij}|\left|\frac{x_j}{x_i}\right|<\sum_{j\neq i}^{n}|a_{ij}|,\quad i=1,2,\cdots,i_0 \tag{1.47}$$

除非 $a_{ij}=0,i=1,2,\cdots,i_0,j=i_0+1,\cdots,n$。注意到 $\boldsymbol{A}$ 是不可约矩阵,故后者不可能成立,进而导致与对角优势矛盾。证毕。

定理 1.10 设 $\boldsymbol{A}$ 为 n 阶非负矩阵,若 $\boldsymbol{I}-\boldsymbol{A}$ 为不可约对角优势的 $\boldsymbol{L}_-$ 矩阵,则 $\rho(\boldsymbol{A})<1$。

证明:由 $\boldsymbol{I}-\boldsymbol{A}$ 为对角优势矩阵,则应有 $|1-a_{ii}|\geqslant\sum\limits_{j\neq i}|a_{ij}|,i=1,2,\cdots,n$。

由于 $\boldsymbol{I}-\boldsymbol{A}$ 为 $\boldsymbol{L}_-$ 矩阵,且 $\boldsymbol{A}$ 非负,则上式变成 $1-a_{ii}\geqslant\sum\limits_{j\neq i}a_{ij}$,其中 $\sum\limits_{j=1}^{n}a_{ij}\leqslant 1,i=1,2,\cdots,n$。

注意到上式至少有一个不等式严格成立,故必有

$$u=\min_i\sum_{j=1}^{n}a_{ij}<1,\quad v=\max_i\sum_{j=1}^{n}a_{ij}\leqslant 1 \tag{1.48}$$

若 $u=v$,则 $\rho(\boldsymbol{A})=u<1$;若 $u<v$,则由定理 1.8(3),知 $u<\rho(\boldsymbol{A})=u<1$,结论亦真。证毕。

定理 1.11 设 $\boldsymbol{A}$ 为不可约对角优势的 $\boldsymbol{L}_-$ 矩阵,如果 $\boldsymbol{b}\geqslant\boldsymbol{0}$,则方程组 $\boldsymbol{AX}=\boldsymbol{b}$ 有唯一非负解。

证明:将 $\boldsymbol{A}$ 分解成为 $\boldsymbol{A}=\boldsymbol{D}+\boldsymbol{N}$,其中 $\boldsymbol{D}$ 是由 $\boldsymbol{A}$ 的主对角线元素组成的对角矩阵,则因 $\boldsymbol{A}$ 为 $\boldsymbol{L}_-$ 矩阵。由于 $a_{ij}>0,i=1,2,\cdots,n$,故 $\boldsymbol{D}^{-1}$ 存在,于是 $\boldsymbol{AX}=\boldsymbol{b}$ 可写成

$$(\boldsymbol{I}-(-\boldsymbol{D}^{-1}\boldsymbol{N}))\boldsymbol{X}=(\boldsymbol{I}+\boldsymbol{D}^{-1}\boldsymbol{N})\boldsymbol{X}=\boldsymbol{D}^{-1}\boldsymbol{b} \tag{1.49}$$

注意到“$-\boldsymbol{D}^{-1}\boldsymbol{N}$”是非负矩阵，$(\boldsymbol{I}-(-\boldsymbol{D}^{-1}\boldsymbol{N}))$亦是不可约的对角优势的$\boldsymbol{L}_-$矩阵，故由定理1.10，知$\rho(-\boldsymbol{D}^{-1}\boldsymbol{N})<1$。再由定理1.7可知$(\boldsymbol{I}+\boldsymbol{D}^{-1}\boldsymbol{N})^{-1}$存在且非负，又因$\boldsymbol{b}\geqslant\boldsymbol{0}$，故有唯一非负解$\boldsymbol{X}=(\boldsymbol{I}+\boldsymbol{D}^{-1}\boldsymbol{N})^{-1}\boldsymbol{D}^{-1}\boldsymbol{b}$。证毕。

类似地易证，若$\boldsymbol{A}$为严格对角优势的$\boldsymbol{L}_-$矩阵，定理1.9至定理1.11的结论亦成立。

由式(1.25)、式(1.26)可知，对于消耗系数矩阵$\boldsymbol{A}$，$\boldsymbol{I}-\boldsymbol{A}$一般都是严格对角优势的$\boldsymbol{L}_-$矩阵，或是不可约的对角优势的$\boldsymbol{L}_-$矩阵。

故由定理1.11，投入产出分析中的基本问题，即：方程组(1.28)是否有非负解得以圆满解决。定理1.11的实际意义亦在于此。

在前面的分析中，我们发现矩阵$(\boldsymbol{I}+\boldsymbol{D}^{-1}\boldsymbol{N})$具有以下特点：它的非对角线元素$\leqslant 0$，并且$(\boldsymbol{I}+\boldsymbol{D}^{-1}\boldsymbol{N})^{-1}\geqslant\boldsymbol{0}$。由此引出下述定义：

若矩阵$\boldsymbol{A}$满足$a_{ij}\leqslant 0, i\neq j$，且$\boldsymbol{A}^{-1}\geqslant\boldsymbol{0}$，则称$\boldsymbol{A}$为$\boldsymbol{M}_-$矩阵。

$\boldsymbol{M}_-$矩阵在理论和实际中都是很有意义的一类矩阵。它与$\boldsymbol{L}_-$矩阵有密切的关系，这一点由定理1.12可以看出。

定理1.12 (1) 不可约(或严格)的对角优势的$\boldsymbol{L}_-$矩阵为$\boldsymbol{M}_-$矩阵。

(2) $\boldsymbol{L}_-$矩阵$\boldsymbol{A}$为$\boldsymbol{M}_-$矩阵的充要条件是

$$\rho(\boldsymbol{I}-\boldsymbol{D}^{-1}\boldsymbol{A})<1 \tag{1.50}$$

其中$\boldsymbol{D}$为$\boldsymbol{A}$的对角线元素构成的对角矩阵：$\boldsymbol{D}=\mathrm{diag}(a_{11},a_{22},\cdots,a_{nn})$

证明：

(1) 仿定理1.11，$\boldsymbol{A}$可以写成$\boldsymbol{A}=\boldsymbol{D}[\boldsymbol{I}-(-\boldsymbol{D}^{-1}\boldsymbol{N})]$。

注意到$\boldsymbol{A}$为对角优势的$\boldsymbol{L}_-$矩阵，故$-\boldsymbol{D}^{-1}\boldsymbol{N}$非负且$\boldsymbol{I}-(-\boldsymbol{D}^{-1}\boldsymbol{N})$亦是不可约的对角优势的$\boldsymbol{L}_-$矩阵。

由定理1.10，$\rho(-\boldsymbol{D}^{-1}\boldsymbol{N})<1$，于是由定理1.7有$(\boldsymbol{I}-(-\boldsymbol{D}^{-1}\boldsymbol{N}))^{-1}\geqslant\boldsymbol{0}$，所以

$$\boldsymbol{A}^{-1}=[\boldsymbol{D}(\boldsymbol{I}+\boldsymbol{D}^{-1}\boldsymbol{N})]^{-1}=(\boldsymbol{I}+\boldsymbol{D}^{-1}\boldsymbol{N})^{-1}\boldsymbol{D}^{-1}\geqslant\boldsymbol{0} \tag{1.51}$$

即$\boldsymbol{A}$为$\boldsymbol{M}_-$矩阵。

(2) 充分性：由$\boldsymbol{A}=\boldsymbol{D}[\boldsymbol{I}-(-\boldsymbol{D}^{-1}\boldsymbol{N})]$，知$-\boldsymbol{D}^{-1}\boldsymbol{N}=\boldsymbol{I}-\boldsymbol{D}^{-1}\boldsymbol{A}$。

现假定式(1.50)成立，即$\rho(-\boldsymbol{D}^{-1}\boldsymbol{N})<1$，故由(1)后面的分析知式(1.51)成立，即$\boldsymbol{A}$为$\boldsymbol{M}_-$矩阵。

必要性：若$\boldsymbol{L}_-$矩阵$\boldsymbol{A}$为$\boldsymbol{M}_-$矩阵，则$\boldsymbol{A}^{-1}\geqslant\boldsymbol{0}$，故由式(1.51)知$\boldsymbol{A}^{-1}=(\boldsymbol{I}+\boldsymbol{D}^{-1}\boldsymbol{N})^{-1}\boldsymbol{D}^{-1}\geqslant\boldsymbol{0}$从而$(\boldsymbol{I}+\boldsymbol{D}^{-1}\boldsymbol{N})^{-1}=\boldsymbol{A}^{-1}\boldsymbol{D}\geqslant\boldsymbol{0}$。

由定理1.7知$\rho(\boldsymbol{I}-\boldsymbol{D}^{-1}\boldsymbol{A})=\rho(-\boldsymbol{D}^{-1}\boldsymbol{N})<1$。证毕。

1.2.4 投影矩阵和判断矩阵

1. 投影矩阵

首先，介绍一下幂等矩阵。n阶矩阵$\boldsymbol{P}$称为幂等的，如果

$$\boldsymbol{P}^2=\boldsymbol{P} \tag{1.52}$$

幂等矩阵的特征值只能是1或0。因为若$\boldsymbol{PX}=\lambda\boldsymbol{X}$，则因$\boldsymbol{P}^2\boldsymbol{X}=\boldsymbol{PX}$，故$\lambda^2\boldsymbol{X}=\lambda\boldsymbol{X}$，从而

$\lambda^2-\lambda=\lambda(\lambda-1)=0$，故必有 $\lambda=0$ 或 1。

定理 1.13 若 $\boldsymbol{P}$ 是实对称的幂等矩阵，则

(1) $\boldsymbol{P}$ 是半正定的。

(2) $\boldsymbol{P}$ 的秩等于它的迹数，即 $R(\boldsymbol{P})=\mathrm{tr}(\boldsymbol{P})$。

(3) 存在正交矩阵 $\boldsymbol{Q}$，使得 $\boldsymbol{Q}^{-1}\boldsymbol{PQ}=\begin{pmatrix}\boldsymbol{I}_R & \boldsymbol{0}\\ \boldsymbol{0} & \boldsymbol{0}\end{pmatrix}$，其中 $R=R(\boldsymbol{P})$。

证明：

(1) $\forall \boldsymbol{x}\neq\boldsymbol{0}, \boldsymbol{X}^{\mathrm{T}}\boldsymbol{PX}=\boldsymbol{X}^{\mathrm{T}}\boldsymbol{PPX}=(\boldsymbol{PX})^{\mathrm{T}}(\boldsymbol{PX})=\|\boldsymbol{PX}\|^2\geqslant 0$，故 $\boldsymbol{P}$ 是半正定的。

(2) 因为 $\boldsymbol{P}$ 是实对称的，故其相似于一对角矩阵，且每一对角线元素都是特征根。又因 $\boldsymbol{P}$ 是幂等矩阵，故其非 0 特征根都是 1，所以对角阵中 1 的个数即 $\boldsymbol{P}$ 的秩数。再由 $\sum_{i=1}^{n}\lambda_i=\sum_{i=1}^{n}a_{ii}$，即特征根之和等于矩阵的迹数，而相似变换不改变矩阵的迹数($\mathrm{tr}\boldsymbol{Q}^{\mathrm{T}}\boldsymbol{PQ}=\mathrm{tr}\boldsymbol{P}$)，即得 $R(\boldsymbol{P})=\mathrm{tr}(\boldsymbol{P})$。

(3) 显然对于已知 n 阶矩阵 $\boldsymbol{A}$，若方程 $\boldsymbol{AX}=\boldsymbol{0}$ 有非 0 解，则 $\boldsymbol{A}$ 把 $\mathbf{R}^n$ 中的向量 $\boldsymbol{X}$ 分成两部分，一部分使 $\boldsymbol{AX}=\boldsymbol{0}$，称之为 $\boldsymbol{A}$ 的零空间，记作 V；另一部分使 $\boldsymbol{AX}=\boldsymbol{Y}\neq\boldsymbol{0}$，称为像空间，记为 W，两个空间的维数之和为 n。

设像空间 W 的基底为 $w_1,w_2,\cdots,w_r$，零空间的 V 基底为 $v_1,v_2,\cdots,v_{n-r}$，则对任意的 $\gamma\in\mathbf{R}^n$ 有 $\gamma=\alpha+\beta$，这里 $\alpha\in W,\beta\in V$，以下的问题可看作是上述问题的反问题。

设 W 和 V 是 $\mathbf{R}^n$ 的两个子空间，若 $\forall\gamma\in\mathbf{R}^n$ 有唯一的 $\alpha\in W,\beta\in V$ 使 $\gamma=\alpha+\beta$，则这个和称为直接和，记作 $W\oplus V$，于是有 $\mathbf{R}^n=W\oplus V$；若 $W\perp V$，则称 W 和 V 为互为正交补空间，对之若 $\forall\gamma\in\mathbf{R}^n,\gamma=\alpha+\beta,\alpha\in W,\beta\in V$，有 n 阶矩阵 $\boldsymbol{P}$，使 $\boldsymbol{P}\gamma=\alpha$，亦即 $\boldsymbol{P}\alpha=\alpha,\boldsymbol{P}\beta=0$。则矩阵 $\boldsymbol{P}$ 称为 $\mathbf{R}^n$ 沿 V 在 W 上的正投影矩阵。

设 W 的基底为 $w_1,w_2,\cdots,w_r$，V 的基底为 $v_1,v_2,\cdots,v_{n-r}$，则有

$$\boldsymbol{P}w_i=w_i,i=1,2,\cdots,r \tag{1.53}$$

$$\boldsymbol{P}v_i=0\quad,i=1,2,\cdots,n-r \tag{1.54}$$

作矩阵 $\boldsymbol{M}=(w_1,\cdots,w_r)_{n\times r}$，容易验证

$$\boldsymbol{P}=\boldsymbol{M}_{n\times r}(\boldsymbol{M}^{\mathrm{T}}\boldsymbol{M})^{-1}_{n\times r}\boldsymbol{M}^{\mathrm{T}}_{r\times n} \tag{1.55}$$

而于零空间 V 的投影矩阵为

$$\boldsymbol{I}-\boldsymbol{P}=\boldsymbol{I}-\boldsymbol{M}_{n\times r}(\boldsymbol{M}^{\mathrm{T}}\boldsymbol{M})^{-1}_{r\times r}\boldsymbol{M}^{\mathrm{T}}_{r\times n} \tag{1.56}$$

下面通过一个例子来熟悉以上的概念，考虑如下的命题：

超定方程组或矛盾方程组 $\boldsymbol{A}_{m\times n}\boldsymbol{X}=\boldsymbol{b}$($m>n$，列满秩)的最小二乘解如下：

$\boldsymbol{A}^{\mathrm{T}}\boldsymbol{AX}=\boldsymbol{A}^{\mathrm{T}}\boldsymbol{b},\boldsymbol{X}=(\boldsymbol{A}^{\mathrm{T}}\boldsymbol{A})^{-1}\boldsymbol{A}^{\mathrm{T}}\boldsymbol{b},\boldsymbol{Ax}=\boldsymbol{A}(\boldsymbol{A}^{\mathrm{T}}\boldsymbol{A})^{-1}\boldsymbol{A}^{\mathrm{T}}\boldsymbol{b}=\boldsymbol{Pb}$，则

$$\|\boldsymbol{AX}-\boldsymbol{b}\|_2=\text{极小}\Leftrightarrow\boldsymbol{A}^{\mathrm{T}}(\boldsymbol{Ax}-\boldsymbol{b})=\boldsymbol{0}$$

证明：

充分性：

$\forall\boldsymbol{y}$，令 $\boldsymbol{y}=\boldsymbol{x}+\boldsymbol{z}$，则

$$\begin{aligned}\|Ay-b\|_2^2&=\|Ax-b+Az\|^2\\&=\|Ax-b\|^2+\|Az\|^2+2(Az)^T(Ax-b)\\&=\|Ax-b\|^2+\|Az\|^2+2zA^T(Ax-b)\\&\geqslant\|Ax-b\|^2\end{aligned}\tag{1.57}$$

必要性：

设 $A^T(Ax-b)=u\neq 0$，令 $y=x-\varepsilon u$，ε 为任意正实数，则

$$\begin{aligned}\|Ay-b\|_2^2&=\|Ax-b\|^2+\|\varepsilon Au\|^2-\varepsilon(Ax-b)^TAu-\varepsilon u^TA^T(Ax-b)\\&=\|Ax-b\|^2+\varepsilon^2\|Au\|^2-2\varepsilon\|u\|^2\end{aligned}\tag{1.58}$$

当 ε 充分小时，上式右端显然小于 $\|Ax-b\|^2$，这说明不满足 $A^T(Ax-b)=0$ 的任何 x 都不是最小二乘解。因此，条件是必要的。

容易验证，投影矩阵是对称幂等矩阵，在经济计量学中常会遇到它们。

2. 判别矩阵

目前，定量分析中常用层次分析法（AHP）解决那些难于定量化的复杂问题。其中，为了进行多属性问题的综合评价，就需要确定每个属性的相对重要性，即求它们的权重 $W=(w_1,w_2,\cdots,w_n)^T$。为此将各个属性进行两两比较，从而得出如下的判断矩阵

$$A=\begin{pmatrix}a_{11}&\cdots&a_{1n}\\\vdots&&\vdots\\a_{n1}&\cdots&a_{nn}\end{pmatrix}=\begin{pmatrix}\frac{w_1}{w_1}&\cdots&\frac{w_1}{w_n}\\\vdots&&\vdots\\\frac{w_n}{w_1}&&\frac{w_n}{w_n}\end{pmatrix}\tag{1.59}$$

其中，元素 a_{ij} 是第 i 个属性的重要性与第 j 个属性的重要性之比 $a_{ij}=\frac{w_i}{w_j}$。显然，判断矩阵的秩为 1，且有 $a_{ij}=\frac{1}{a_{ji}}$，$a_{ii}=1$，$a_{ij}=\frac{a_{ik}}{a_{jk}}$，$i,j,k=1,2,\cdots,n$。不难看出，有 $Aw=nw$，从而 n 为判断矩阵 A 唯一非零的也是最大的特征根，w 即为相应的特征向量。但是在实际中，判断者不可能给出精确的 $\frac{w_i}{w_j}$，只能对它们进行估计判断。这样实际的 a_{ij} 与理想的 $\frac{w_i}{w_j}$ 有偏差，需要通过计算实际矩阵 A 的最大特征根 $\rho(A)$ 与理论特征根 n 的偏差，来衡量近似的程度是否可取。下面介绍两种近似求特征向量 w 和 $\rho(A)$ 的方法。

(1) 方根法

① $M_i=\prod_{j=1}^{n}a_{ij}$，$i=1,2,\cdots,n$　$\left[\text{由式(1.52)}M_i=\frac{w_i^n}{w_1\cdots w_n}=\frac{w_i^n}{k}\text{，可知该结果}\right]$

② $\bar{w}_i=\sqrt[n]{M_i}$，$i=1,2,\cdots,n$　$\left(\text{即 }\bar{w}_i=\frac{w_i}{\sqrt[n]{k}}\right)$

③ 对 $\bar{w}=(\bar{w}_i,\cdots,\bar{w}_n)^T$ 正规化，即令 $w_i=\dfrac{\bar{w}_i}{\sum_{j=1}^{n}\bar{w}_j}$（$L_1$- 模：$\|\cdot\|_1$）则 $W=(w_1,\cdots,w_n)^T$ 即为所求的特征向量。

④ 计算 $\rho(A)=\sum_{i=1}^{n}\dfrac{(Aw)_i}{nw_i}\left[\text{由 } Aw=\rho(A)w\rho(A)=\dfrac{(Aw)_i}{w_i}=\sum_{i=1}^{n}\dfrac{(Aw)_i}{nw_i}\text{，可知该结果}\right]$

(2) 和积法

① $\overline{a_{ij}}=a_{ij}\Big/\sum_{k=1}^{n}a_{kj},i,j=1,2,\cdots,n\quad\left(\overline{a_{ij}}=\dfrac{w_i}{\sum_{k=1}^{n}w_k}\right)$

② $\overline{w_i}=\sum_{j=1}^{n}\overline{a_{ij}},i=1,2,\cdots,n\quad\left(\overline{w_i}=\dfrac{nw_i}{\sum_{k=1}^{n}w_k}\right)$

例 1.2　求如下判断矩阵的特征值和特征向量：

$$A=\begin{pmatrix}1 & \frac{1}{3} & 2\\ 3 & 1 & 5\\ \frac{1}{2} & \frac{1}{5} & 1\end{pmatrix}$$

(1) 计算判断矩阵 A 各行元素的乘积 $M_i=\prod_{j=1}^{n}a_{ij}$，即 $M_1=\dfrac{2}{3},M_2=15,M_3=\dfrac{1}{10}$；

(2) 求其 n 次方根，$\overline{W}_1=\sqrt[3]{M_1}=0.874,\overline{W}_2=\sqrt[3]{M_2}=2.466,\overline{W}_3=\sqrt[3]{M_3}=0.464$；

(3) 对向量 $\overline{W}=[\overline{W}_1,\overline{W}_2,\overline{W}_3]^T$ 规范化，有 $W_1=\dfrac{\overline{W}_1}{\sum_{i=1}^{3}\overline{W}_i}=0.230,W_2=\dfrac{\overline{W}_2}{\sum_{i=1}^{3}\overline{W}_i}=0.684,W_3=\dfrac{\overline{W}_3}{\sum_{i=1}^{3}\overline{W}_i}=0.122$，所以所求的特征向量为 $W=[0.230,0.648,0.122]^T$；

(4) 由 $AW=\begin{pmatrix}1 & \frac{1}{3} & 2\\ 3 & 1 & 5\\ \frac{1}{2} & \frac{1}{5} & 1\end{pmatrix}(0.230,0.648,0.122)^T$，得 $AW_1=0.69,AW_2=1.948,AW_3=0.3666$，计算该判断矩阵最大特征根 $\rho(A)=\sum_{i=1}^{n}\dfrac{(AW)_i}{nW_i}=3.004$。

非负矩阵具有一般矩阵没有的特殊性质，如 Perron-Frobenious 定理，投入产出基本问题的可解性定理，分为可约的非负矩阵和不可约的非负矩阵。此外还有一些特殊矩阵，如对角优势矩阵、L_- 矩阵、M_- 矩阵投影矩阵和判断矩阵等，并且提出了方根法和和积法两种近似求特征根和特征向量的方法。

章末习题

1. 设 $\|\boldsymbol{x}\|_{\alpha}$ 与 $\|\boldsymbol{x}\|_{\beta}$ 是 $\mathbf{C}^n$ 上的两种范数，k_1,k_2 是正常数，试证明：$k_1\|\boldsymbol{x}\|_{\alpha}+k_2\|\boldsymbol{x}\|_{\beta}$ 是 $\mathbf{C}^n$ 上的范数。

2. 对下列矩阵 $\boldsymbol{A}$，求 $\|\boldsymbol{A}\|_1$，$\|\boldsymbol{A}\|_2$，$\|\boldsymbol{A}\|_{\infty}$.

(1) $\boldsymbol{A}=\begin{pmatrix}-1 & -1 & 4\\ 1 & 1 & 2\\ 1 & -2 & 2\end{pmatrix}$，(2) $\boldsymbol{A}=\begin{pmatrix}1 & 1\\ 0 & 1\\ -2 & 1\end{pmatrix}$.

3. 设 $\boldsymbol{A}=\begin{pmatrix}0 & c & c\\ c & 0 & c\\ c & c & 0\end{pmatrix}(c\in\mathbf{R})$，讨论 c 取何值时 $\boldsymbol{A}$ 为收敛矩阵.

4. 若 $\boldsymbol{P}$ 是投影矩阵，证明：$\boldsymbol{P}^{\mathrm{H}}$，$\boldsymbol{I}-\boldsymbol{P}$，$\boldsymbol{T}^{1}\boldsymbol{P}\boldsymbol{T}$($\boldsymbol{T}$ 为非奇异矩阵)均为投影矩阵.

5. 设 $\boldsymbol{P}_1,\boldsymbol{P}_2$ 均为投影矩阵，证明：$\boldsymbol{P}=\boldsymbol{P}_1+\boldsymbol{P}_2$ 是投影矩阵的充要条件为 $\boldsymbol{P}_1\boldsymbol{P}_2=\boldsymbol{P}_2\boldsymbol{P}_1=\boldsymbol{0}$.

【在线测试题】扫描书背面的二维码，获取答题权限。

扫描此码 在线自测

第2章

对策论基础

学习目标

通过本章的学习，应该达到以下学习目标：

1. 掌握对策论基本概念；

2. 熟悉矩阵对策(包括双矩阵对策及多人矩阵对策)；

3. 灵活运用纳什均衡。

关键概念

矩阵对策　双矩阵对策　多人对策　最优策略均衡　重复剔除的占优均衡　纳什均衡　古诺寡头竞争模型　公共地悲剧　最优控制

对策论(game theory)亦称博弈论，它是研究具有竞争、冲突等性质问题的理论，原是运筹学的一个分支，然而对策论的研究和应用始终与经济学紧密联系在一起，其根本原因是经济学和对策论的研究模式是一样的，都是强调个人理性，也就是在给定的约束条件下，追求效用最大化。在这一点上，两者是完全一致的。1944 年冯・诺依曼(Von Newmann)和摩根斯坦(Morgenstern)出版了《对策论与经济行为》一书，从此开始了对策论系统化、公理化的研究。从 20 世纪 50 年代到 70 年代，对策论的研究取得了丰硕的成果，并成功地应用于经济学、管理科学、军事、政治等诸多领域，特别是 20 世纪 70 年代后，对策论逐渐成为经济学研究的重要理论工具，并被当成经济学的一部分。1994 年，在对策论研究中有突出贡献的三位学者纳什(Nash)、泽尔腾 (Selten)和海萨尼(Harsanyi)获得了诺贝尔经济学奖，更加显示了对策论在经济学中的重要地位。

2.1　基本概念

对策是决策者在某种竞争场合下作出的决策。带有竞争性质的现象，如下棋、打桥牌、外交谈判、订货谈判等，均被称为对策现象。

对策现象含有三个基本要素：局中人、策略和支付函数。

① 局中人(或参与人)：有决策权的参加者。如两人的象棋对弈，就包含两个局中人，即称为二人对策，而多于两个局中人的对策就称为多人对策。

② 策略，即整个行动方案，它告诉局中人在什么时候选择什么行动。策略全体则称为策略集合。注意：策略是指局中人在一局对策中对付对手的一个完整方案。例如，在象棋比赛中，“当头炮”不是一个策略，而只是策略的一部分。按策略的多少，又可分为有限对策和无限对策（如对攻的坦克）。

③ 支付函数：在一局对策中，若每个局中人都选定了自己的策略，把这些策略合在一起，就构成一个局势。当局势确定后，对策的结果也就确定了，这时每个局中人都有得失。因此，“得失”是局势的函数，称之为支付函数（payoff function）或收益函数。

如果在一局势下，全体局中人得失的代数总和为 0，则称之为零和对策，否则称为非零和对策。

对策的类型很多，例如，各局中人之间均不能协商或订立有约束的协议，一般称为非合作对策，否则称为合作对策。从局中人行动的先后顺序上考虑，又分为静态对策和动态对策。静态对策是指对策中，局中人同时选择行动或虽非同时但后行动者并不知道前者采取了什么行动。动态对策是指局中人的行动有先后顺序，且后行动者能观察到前者所选择的行动。此外，从信息角度看，又可分为完全信息对策和非完全信息对策。完全信息对策是指每一个局中人对所有其他参与人的特征、策略集合及支付函数有准确的了解或掌握，否则就是不完全信息对策。

对于动态对策，用对策树来表示是非常方便的，它一目了然地显示出局中人行动的先后次序，每位局中人可选择的行动，以及不同行动组合下的支付水平。

例 2.1 某地区的两个厂商生产同类产品，为了占领市场，各自制定了自己的产销计划。把两个厂商当作局中人Ⅰ、Ⅱ。为了简便，两个局中人各有两种产出水平（A_1，A_2）和（B_1，B_2）。请用“对策树”描述两个厂商的市场竞争过程。

解：这一市场竞争过程可用“对策树”描述如下：

Ⅰ先进行选择。从起点画出的两条线表示Ⅰ可选择两种不同的产出水平。标有Ⅱ的顶点表示Ⅱ在知道Ⅰ的选择后，再进行自己的选择，由这两个顶点分别引出的两条线表示厂商Ⅱ在不同情况下可进行的不同选择。图 2.1 中最上面的顶点称为对策树的终点，每个终点上的向量表示对策结束时两个厂商分别取得的纯利润（见图 2.1(a)）。

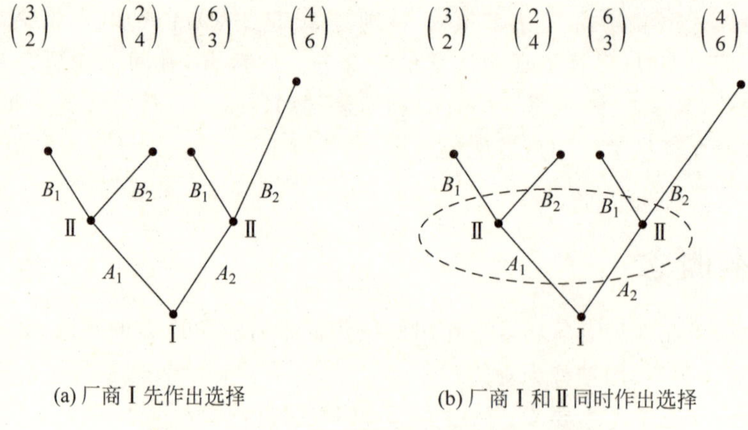

(a) 厂商Ⅰ先作出选择　　(b) 厂商Ⅰ和Ⅱ同时作出选择

图 2.1　两个厂商选择对策不同顺序的决策树

如果厂商Ⅰ、Ⅱ同时进行选择，则厂商Ⅱ不能确定Ⅰ的选择，我们将Ⅱ对应的两个顶点用虚线框起来(见图 2.1(b))，表示Ⅱ不能确定自己到底在哪一点。

虚线框起的顶点的集合或单个顶点等都称为局中人的信息集。

在这一例子中，对策用对策树表示，一般称为扩展型对策(extensive form)，以区别通常的策略型对策(如矩阵对策)。

2.2 矩阵对策

下边介绍一下有限二人零和对策，亦称矩阵对策，这时支付函数可用一个矩阵表示(叫支付矩阵或赢得矩阵)。

设局中人Ⅰ的纯策略集 $S_1=\{\alpha_1,\cdots,\alpha_m\}$，局中人Ⅱ的纯策略集 $S_2=\{\beta_1,\cdots,\beta_m\}$，则Ⅰ的赢得矩阵 $\boldsymbol{A}=(a_{ij})_{m\times n}$ 中，元素 a_{ij} 表示在局势(α_i,β_j)之下Ⅰ的赢得，当然也表示Ⅱ的支付，而整个对策可简记为 $G=\{S_1,S_2,\boldsymbol{A}\}$。为了寻求各自的最优策略，可考虑例 2.2。

例 2.2　设有一矩阵对策 $G=\{S_1,S_2,\boldsymbol{A}\}$，具体有如下矩阵表示：

$$\begin{array}{c} \\ \alpha_1 \\ \alpha_2 \\ \alpha_3 \\ \alpha_4 \end{array}\begin{array}{c} \begin{array}{ccc} \beta_1 & \beta_2 & \beta_3 \end{array} \\ \begin{pmatrix} -6 & 1 & -8 \\ 3 & 2 & 4 \\ 9 & -1 & 10 \\ -3 & 0 & 6 \end{pmatrix} \end{array}$$

求双方的最优策略。

解：为了不冒风险，双方都应当从最坏处着想，尽量争取最好的结果，对局中人Ⅰ所有最坏结果，即 $\boldsymbol{A}$ 中每行的最小值：

$$-8,\quad 2,\quad -1,\quad -3$$

这些最坏情形中最好的结果是 $a_{22}=2$，因此无论局中人Ⅱ选什么策略，Ⅰ只要选 α_2 参加对策，就能保证收入不会小于 2。同理，对局中人Ⅱ说来，应从各列的最大(表示损失最大)数中取最小值(输的最少)，即 $\min\limits_j\{\max\limits_i a_{ij}\}=\min\limits_j\{9,2,10\}=2=a_{22}$。

亦即选 β_2 参加对策，这时两人的最坏情况下的最好结果的绝对值相等，所选策略称为最优纯策略，相应局势(α_2,β_2)，称为对策 $G=\{S_1,S_2,\boldsymbol{A}\}$的最优局势(或鞍点)，由于双方对此局势都感到满意，无意再打破它，故亦称均衡解。一般地，若等式

$$\max_i\min_j a_{ij}=\min_j\max_i a_{ij} \tag{2.1}$$

成立，则称 G 有最优纯策略，这样的对策也称为有鞍点对策，若式(2.1)不成立，则说 G 在纯策略中没有解。例如，对于赢得矩阵为

$$\boldsymbol{A}=\begin{pmatrix} 1 & 5 \\ 3 & 2 \end{pmatrix}$$

由于 $v_1=\max\limits_i\min\limits_j a_{ij}=2$，$v_2=\min\limits_j\max\limits_i a_{ij}=3$，$v_1<v_2$，不满足式(2.1)，故该问题在纯策略中无解。事实上，当双方各自根据从最不利情形中选取最有利的结果的原则选择纯策

略时，应分别选取 α_2 和 β_1，此时局中人Ⅰ将赢得 3，比其预期赢得 $v_1=2$ 还多，原因就在于局中人Ⅱ选择了 β，使他的对手多得了不该得的赢得，故 β_1 对局中人Ⅱ来说并不是最优的，因而他会考虑出 β_2，局中人Ⅰ亦会估计到这种情形而采取相应的办法，改出 α_1 以使赢得为 5，而局中人Ⅱ又可能仍取策略 β_1 来对付局中人Ⅰ的策略 α_1。这样，局中人Ⅰ出 α_1 或 α_2 的可能性以及局中人Ⅱ出 β_1 或 β_2 的可能性都不能排除。在这种情况下，一个自然的想法是判断不同策略的概率分布。设局中人Ⅰ以概率 x 选取 α_1，以概率 $(1-x)$ 选取 α_2，局中人Ⅱ以概率 y 选取 β_1，以概率 $(1-y)$ 选取 β_2，于是对Ⅰ来说他的期望赢得应当是

$$
\begin{aligned}
E(x,y) &= 1\cdot x\cdot y+5\cdot x(1-y)+3(1-x)\cdot y+2(1-x)(1-y)\\
&= -5\left(x-\frac{1}{5}\right)\left(y-\frac{3}{5}\right)+\frac{13}{5}
\end{aligned}
$$

由上式可见，当 $x=\frac{1}{5}$ 时，$E(x,y)=\frac{13}{5}$。就是说当局中人Ⅰ以概率 $\frac{1}{5}$ 选策略 α_1，他的赢得期望值是 $\frac{13}{5}$，他并不能保证自己的期望值超过 $\frac{13}{5}$，因为当Ⅰ企图以 $x<\frac{1}{5}$ 的概率选 α_1 以提高 $E(x,y)$ 的值，Ⅱ可通过取 $y\leqslant\frac{3}{5}$ 使 $E(x,y)$ 反而少于 $\frac{13}{5}$。同样，局中人Ⅱ只有取 $y=\frac{3}{5}$ 时，才能保证其付出不会多于 $\frac{13}{5}$。这样对于此例来说，局中人Ⅰ分别以概率 $\frac{1}{5}$ 和 $\frac{4}{5}$ 选取 α_1 和 α_2，局中人Ⅱ分别以概率 $\frac{3}{5}$ 和 $\frac{2}{5}$ 选取 β_1 和 β_2，对策的双方都会得到满意的结果，以这样一种方式选取策略参加对策是双方的最优策略。

一般地，设局中人Ⅰ以概率 x_i 选取策略 α_i，$i=1,\cdots,m$，局中人Ⅱ以概率 y_i 选取策略 β_j，$j=1,\cdots,n$，则向量 $\boldsymbol{x}=(x_1,\cdots,x_m)^{\mathrm{T}}$，$x_i\geqslant 0$，$\sum\limits_{i=1}^{m}x_i=1$ 与向量 $\boldsymbol{y}=(y_1,\cdots,y_n)^{\mathrm{T}}$，$y_j\geqslant 0$，$\sum\limits_{j=1}^{n}y_j=1$ 分别称为局中人Ⅰ和Ⅱ的混合策略。

称数学期望 $E(\boldsymbol{x},\boldsymbol{y})=\sum\limits_{i=1}^{m}\sum\limits_{j=1}^{n}a_{ij}x_iy_j$ 为Ⅰ的赢得（Ⅱ的支付），而 $(\boldsymbol{x},\boldsymbol{y})$ 称为混合局势。局中人Ⅰ的所有混合策略集记为 S_1^*，即 $S_1^*=\{\boldsymbol{x}\}$，Ⅱ的记为 $S_2^*=\{\boldsymbol{y}\}$，$G=\{S_1^*,S_2^*,E\}$ 叫作 G 的混合扩充。

局中人Ⅰ在选择最优策略时只能以 $\min\limits_{y\in S_2^*}E(\boldsymbol{x},\boldsymbol{y})$ 为出发点，而后争取最好的结果，即取

$$
\max_{x\in S_1^*}\min_{y\in S_2^*}E(\boldsymbol{x},\boldsymbol{y})=V_1 \tag{2.2}
$$

同样局中人Ⅱ的支付至多为

$$
\min_{y\in S_2^*}\max_{x\in S_1^*}E(\boldsymbol{x},\boldsymbol{y})=V_2 \tag{2.3}
$$

当 $V_1=V_2$ 时，称这个公共值为对策 G 的值，相应策略 $\boldsymbol{x}^*$，$\boldsymbol{y}^*$ 分别称为Ⅰ与Ⅱ的最优策略，混合局势 $(\boldsymbol{x}^*,\boldsymbol{y}^*)$ 称为 G 在混合策略下的解。

定理 2.1（对策基本定理） 在混合扩充意义下，任何矩阵对策 G 一定有解。（证明暂略）

定理 2.2 矩阵对策 $G=\{S_1^*,S_2^*,\boldsymbol{A}\}$ 在混合扩充意义下有解的充分必要条件是：存

在 $x^* \in S_1^*$，$y^* \in S_2^*$，使 (x^*, y^*) 为函数 $E(x,y)$ 的一个鞍点，即对一切 $x \in S_1^*$，$y \in S_2^*$，有

$$E(x,y^*) \leqslant E(x^*,y^*) \leqslant E(x^*,y) \tag{2.4}$$

证明：充分性：

由于对一切 $x \in S_1^*$，$y \in S_2^*$，式(2.4)均成立，故

$$\max_{x \in S_1^*} E(x,y^*) \leqslant E(x^*,y^*) \leqslant \min_{y \in S_2^*} E(x^*,y) \tag{2.5}$$

从而

$$\min_{y \in S_2^*} \max_{x \in S_1^*} E(x,y) \leqslant E(x^*,y^*) \leqslant \max_{x \in S_1^*} \min_{y \in S_2^*} E(x,y) \tag{2.6}$$

另一方面，对 $\forall x \in S_1^*$，$y \in S_2^*$，有

$$\min_{y \in S_2^*} E(x,y) \leqslant E(x,y) \leqslant \max_{x \in S_1^*} E(x,y) \tag{2.7}$$

从而

$$\max_{x \in S_1^*} \min_{y \in S_2^*} E(x,y) \leqslant E(x,y) \leqslant \min_{y \in S_2^*} \max_{x \in S_1^*} E(x,y) \tag{2.8}$$

由式(2.6)和式(2.8)有

$$\max_{x \in S_1^*} \min_{y \in S_2^*} E(x,y) = \min_{y \in S_2^*} \max_{x \in S_1^*} E(x,y) = V \tag{2.9}$$

故对策 G 有解。

必要性：

若 G 有解，则因

$$\max_{x \in S_1^*} \min_{y \in S_2^*} E(x,y) = \min_{y \in S_2^*} \max_{x \in S_1^*} E(x,y) = V \tag{2.10}$$

设

$$\min_{y \in S_2^*} E(x,y) = E(x,y^*)$$

$$\max_{x \in S_1^*} E(x,y) = E(x^*,y)$$

则应有

$$E(x,y^*) \leqslant E(x,y) \leqslant E(x^*,y) \tag{2.11}$$

于是便有

$$E(x,y^*) \leqslant \max_{x \in S_1^*} E(x,y^*) = \min_{y \in S_2^*} E(x^*,y) \leqslant E(x^*,y) \tag{2.12}$$

从而式(2.4)成立。证毕。

当局中人Ⅰ取纯策略 α_i 时，记其相应的赢得函数为 $E(i,y)$，于是

$$E(i,y) = \sum_{j=1}^{n} a_{ij} y_j \tag{2.13}$$

同样，当局中人Ⅱ取纯策略 β_j 时，记其相应赢得函数为 $E(x,j)$，于是

$$E(x,j) = \sum_{i=1}^{m} a_{ij} x_i \tag{2.14}$$

由式(2.13)和式(2.14)，有

$$E(x,y)=\sum_i\sum_j a_{ij}x_iy_j=\sum_i(\sum_j a_{ij}y_j)x_i$$
$$=\sum_i E(i,y)x_i=\sum_j E(x,j)y_j \tag{2.15}$$

根据上面的记号，可给出定理 2.2 的另一等价形式：

定理 2.3 设 $x^*\in S_1^*$，$y^*\in S_2^*$，则 (x^*,y^*) 是 G 的解的充要条件是：对任意 $i=1,\cdots,m$；$j=1,\cdots,n$ 有

$$E(i,y^*)\leqslant E(x^*,y^*)\leqslant E(x^*,j) \tag{2.16}$$

证明：设 (x^*,y^*) 是 G 的解，则由定理 2.2，式(2.4)成立，由于纯策略是混合策略的特例，故式(2.16)成立。反之，由式(2.16)成立，则有

$$E(x,y^*)=\sum_i E(i,y^*)x_i\leqslant E(x^*,y^*)\sum_i x_i=E(x^*,y^*)$$

$$E(x^*,y)=\sum_j E(x^*,j)y_j\geqslant E(x^*,y^*)\sum_j y_j=E(x^*,y^*)$$

即得式(2.4)。证毕。

容易看出验证式(2.16)成立要比验证式(2.4)成立容易。

定理 2.4 设 $x^*\in S_1^*$，$y^*\in S_2^*$，则 (x^*,y^*) 为 G 的解充要条件是：存在 v，使得 x^* 和 y^* 分别是不等式组

$$\begin{cases}\sum_i a_{ij}x_i\geqslant v, & j=1,\cdots,n\\ \sum_i x_i=1 & \\ x_i\geqslant 0, & i=1,\cdots,m\end{cases} \tag{2.17}$$

和不等式组

$$\begin{cases}\sum_j a_{ij}y_j\leqslant v, & i=1,\cdots,m\\ \sum_j y_j=1 & \\ y_j\geqslant 0, & j=1,\cdots,n\end{cases} \tag{2.18}$$

的解，且 $v=V=E(x^*,y^*)$。

证明：若对 $x^*\in S_1^*$，$y^*\in S_2^*$，存在 v 使式(2.17)与式(2.18)均成立，则必有

$$E(i,y^*)=\sum_j a_{ij}y^*\leqslant v\leqslant\sum_i a_{ij}x^*=E(x^*,j) \tag{2.19}$$

从而

$$E(x,y^*)=\sum_i E(i,y^*)x_i\leqslant v\sum_i x_i=v \tag{2.20}$$

$$E(x^*,y)=\sum_j E(x^*,j)y_i\geqslant v\sum_j y_i=v \tag{2.21}$$

于是

$$E(x,y^*)\leqslant v\leqslant E(x^*,y) \tag{2.22}$$

将式(2.22)中的 x，y 换成 x^*，y^*，不等式仍然不变，即有

$$E(x^*,y^*)\leqslant v\leqslant E(x^*,y^*) \tag{2.23}$$

从而有

$$E(x^*,y^*)=v$$

由定理 2.2 或定理 2.3，x^*，y^* 是 G 的解。

至于必要性，只需令 $v=E(x^*,y^*)$，即知式(2.17)、式(2.18)成立。证毕。

定理 2.4 提供了求解对策问题混合扩充解的方法。由于 v 未知，直接求解式(2.17)、式(2.18)似有困难，但若稍作变换（这里不妨设 $v>0$）

$$\bar{x}_i=\frac{x_i}{v},\quad i=1,\cdots,m;\ \bar{y}_j=\frac{y_j}{v},\quad j=1,\cdots,n$$

则式(2.17)、式(2.18)变成

$$\begin{cases}\sum\limits_{i=1}^{m}a_{ij}\bar{x}_i\geqslant 1, & j=1,\cdots,n\\ \sum\limits_{i=1}^{m}\bar{x}_i=\dfrac{1}{v}\\ \bar{x}_i\geqslant 0, & i=1,\cdots,m\end{cases} \tag{2.24}$$

$$\begin{cases}\sum\limits_{j=1}^{n}a_{ij}\bar{y}_j\leqslant 1, & i=1,\cdots,m\\ \sum\limits_{j=1}^{n}\bar{y}_j=\dfrac{1}{v}\sum\limits_{j}\\ \bar{y}_j\geqslant 0, & j=1,\cdots,n\end{cases} \tag{2.25}$$

对于Ⅰ来说 v 越大越好，对Ⅱ来说 v 越小越好，故问题归结为求解如下线性规划问题：

$$\begin{cases}\min S(\bar{x})=\sum\limits_{i=1}^{m}\bar{x}_i\\ \text{s. t.}\ \sum\limits_{i=1}^{m}a_{ij}\bar{x}_i\geqslant 1, & j=1,\cdots,n\\ \quad\ \bar{x}_i\geqslant 0, & i=1,\cdots,m\end{cases} \tag{2.26}$$

以及

$$\begin{cases}\max S(\bar{y})=\sum\limits_{j=1}^{n}\bar{y}_j\\ \text{s. t.}\ \sum\limits_{j=1}^{n}a_{ij}\bar{y}_j\leqslant 1, & i=1,\cdots,m\\ \quad\ \bar{y}_j\geqslant 0, & j=1,\cdots,n\end{cases} \tag{2.27}$$

容易验证，式(2.26)与式(2.27)恰好互为对偶规划，因此求解其中之一即可。

如果不作变换，可据 v 的含义直接求解如下的两个线性规划问题：

$$\begin{cases} \max\ v \\ \text{s.t.}\ \sum_{i=1}^{m} a_{ij} x_i \geqslant v, \quad j=1,\cdots,n \\ \sum_{i=1}^{m} x_i = 1 \\ x_i \geqslant 0, \quad i=1,\cdots,m \end{cases} \tag{2.28}$$

以及

$$\begin{cases} \min\ \omega \\ \text{s.t.}\ \sum_{j=1}^{n} a_{ij} y_j \leqslant \omega, \quad i=1,\cdots,m \\ \sum_{j=1}^{n} y_j = 1 \\ y_j \geqslant 0, \quad j=1,\cdots,n \end{cases} \tag{2.29}$$

前述变换式(2.26)、式(2.27)表明,式(2.28)及式(2.29)互为对偶规划,取 $\hat{x}=(1,0,\cdots,0)$,$\hat{v}=\min\limits_{1\leqslant j\leqslant n} a_{1j}$,则易见此 x 为式(2.28)的一个可行解。取 $\hat{y}=(1,0,\cdots,0)$,$\hat{\omega}=\max\limits_{1\leqslant i\leqslant m} a_{i1}$,则易见此 $\hat{y}$ 是式(2.29)的可行解,现在式(2.28)及式(2.29)都有可行解,根据对偶理论,它们都有最优解 x^*,y^*,且最优值相同,即 $v^*=\omega^*$。据定理 2.4,由于满足式(2.28)、式(2.29)的 x^*,y^* 和 v 必满足式(2.22),进而满足式(2.4)。这就证明了定理 2.1 的结论成立。

由于式(2.27)中有一个自然可行解,故实际多以求解它为宜。

矩阵对策中参加对策的"局中人"只有两个,而且每个局中人都有有限个可供选择的策略,而且在任一局势中,局中人双方的利益是冲突的,两个局中人的得失之和总等于零,当局中人Ⅰ的赢得矩阵给定后,两个局中人就各自考虑选取最合适的策略,以谋取最大的赢得。当存在鞍点时,该对策有最优纯策略;如果不存在,则在纯策略中无解,此时可通过判断不同策略的概率分布得出局中人的期望赢得,以求得双方的最优策略。在混合扩充意义下,任何矩阵对策一定有解,可通过线性规划变换求解对策问题混合扩充解。

2.3 双矩阵对策及多人对策

2.3.1 双矩阵对策的定义和例子

如果局中人Ⅰ的支付为 a_{ij},局中人Ⅱ的支付为 b_{ij}($i=1,\cdots,m$;$j=1,\cdots,n$),且 $a_{ij}+b_{ij}$ 不全为 0,则称此对策为二人有限非零和对策。这时局中人Ⅰ、Ⅱ分别有支付矩阵 $\boldsymbol{A}=(a_{ij})_{m\times n}$ 和 $\boldsymbol{B}=(b_{ij})_{m\times n}$,因此这一矩阵模型也称为双矩阵对策,两个局中人的支付矩阵常常合写在一起,记为 $\boldsymbol{C}=(c_{ij})=(a_{ij},b_{ij})_{m\times n}$,其中第一个数字是Ⅰ的支付,第二个数字是Ⅱ的支付。

举一个囚徒困境(prisoners' dilemma)的例子。警方拘捕了两个犯罪嫌疑人(记为局中人Ⅰ和Ⅱ),分别关押、审讯。他们被告之:若都坦白,各判刑 8 年;若都抵赖,各判刑一年(或因证据不足);若一人坦白,另一人抵赖,坦白者放出,不坦白者判刑 10 年。囚徒困境的策略表述如下：

$$\begin{array}{ccc} & & \text{Ⅱ} \\ & & \text{坦白} \quad\quad \text{抵赖} \\ \text{Ⅰ} & \begin{array}{c}\text{坦白}\\ \text{抵赖}\end{array} & \boldsymbol{C}=\begin{bmatrix}(-8,-8) & (0,-10) \\ (-10,0) & (-1,-1)\end{bmatrix}\end{array}$$

在这一对策模型中，同一局势下两个局中人所得之和不等于0，故为二人有限非零和对策，其形态为双矩阵，故而得名。

在这个对策中，每个囚徒都有两种可选择的策略：坦白或抵赖。显然不论同伙选择什么策略，每个人的最优策略都是"坦白"。比如说，如果Ⅱ选择坦白，Ⅰ选择坦白时支付为−8，选择抵赖支付为−10，因而坦白比抵赖好；如果Ⅱ选择抵赖，Ⅰ坦白时支付为0，抵赖时支付为−1，因而坦白还是比抵赖好。也就是说，"坦白"是Ⅰ的最优选择。与之类似，"坦白"也是Ⅱ的最优选择。

囚徒困境反映了一个很深刻的问题，这就是个人理性与集体理性的矛盾。如果两个人都抵赖各判刑1年，显然比都坦白判刑8年好，但这个帕累托(Pareto)改进办不到，因为它不满足个人理性要求，换个角度，即使两人订立攻守同盟(死不坦白)也没有用，因为它不构成均衡，没人有积极性遵守协议。

囚徒困境在经济中有广泛的应用。例如，两个寡头企业选择产量的博弈。如果两个企业联合起来形成垄断(卡特尔)，选择垄断利润最大化的产量，每个企业都可得到更多的利润，但这个协议不是一个均衡，因为给定对方遵守协议的情况下，每个企业都想增加生产，结果每个企业都得到均衡产量的利润，它严格小于垄断下产量的利润。

公共产品的供给也是一个囚徒困境问题。如果大家都出钱兴办公用事业，所有人的福利都会增加。问题是，若我出钱，你不出，我得不偿失，而你出我不出，我就可以占便宜。因此，每个人的最优选择都是"不出钱"，这种均衡使得所有的人的福利都得不到提高。

2.3.2 最优策略均衡

定义 2.1 一般地，策略 S_i^* 称为局中人 i 的(严格)最优策略，如果对应所有的 $S_{-i}=(S_1,S_2,\cdots,S_{i-1},S_{i+1},\cdots,S_n)$，$S_i^*$ 是 i 的严格最优选择，即对支付函数 $u_i(s_1,\cdots,s_i,\cdots,s_n)$有

$$u_i(S_i^*,S_{-i})>u_i(S'_i,S_{-i}) \quad \forall S_{-i}, \quad \forall S'_i\neq S_i^* \tag{2.30}$$

对应地，所有的 $S'_i\neq S_i^*$ 被称为"劣策略"(dominated strategies)。这里 S_{-i} 表示 i 之外所有局中人的策略组合。

显然最优策略不依赖于其他局中人的策略选择。如果对于所有的 i，S_i^* 是 i 的最优策略，那么策略组合 $S^*=(S_1^*,\cdots,S_n^*)$称为最优策略均衡(dominant-strategy equilibrium)。

例 2.3 房地产开发商在房地产市场高需求与低需求两种不同情况下的博弈支付矩阵如下，求最优策略均衡。

$$\begin{array}{ccc} & & \text{开发商 B} \\ & & \text{开发} \quad\quad \text{不开发} \\ \text{开发商 A} & \begin{array}{c}\text{开发}\\ \text{不开发}\end{array} & \begin{bmatrix}(4\,000,4\,000) & (8\,000,0) \\ (0,8\,000) & (0,0)\end{bmatrix}\end{array}$$

(a) 高需求情况

$$
\begin{array}{ccc}
 & & \text{开发商 B} \\
 & & \begin{array}{cc}\text{开发} & \text{不开发}\end{array} \\
\text{开发商 A} & \begin{array}{c}\text{开发}\\ \text{不开发}\end{array} & \begin{bmatrix} (-3\,000,-3\,000) & (1\,000,0) \\ (0,1\,000) & (0,0) \end{bmatrix}
\end{array}
$$

(b) 低需求情况

解：分别从支付矩阵每行来看，即开发商 A 保持不变时，比较开发商 B 的赢得最大值在其下面画"—"；再分别从支付矩阵每列来看，即开发商 B 保持不变时，比较开发商 A 的赢得最大值在其下面画"—"，某个策略下赢得都有"—"的就是最优策略均衡。

由此可得，高需求情况的最优策略均衡是(开发，开发)，低需求情况下则没有最优策略均衡。

2.3.3 重复剔除的占优均衡

最优策略均衡若存在，则必唯一。但在绝大多数对策中，最优策略均衡是不存在的，如例 2.3 中的(b)。尽管如此，在有些对策中，我们仍可用最优的逻辑找出均衡。请看一个经典的智猪博弈(boxed pigs)的事例。

猪圈里有两头猪，一头大猪一头小猪，圈里一头有个食槽，另一头装着一个按钮，分别控制着猪食的供应。按一下按钮，8 个单位的猪食进槽，但需要支付 2 个单位的成本。若大猪先到，它能吃到 7 个单位，小猪只能吃到 1 个单位；若小猪先到，两者各吃到 4 个单位，若同时到，大猪吃到 5 个单位，小猪吃到 3 个单位。这里每头猪都有两种策略："按"或"等待"。以下列出对应不同策略组合下的支付矩阵，如左上格表示两头猪同时按按钮，因而同时走到食槽，大猪吃到 5 个单位，小猪吃到 3 个单位，扣除 2 个单位的成本，支付水平分别是 3 和 1。

$$
\begin{array}{ccc}
 & & \text{小猪} \\
 & & \begin{array}{cc}\text{按} & \text{等待}\end{array} \\
\text{大猪} & \begin{array}{c}\text{按}\\ \text{等待}\end{array} & \begin{pmatrix} 3,1 & 2,4 \\ 7,-1 & 0,0 \end{pmatrix}
\end{array}
$$

显然，这个博弈没有最优策略均衡，因为尽管"等待"是小猪的最优策略，大猪却没有最优策略。大猪的最优策略依赖于小猪的策略：如果小猪选择"等待"，大猪的最优策略是"按"；反之，如果小猪选择"按"，大猪的最优策略是"等待"。因此，我们不能应用最优策略找出均衡。

那么什么是这个博弈的可能均衡解呢？假定小猪是理性的，小猪肯定不会选择"按"的策略，因为不论大猪选择什么策略，对小猪来说"等待"严格优于"按"，因而理性的小猪会选择"等待"。再假定大猪知道小猪是理性的，那么它会正确地预测到小猪会选择"等待"，给定这个预测，大猪的最优选择只能是"按"。这样，(按，等待)是这个博弈的唯一均衡，支付水平分别是 2 和 4。这是一个"多劳不多得，少劳不少得"的均衡。

智猪博弈有许多应用的例子。比如说，股份公司里有大股东和小股东之分。在监督成本相同的情况下，大股东得到的好处显然多于小股东，这里大股东类似大猪，小股东类似小猪。均衡的结果是，大股东担当起收集信息、监督经理的作用，小股东则搭大股东的便车。股票市场上炒股也是如此，服务中有大户，也有小户，类似"大猪、小猪"。这时对小户而言跟大户是最优选择，而大户则必须自己收集信息进行分析。此外，还有市场上大小企业之间的关系。进行研究开发，为新产品制作广告，对大企业是值得的，对小企业则得不偿失。一种可能的情况是，小企业把精力花在模仿上，或等待大企业用广告打开市场后出售廉价产品。

在找出上述问题的均衡解时，我们实际上是应用了"重复剔除严格劣策略"(iterated elimination of strictly dominated strategies)。这个策略的思路是：首先，找出某局中人的劣策略(假定存在)，将其剔除掉，得到一新的博弈；其次，再剔除这个新博弈的某个劣策略，继续剔除，直到只剩下一个唯一的策略组合为止，这个剩下的唯一策略组合就是问题的均衡解，也被称为"重复剔除的占优均衡"(iterated dominance equilibrium)。

定义 2.2　一般地，s_i'弱劣于策略 s_i''(s_i' is weakly dominated by s_i'')，如果对于所有的 s_{-i} 都有

$$u_i(s_i', s_{-i}) \leqslant u_i(s_i'', s_{-i}) \tag{2.31}$$

且对于某些 s_{-i} 严格不等式成立，则称 s_i''相对于 s_i'弱占优策略。若 $\forall s_{-i}$ 上面不等式严格成立，则说 s'_{-i}(严格)劣于 s_i''。

例 2.4　求解下列支付矩阵下的均衡策略。

$$\begin{array}{cc} & \text{局中人 B} \\ & \begin{array}{ccc} L & M & R \end{array} \\ \text{局中人 A} \begin{array}{c} U \\ D \end{array} & \begin{pmatrix} 1,0 & 1,2 & 0,1 \\ 0,3 & 0,1 & 2,0 \end{pmatrix} \end{array}$$

解：(U,M)是经剔除劣策略剩下的唯一均衡结果。求解过程类似于例 2.3(略)。

均衡结果是否与劣策略的剔除顺序有关？答案是：如果每次剔除的是严格劣策略，均衡结果与剔除顺序无关；如果剔除的是弱劣策略，均衡结果可能与剔除顺序有关。这可通过下例进行说明。

例 2.5　求解下列支付矩阵下的均衡策略。

$$\begin{array}{cc} & \text{局中人 B} \\ & \begin{array}{ccc} C_1 & C_2 & C_3 \end{array} \\ \text{局中人 A} \begin{array}{c} R_1 \\ R_2 \\ R_3 \end{array} & \begin{pmatrix} 2,12 & 1,10 & 1,12 \\ 0,12 & 0,10 & 0,11 \\ 0,12 & 0,10 & 0,13 \end{pmatrix} \end{array}$$

解：在这个博弈里，如果剔除按 R_3, C_2, C_3, R_2 进行，则(R_1, C_1)是剩下的策略组合；如果剔除按 R_2, C_2, C_1, R_3 的顺序进行，(R_1, C_3)是剩下的策略组合。由于这个原因，我们一般使用严格劣策略剔除。但对此例用之，则是不可解的[读者将会看到(R_1, C_1)和(R_1, C_3)都是纳什均衡]。

博弈中经常会出现奇怪而复杂的情形。例如，

$$\begin{array}{cc} & \text{局中人 B} \\ & \begin{array}{cc} L & R \end{array} \\ \text{局中人 A} \begin{array}{c} U \\ D \end{array} & \begin{pmatrix} 8,10 & -1\,000,9 \\ 7,6 & 6,5 \end{pmatrix} \end{array}$$

这个博弈中(U,L)是重复剔除的占优均衡，但 A 中相当一部分人可能会选择 D 而不是

U,这是因为万一B选择R所引起的后果损失太大,因而是风险太大的缘故。如果损失不是$-1\,000$,而是-1,则情形就会不同。这个例子说明,有些博弈的结果对行为的不确定性是很敏感的。又如,

$$\begin{array}{cc} & \text{局中人B} \\ & \begin{array}{cc} L & R \end{array} \\ \text{局中人A} \begin{array}{c} U \\ D \end{array} & \begin{pmatrix} 1,3 & 4,1 \\ 0,2 & 3,4 \end{pmatrix} \end{array}$$

该支付矩阵中U是局中人A的占优策略,重复剔除严格劣策略得出的均衡是(U,L)。现在假定当A选择U时(不论B选择L还是R),A的支付同时减少2,从而得到新的博弈:

$$\begin{array}{cc} & \text{局中人B} \\ & \begin{array}{cc} L & R \end{array} \\ \text{局中人A} \begin{array}{c} U \\ D \end{array} & \begin{pmatrix} -1,3 & 2,1 \\ 0,2 & 3,4 \end{pmatrix} \end{array}$$

决策论告诉我们,这样的改变不会使A受益,但在博弈论里则不然。因为此时B知道D是A的占优策略,故B将选择R而不是L,A将得到3个单位的效益而不是1。

2.3.4 纳什均衡

对于相当多的博弈,我们无法使用重复剔除劣策略的办法找出均衡解。例如,房地产开发博弈中的低需求的情况(b),无论对于A还是B,没有任何一种策略优于另一种,每一个局中人的最优策略都依赖于另一个局中人的策略:如果B选择开发,A的最优策略是不开发;如果B选择不开发,A的最优策略是开发。与之类似,如果A选择开发,B的最优策略是不开发;如果A选不开发,B应选开发。为了找出这个博弈的均衡解,需要引入纳什均衡(Nash equilibrium)的概念。

定义2.3 有n个局中人的策略表述博弈,$G=\{S_1,\cdots,S_n;u_1,\cdots,u_n\}$,策略组合$s^*=(s_1^*,\cdots,s_i^*,\cdots,s_n^*)$是一个纳什均衡,如果对于每一个$i$,$s_i^*$是给定其他局中人选择$s_{-i}^*=(s_1^*,\cdots,s_{i-1}^*,s_{i+1}^*,\cdots,s_n^*)$的情况下,第$i$个局中人的最优策略,即对支付函数有

$$u_i(s_i^*,s_{-i}^*)\geqslant u_i(s_i,s_{-i}^*)\quad \forall s_i\in S_i,\quad \forall i \tag{2.32}$$

考虑策略组合$s'=(s_1',\cdots,s_i',\cdots,s_n')$,说$s'$不是$G$的一个纳什均衡,等价于说至少对某些$i$而言,$s_i'$不是$i$的最优策略(给定$s_{-i}'$);换言之,至少存在一个$s_i''\in S_i$,使得

$$u_i(s_i',s_{-i}')<u_i(s_i'',s_{-i}') \tag{2.33}$$

这就是说,如果预测s'不是一个纳什均衡,那么至少存在某些局中人有积极性偏离这个结果。而对于纳什均衡,则没有任何一个局中人有积极性偏离这个均衡,此时协议将自动遵守并实施。

在囚徒困境里,(坦白,坦白)是一个纳什均衡;在房地产开发博弈中,如果是低需求(开发,不开发)以及(不开发,开发)是纳什均衡等。

当局中人的策略空间很大时,在两个有限策略博弈中,求解纳什均衡的一个简单方法如下:首先,考虑A的策略,对于每一个B的给定策略,找出A的最优策略,在其对应支付下划一横杠;其次,再用类似方法找出B的最优策略。在完成这一过程后,如果某一支付对两

个数下都有杠，这对数字对应的策略组合就是一个纳什均衡。例如：

$$
\begin{array}{cc}
 & \text{局中人 B} \\
 & \begin{array}{ccc} L & C & R \end{array} \\
\text{局中人 A} \begin{array}{c} U \\ M \\ D \end{array} & \begin{pmatrix} 0,\underline{4} & \underline{4},0 & 5,3 \\ \underline{4},0 & 0,\underline{4} & 5,3 \\ 3,5 & 3,5 & \underline{6},\underline{6} \end{pmatrix}
\end{array}
$$

按上法实施，则知(D,R)是一个纳什均衡。

纳什均衡有强弱之分，定义 2.3 给出的是弱纳什均衡的概念。如果式(2.32)中严格不等式总成立，则称之为强纳什均衡，它似乎更可取，且对支付矩阵的微小变化不敏感。

一个市场进入博弈的例子如下：

$$
\begin{array}{cc}
 & \text{在位者} \\
 & \begin{array}{cc} \text{默许} & \text{斗争} \end{array} \\
\text{进入者} \begin{array}{c} \text{进入} \\ \text{不进入} \end{array} & \begin{pmatrix} 40,50 & -10,0 \\ 0,300 & 0,300 \end{pmatrix}
\end{array}
$$

这个博弈有两个纳什均衡：(进入，默许)和(不进入，斗争)，其中(进入，默许)是强纳什均衡，(不进入，斗争)是弱纳什均衡，尽管在进入者不进入时，默许和斗争对在位者是无差异的。但只有当在位者斗争时，不进入才是进入者的最优策略。因此，(不进入，斗争)是纳什均衡，而(不进入，默许)不是，尽管它们的支付无差异。此外，如果想用重复剔除弱劣策略的方法找到博弈的解，“斗争”是在位者的弱劣策略，因而被剔除，(进入，默许)是唯一剩下的策略组合，因而是重复剔除占优均衡，纳什均衡(不进入，斗争)将被剔除掉。这个例子也说明，(弱)纳什均衡允许弱劣策略的存在。

由定义 2.3 给出的纳什解有时不存在，请看下面社会福利博弈的事例。社会福利博弈如下：

$$
\begin{array}{cc}
 & \text{流浪汉} \\
 & \begin{array}{cc} \text{找工作} & \text{游荡} \end{array} \\
\text{政府} \begin{array}{c} \text{救济} \\ \text{不救济} \end{array} & \begin{pmatrix} \underline{3},2 & -1,\underline{3} \\ -1,\underline{1} & \underline{0},0 \end{pmatrix}
\end{array}
$$

这个博弈不存在纳什均衡，类似于矩阵对策，可以定义混合纳什均衡如下：

定义 2.4　在 n 个局中人对策的策略式表述 $G=\{S_1,S_2,\cdots,S_n;\ u_1,u_2,\cdots,u_n\}$ 中，假定局中人 i 有 K_i 个纯策略：$S_i=\{s_{i1},\cdots,s_{iK_i}\}$，那么概率分布 $x^i=(x_{i1},\cdots,x_{iK_i})^{\mathrm{T}}$ 称为 i 的一个混合策略，这里 $x_{it}=x(s_{it})$是 i 选择 s_{it} 的概率，$0\leqslant x_{it}\leqslant 1, 1\leqslant t\leqslant K_i$，$\sum\limits_{t=1}^{K_i} x_{it}=1$。

局中人 i 的全部混合策略的集合记为 X_i，当每一局中人都选定自己的策略 $x^i\in X_i$ 时，就形成混合局势 $x=(x^1,x^2,\cdots,x^n)$，在局势 x 下，每一局中人 i 的期望支付就应为

$$E_i(x)=\sum_s u_i(s)x(s)$$

其中，$x(s)$表示纯局势 $S=(s_1,\cdots,s_n)$发生的概率，支付 $u_i(s)$是纯局势 s 的函数，$\sum\limits_s$ 表示对所有可能出现的纯局势求和。

这样就得到 n 人非合作对策混合扩充 $G=\{N,\{X_i\},\{E_i\}\}$。

定义 2.5 设 x^* 是 G 的一个混合局势，如果对任意 $i\in N$ 和 $x^i\in X_i$ 有

$$E_i(x^{i^*},x^{-i^*})\geqslant E_i(x^i,x^{-i^*})$$

其中，$x^{-i}=(x^1,\cdots,x^{i-1},x^{i+1},\cdots,x^n)^{\mathrm{T}}$，则称 x^* 是 G 的一个混合策略纳什均衡局势或均衡点。

让我们以社会福利博弈为例求解混合策略纳什均衡。假定政府的混合策略为 $x^1=(\theta,(1-\theta))^{\mathrm{T}}$，流浪汉的混合策略为 $x^2=(\gamma,(1-\gamma))$。那么政府的期望效用函数为

$$\begin{aligned}E_1(x^1,x^2)&=\theta[3\gamma+(-1)(1-\gamma)]+(1-\theta)(-\gamma)\\&=\theta(5\gamma-1)-\gamma\end{aligned}$$

对上述效用函数求微分，得到政府最优化一阶条件如下：

$$\frac{\partial E_1}{\partial\theta}=5\gamma-1=0$$

$$\gamma^*=0.2$$

这就是说，在混合战略均衡，流浪汉以 0.2 的概率选择找工作，0.8 的概率选择游荡。同理，令 $\frac{\partial E_2}{\partial\gamma}=0$，可求得 $\theta^*=0.5$。

纳什证明了，若 X_i 为有界闭凸集，$u_i(x)$ 连续有界，$u_i(x^i,x^{-i})$ 对任意局势 x，是关于 $x^i\in X_i$ 的拟凹函数，则 G 至少有一均衡点。

2.3.5 纳什均衡应用举例

1. 古诺（cournot）寡头竞争模型

在此模型里局中人是企业 1 和企业 2，企业策略是选择产量，支付是利润，利润是产量的函数。

用 $q_i\in[0,+\infty)$ 代表第 i 个企业的产量，$c_i(q_i)$ 代表成本函数，$P=P(q_1+q_2)$ 代表逆需求函数[P 是价格，$q(P)$ 是原需求函数]，第 i 个企业的利润函数如下：

$$R_i(q_1,q_2)=q_iP(q_1+q_2)-c_i(q_i),\quad i=1,2 \tag{2.34}$$

(q_1^*,q_2^*) 是纳什均衡产量意味着：

$$\max_{q_1}R_1(q_1,q_2^*)=R_1(q_1^*,q_2^*) \tag{2.35}$$

$$\max_{q_2}R_2(q_1^*,q_2)=R_2(q_1^*,q_2^*) \tag{2.36}$$

找出纳什均衡的一个办法是对利润函数求一阶导数并令其为 0：

$$\frac{\partial R_1}{\partial q_1}=P(q_1+q_2)+q_1p'(q_1+q_2)-c_1'(q_1)=0 \tag{2.37}$$

$$\frac{\partial R_2}{\partial q_2}=P(q_1+q_2)+q_2p'(q_1+q_2)-c_2'(q_2)=0 \tag{2.38}$$

上述两个一阶条件分别定义了两个反应函数（reaction function）：

$$q_1^* = S_1(q_2)$$
$$q_2^* = S_2(q_1) \tag{2.39}$$

反映函数意味着每个企业的最优策略(产量)是另一个企业产量的函数。两个反映函数的交叉点就是纳什均衡 $q^* = (q_1^*, q_2^*)$,如图 2.2 所示。

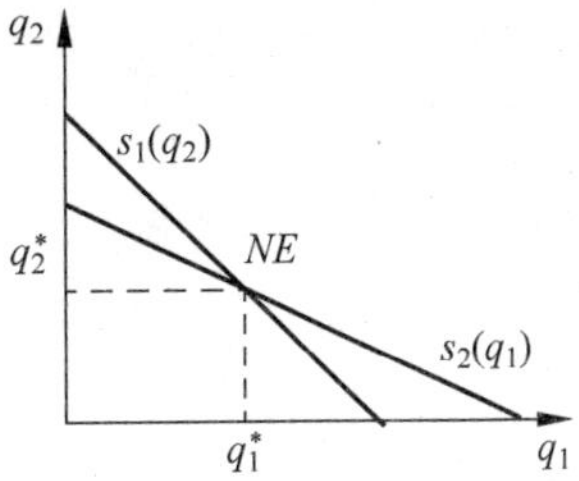

图 2.2　企业产量策略

为了得到更具体的结果,让我们考虑上述模型的简单情况:假定企业具有相同的不变成本,即 $c_i(q_1)=q_1c$, $c_2(q_2)=q_2c$,需求函数取如下线性形式 $p=a-(q_1+q_2)$。

那么最优化的一阶条件分别为

$$\frac{\partial R_1}{\partial q_1} = a-(q_1+q_2)-q_1-c=0$$
$$\frac{\partial R_2}{\partial q_2} = a-(q_1+q_2)-q_2-c=0$$

反映函数为

$$q_1^* = s_1(q_2) = \frac{1}{2}(a-q_2-c)$$
$$q_2^* = s_2(q_1) = \frac{1}{2}(a-q_1-c)$$

这就是说,j 每增加 1 个单位的产量,i 将减少$\frac{1}{2}$单位的产量。解两个反映函数,得到纳什均衡:

$$q_1^* = q_2^* = \frac{1}{3}(a-c)$$

此时利润分别为

$$R_1(q_1^*, q_2^*) = R_2(q_1^*, q_2^*) = \frac{1}{9}(a-c)^2$$

为了与垄断情况进行比较,让我们计算一下垄断企业的最优产量和均衡利润。垄断企业的问题如下:

$$\max_q R(q) = q(a-q-c)$$

容易算出,垄断企业的最优产量为 $q^* = \frac{1}{2}(a-c) < q_1^* + q_2^* = \frac{2}{3}(a-c)$;垄断利润为

$$R(q^*) = \frac{1}{4}(a-c)^2 > \frac{2}{9}(a-c)^2$$

寡头竞争的总产量大于垄断产量的原因在于每个企业在选择自己的最优产量时,只考虑对本企业利润的影响,而忽视对另一个企业的外部负效应,这是典型的囚徒困境问题。

2. 公共物品的私人资源供给

设想一个由 n 个居民组成的社团正在建设一座防洪大堤,每个居民自愿提供沙袋,沙袋的总供给等于所有居民个人供给之和。沙袋的总供给越大,大堤越坚固,所有居民都受益。

设第 i 个居民的贡献为 g_i，总供给为 $G=\sum_{i=1}^{n} g_i$。假定居民 i 的效用函数为 $u_i(x_i,G)$，这里 x_i 是私人物品的消费量。我们假定 $\frac{\partial u_i}{\partial x_i}>0$，$\frac{\partial u_i}{\partial G}>0$，且私人物品和公共物品之间的边际替代率是递减的，令 P_x 为私人物品的价格，P_G 为沙袋的价格，M_i 为个人预算总收入。那么每个居民面临的问题是在给定其他人选择的情况下，确定自己的最优策略(x_i,g_i)，以最大化下列目标函数：

$$L_i=u_u(x_i,G)+\lambda(M_i-P_x x_i-P_G g_i) \tag{2.40}$$

这里，λ 是 Lagrange 乘数。

最大化的一阶条件为

$$\begin{aligned}&\frac{\partial u_i}{\partial G}-\lambda P_G=0\\&\frac{\partial u_i}{\partial x_i}-\lambda P_x=0\end{aligned} \tag{2.41}$$

因此：

$$\frac{\partial u_i/\partial G}{\partial u_i/\partial x_i}=\frac{P_G}{P_x},\quad i=1,\cdots,n \tag{2.42}$$

这是在消费者理论中所熟悉的均衡条件。在假定其他选择给定的情况下，每个居民确定购买的公共物品就如同是私人物品一样。以上 n 个均衡条件决定了公共物品自愿供给的纳什均衡：$\boldsymbol{g}^*=(g_1^*,\cdots,g_i^*,\cdots,g_n^*)$，$G^*=\sum_{i=1}^{n} g_i^*$。

现在让我们来考虑帕累托最优解[Pareto 最优性：如果 $u_i\geqslant u_i^*$，$i=1,\cdots,n$，则$(u_1,\cdots,u_n)=(u_1^*,\cdots,u_n^*)$]。假定社会福利函数采取下列形式：

$$W=\gamma_1 u_1+\cdots+\gamma_i u_i+\cdots+\gamma_n u_n,\quad \gamma_i\geqslant 0 \tag{2.43}$$

总预算约束为

$$\sum_{i=1}^{n} M_i=P_x\sum_{i=1}^{n} x_i+P_G G \tag{2.44}$$

帕累托最优的一阶条件为

$$\sum_{i=1}^{n}\gamma_i\frac{\partial u_i}{\partial G}-\lambda P_G=0 \tag{2.45}$$

$$\gamma_i\frac{\partial u_i}{\partial x_i}-\lambda P_x=0,\quad i=1,\cdots,n \tag{2.46}$$

这里 λ 是 Lagrange 乘数。使用 n 个等式消掉 γ_i（即由后式解出 γ_i）得到均衡条件如下：

$$\sum\frac{\partial u_i/\partial G}{\partial u_i/\partial x_i}=\frac{P_G}{P_x} \tag{2.47}$$

这就是所谓的存在公共物品情况下帕累托最优的萨缪尔逊条件(Samuelsen，1954)。尽管个人最优选择导致个人边际替代率等于价格比率，帕累托最优要求所有居民的边际替代率之和等于价格比率。帕累托均衡条件可以重新写为

$$\frac{\partial u_i/\partial G}{\partial u_i/\partial x_i}=\frac{P_G}{P_x}-\sum_{j\neq i}\frac{\partial u_j/\partial G}{\partial u_j/\partial x_j}<\frac{P_G}{P_x} \tag{2.48}$$

这意味着帕累托最优的公共物品供给大于纳什均衡的公共物品的供给(因假定边际替代率递减,故替代率小的对应的自变量值反而大)。若假定个人效用函数取柯布—道格拉斯形式,即 $u_i=x_i^{\alpha}G^{\beta}$,这里 $0<\alpha<1,0<\beta<1,\alpha+\beta\leqslant 1$,则对以上结论可有更直观的认识。在这个假设下,个人最优的均衡条件为

$$\frac{\beta x_i^{\alpha}G^{\beta-1}}{\alpha x_i^{\alpha-1}G^{\beta}}=\frac{P_G}{P_x} \tag{2.49}$$

将(2.40)中的预算约束条件代入并整理,得反映函数为

$$g_i^*=\frac{\beta}{\alpha+\beta}\frac{M_i}{P_G}-\frac{\alpha}{\alpha+\beta}\sum_{j\neq i}g_j,\quad i=1,\cdots,n \tag{2.50}$$

反映函数意味着,一个人相信其他人提供的公共物品越多,他自己供给越少。如果 $n=2$,我们可以在几何图形上画出两条反应曲线,两条曲线的交点就是纳什均衡。

一般地,如果所有居民有相同的收入水平,均衡条件下所有居民提供相同的公共物品,纳什均衡为

$$g_i^*=\frac{\beta}{\alpha n+\beta}\frac{M}{P_G},\quad i=1,\cdots,n \tag{2.51}$$

纳什均衡的总供给为

$$G^*=ng_i^*=\frac{n\beta}{\alpha n+\beta}\frac{M}{P_G} \tag{2.52}$$

在所有人具有相同收入的条件下,帕累托最优的一阶条件为 $n\dfrac{\beta x_i^{\alpha}G^{\beta-1}}{\alpha x_i^{\alpha-1}G^{\beta}}=\dfrac{P_G}{P_x}$。

将预算约束代入,得到单个人的帕累托最优贡献为

$$g_i^{**}=\frac{\beta}{\alpha+\beta}\frac{M}{P_G} \tag{2.53}$$

公共物品的总供给为

$$G^{**}=\frac{n\beta}{\alpha+\beta}\frac{M}{P_G} \tag{2.54}$$

$$\frac{G^*}{G^{**}}=\frac{\alpha+\beta}{n\alpha+\beta}<1 \tag{2.55}$$

这就是说,公共物品的纳什均衡供给小于帕累托最优供给,且二者的差距随着居民人数的增加而扩大。供给不足的程度与效用函数的特征有关,比如说,效用函数为 Cobb-Douglas 形式,β 相对 α 的比率越大,供给不足就越小,当 α 趋向于 0 时,纳什均衡供给趋向于帕累托最优水平。此外,供给不足的程度会随着收入分配差距的扩大而减弱。比如说,假定社区有两人组成,如果 $M_1=M_2=1.5m$,(即平均收入分配)纳什均衡为

$$(g_1^*,g_2^*)=\left(\frac{\beta}{2\alpha+\beta}\frac{1.5m}{P_G},\frac{\beta}{2\alpha+\beta}\frac{1.5m}{P_G}\right) \tag{2.56}$$

总供给为

$$G^*=g_1^*+g_2^*=\frac{\beta}{2\alpha+\beta}\frac{3m}{P_G} \tag{2.57}$$

对比之下，如果居民 1 的收入是居民 2 的 2 倍，即 $M_1=2m,M_2=m$，假定 $\alpha\geqslant\beta$，解方程组(2.50)得 $g_2^*\leqslant 0$，故纳什均衡为

$$(g_1^*,g_2^*)=\left(\frac{\beta}{\alpha+\beta}\frac{2m}{P_G},0\right) \tag{2.58}$$

这就是说，只有高收入居民提供公共物品，低收入居民仅是搭便车。容易验证，收入平均分配下的纳什均衡总供给小于收入分配不均时的纳什均衡供给，即

$$\frac{\beta}{2\alpha+\beta}\frac{3m}{P_G}\leqslant\frac{\beta}{\alpha+\beta}\frac{2m}{P_G} \tag{2.59}$$

上述例子表明，当收入分配不平均时，公共物品的自愿供给可能变成一个“智猪博弈”，这里高收入者是“大猪”，低收入者是“小猪”。这种情况在现实中是可观察到的，如修路时，出钱的一般总是富户，因为富户家常常是高朋满座，坐车、坐轿的都有；而穷户家只有自家人穿着破鞋走路，路修好了虽然走起来舒服，但修不好也没什么大不了。

3. 公共地的悲剧

考虑一个有 n 个农民的村庄共同拥有一片草地，每个农民都有在这片草地上放牧的自由。每年春天，每个农民要决定自己养多少只羊。这里用 $g_i\in[0,\infty)$ 代表第 i 个农民饲养的数量，$i=1,2,\cdots,n$，$G=\sum\limits_{i=1}^{n}g_i$ 代表 n 个农民饲养的总数量；v 代表每只羊的平均价值。一个重要的假设是 v 是 G 的函数，$v=v(G)$。假设 $\frac{\partial v}{\partial G}<0,\frac{\partial^2 v}{\partial G^2}<0$。且存在最大存活量 $G_{\max}$：当 $G<G_{\max}$ 时，$v(G)>0$；当 $G\geqslant G_{\max}$ 时，$v(G)=0$。

在这个博弈中，每个农民的问题是选择 g_i 以最大化自己的利润。假定购买一只羊羔的价格是 c，则利润函数如下：

$$\pi_i(g_1,\cdots g_i,\cdots,g_n)=g_i v\left(\sum g_i\right)-g_i c,\quad i=1,2,\cdots,n \tag{2.60}$$

最优化的一阶条件为

$$\frac{\partial\pi_i}{\partial g_i}=v(G)+gv'(G)-c=0,\quad i=1,2,\cdots,n \tag{2.61}$$

这 n 个一阶条件定义了 n 个反应函数：

$$g_i^*=g_i(g_1,\cdots,g_{i-1},g_{i+1},\cdots,g_n),\quad i=1,2,\cdots,n \tag{2.62}$$

这 n 个反应函数的交叉点就是纳什均衡 $g^*=(g_1^*,\cdots,g_i^*,\cdots,g_n^*)$，纳什均衡的总饲养量为 $G^*=\sum\limits_{i=1}^{n}g_i^*$。

将 n 个一阶条件相加，我们得到

$$v(G^*)+\frac{G^*}{n}v'(G^*)=c \tag{2.63}$$

如果考虑这 n 个农民组成的群体，为了使得集体的利益最大化应求解

$$\max_G Gv(G)-Gc \tag{2.64}$$

最优化的一阶条件为：

$$v(G^{**})+G^{**}v'(G^{**})=c \tag{2.65}$$

这里，G^{**} 是使集体利益最大的最优饲养量。通过比较两个最优的一阶条件可以看出，$G^{*}>G^{**}$。也就是说，个人理性驱动下的纳什均衡总饲养量超过了使集体利益达到最优的饲养量。公共草地被过度使用了，集体未能实现最优，从而也没实现真正意义上的个人最优。这就是公共地的悲剧！这生动地体现了个人理性和集体理性的矛盾——从个体利益出发的行为往往不能实现集体的最大利益，同时也不一定能真正实现个体的最大利益。

实际上，作为有着完全理性的每一个局中人都知道以下事实：如果他们进行合作，在集体利益达到最优的情况下，他们的利益都将增加从而达到帕累托最优的均衡结果。但也就因为他们都是完全理性的，只考虑自己利益最大化的本性内在地决定了合作是不会产生的。我们认为，这个矛盾产生的根本原因是代表集体理性的主体的缺位。下面我们引入“政府”的概念，以“政府”的理性代表集体的理性，给集体以明确的主体地位。“政府”作为局中人参与博弈，通过设立控制变量对参与人施加影响，使得博弈达到集体目标函数最优的纳什均衡结果。为此，我们建立一个有“政府”参与的控制博弈模型。

需要说明的是，这里的“政府”可以是现实中的各级政府组织，也可以是具有一定权力，能够对博弈中的各个参与人施加影响和控制的任何个人或组织。“政府”的控制变量对各个参与人具有强制性和约束力。下面我们以完全信息静态博弈为例加以讨论。

(1) 控制博弈模型。

考虑一个完全信息静态博弈。为分析方便起见，我们考虑局中人的战略为连续的情况，并假设目标函数可微。在此，设博弈中有 n 个局中人，第 i 个局中人的战略为 s_i，支付目标函数为 $u_i(s_1,\cdots,s_i,\cdots,s_n)$，$i=1,2,\cdots,n$。第 i 个局中人的目标是使支付目标函数 $u_i(s_1,\cdots,s_i,\cdots,s_n)$ 最大化，即 $\max u_i(s_1,\cdots,s_i,\cdots,s_n)$，一阶条件为$\partial u_i/\partial s_i=0$。若记 $f_i(s_1,\cdots,s_i,\cdots,s_n)=\partial u_i/\partial s_i$，则此博弈的纳什均衡为方程组
$$\begin{cases} f_1(s_1,\cdots,s_i,\cdots,s_n)=0 \\ \vdots \\ f_i(s_1,\cdots,s_i,\cdots,s_n)=0 \\ \vdots \\ f_n(s_1,\cdots,s_i,\cdots,s_n)=0 \end{cases}$$
的解，记为 $(s_1^*,\cdots,s_i^*,\cdots,s_n^*)$。

在引入“政府”之后，设“政府”对博弈各方设立的控制变量为 $k_1,\cdots,k_m$，“政府”的目标函数为 $u(s_1,\cdots,s_i,\cdots,s_n)$。这时，由于“政府”作为局中人参与博弈，改变了博弈的性质和类型，由原来的完全信息静态博弈变成了完全信息动态博弈。在这个博弈模型中，“政府”先行动决定控制变量，其他原局中人后行动，决定在控制变量约束下的最优反应。由于原来的博弈变成了这个控制博弈模型的子博弈，每个局中人的最优决策不仅依赖于其他局中人的策略，还要受到控制变量的约束，因此，第 i 个局中人的支付目标函数变为 $u_i(s_1,\cdots,s_i,\cdots,s_n;k_1,\cdots,k_m)$，$i=1,2,\cdots,n$。

根据纳什均衡的存在性定理，至少存在一个相应的子博弈的纳什均衡，可能是纯策略或

混合策略，即为方程组

$$\begin{cases} f_1(s_1,\cdots,s_i,\cdots,s_n;\ k_1,\cdots,k_m)=0 \\ \vdots \\ f_i(s_1,\cdots,s_i,\cdots,s_n;\ k_1,\cdots,k_m)=0 \\ \vdots \\ f_n(s_1,\cdots,s_i,\cdots,s_n;\ k_1,\cdots,k_m)=0 \end{cases}$$

的解，记为$(\bar{s}_1,\cdots,\bar{s}_i,\cdots,\bar{s}_n)$。

注意到，这里 $\bar{s}_i$ 是控制变量 $k_1,\cdots,k_m$ 的函数，记 $\bar{s}_i=s_i(k_1,\cdots,k_m)$，$i=1,2,\cdots,n$。代入“政府”的最优解，即得到这个控制博弈模型的子博弈精炼纳什均衡解

$$(s_1^{**},\cdots,s_i^{**},\cdots,s_n^{**};\ k_1^*,\cdots,k_m^*)$$

也就是说，“政府”的最优控制变量为 $k_1^*,\cdots,k_m^*$，原局中人的均衡策略组合为$(s_1^{**},\cdots,s_i^{**},\cdots,s_n^{**})$。这就是控制博弈模型的基本思路。

上面的分析中有三个问题值得注意：①子博弈可能存在多重均衡，从而面临选择的问题。由于理性的局中人知道“政府”的目标函数，根据聚点均衡的理论，他们会一致选择最优控制变量所对应的纳什均衡；②子博弈中可能会存在混合策略的纳什均衡，这时“政府”的目标函数将变成期望目标函数，不影响问题的讨论；③在第二阶段求“政府”单人博弈最优解时，最优控制变量可能不唯一，需要在具体的问题中具体分析。

(2)“公共地悲剧”博弈的最优控制。

让我们回到“公共地悲剧”博弈模型中。假设这块公共地所有权属于村集体，并且在完全理性的假设下大家都知道“过度利用”这个事实。现在，村委会以“政府”的身份出现，通过对养羊收费这个控制变量对此博弈进行控制。

假设“政府”的目标是使均衡养殖总量为 G^{**}，控制变量变为当 $g_i\leqslant G^{**}/n$ 时，不收费；当 $g_i>G^{**}/n$ 时，收费$(g_i-G^{**}/n)t$。那么最优费率该是多少呢？也就是说，当每多养一只羊收费至少为多少时，才能使均衡养殖总量为 G^{**} 呢？

由于农民的目标函数变成了分段函数：

$$\begin{cases} g_i\left(v\left(\sum g_i\right)-c\right); & g_i\leqslant \dfrac{G^{**}}{n} \\ g_i\left(v\left(\sum g_i\right)-c\right)-\left(g_i-\dfrac{G^{**}}{n}\right)t; & g_i>\dfrac{G^{**}}{n} \end{cases} \quad i=1,2,\cdots,n \tag{2.66}$$

对上面第二式求偏导数(对 g_i)，并令其等于零即可求得最优控制 t。下面针对具体的数据进行分析。设 $n=3,c=4,v(G)=100-G$。容易解得自由博弈下的纳什均衡为：每个农民养 24 只羊，各人收益都是 576。而在集体利益达到最优的情况下的养羊数量为每人养 16 只羊，各人收益都是 768。

在控制博弈模型中，第 i 个农民的收益函数为

$$\begin{cases} g_i(100-g_1-g_2-g_3-4); & g_i\leqslant 16 \\ g_i(100-g_1-g_2-g_3-4)-t(g_i-16); & g_i\geqslant 16 \end{cases} \quad i=1,2,3 \tag{2.67}$$

容易计算，当 $t\geqslant 32$ 时每个农民的最优选择也是养 16 只羊。因此，“政府”的最优费率是 $t\geqslant 32$。此时，每个农民都养 16 只羊，公共草地得到了最优利用，同时，农民的收益也达到了最大化，每人收入 768。

(3) 总结。

上面控制模型的实质是将公共地养羊的最优量等额分配给各博弈方，并对超限额的博弈方实施惩罚性的收费威胁，使各个博弈方均不能从违背限额中获得好处，从而实现帕累托最优的纳什均衡结果。

实际上，对“公共地悲剧”问题的解决还有其他的方法。比如：(1)明晰产权——公共地私有化；(2)成立一个股份制的企业——企业合并——以消除外部性。但这两个思路在实际的应用中会出现可操作性差或成本过高的问题。通过政府的介入实现对博弈的控制往往能取得更好的结果，如在应对反倾销时，可以对出口企业实行出口配额。

在现实经济生活中有许多类似于“公共地悲剧”的博弈，如多寡头瓜分市场、价格竞争等。由于往往更加复杂，存在博弈各方地位不对称的情况，如规模不同、技术水平差异等，不能简单地进行等额分配，那么这时如何实现最优控制呢？

可对“公共地悲剧”博弈的最优控制模型稍做变化，思路如下：

第一步，求出自由博弈的均衡结果 $g^*=(g_1^*,\cdots,g_i^*,\cdots,g_n^*)$，计算各个局中人所占的比例为

$$p_i=g_i^*\Big/\sum_{j=1}^{n}g_j^*,\quad i=1,2,\cdots,n \tag{2.68}$$

第二步，求出在集体利益最大情况下的总量 G^{**}，按原来博弈中各局中人所占均衡总产量的比例分配给局中人，得出最优控制下的均衡结果

$$g^{**}=(p_1G^{**},\cdots,p_iG^{**},\cdots,p_nG^{**})$$

第三步，建立最优控制模型

$$\max u_i=\begin{cases}u_i(s_1,\cdots,s_i,\cdots,s_n) & s_i=p_iG^{**}\\ u_i(s_1,\cdots,s_i,\cdots,s_n;\ t) & s_i\neq p_iG^{**}\end{cases}\quad i=1,2,\cdots,n \tag{2.69}$$

第四步，求出相应的最优费率。

按照这一思路，我们可以得到另一种形式的最优控制博弈模型。在这个博弈模型中，先求出最优均衡 $s_1^{**},\cdots,s_i^{**},\cdots,s_n^{**}$。控制变量可以简单此设定为区别收费，使第 i 个博弈方的收益函数变成如下的分段函数：

$$u_i=\begin{cases}u_i(s_1,\cdots,s_i,\cdots,s_n) & s_i=s_i^{**}\\ u_i(s_1,\cdots,s_i,\cdots,s_n;\ t) & s_i\neq s_i^{**}\end{cases} \tag{2.70}$$

其中，$\dfrac{\mathrm{d}u_i(s_1,\cdots,s_i,\cdots,s_n;\ t)}{\mathrm{d}t}<0\ s_i\neq s_i^{**}$。

t_i 应满足：

$$\begin{aligned}&\max_{s_i}u_i(s_1^{**},\cdots,s_{i-1}^{**},s_i,s_{i+1}^{**},\cdots,s_n^{**};\ t)\\ &\leqslant u_i(s_1^{**},\cdots,s_{i-1}^{**},s_i^{**},s_{i+1}^{**},\cdots,s_n^{**})\end{aligned} \tag{2.71}$$

即

$$\begin{aligned}t_i=\operatorname{minarg}\{&\max_{s_i}u_i(s_1^{**},\cdots,s_{i-1}^{**},s_i,s_{i+1}^{**},\cdots,s_n^{**};\ t)\\ &\leqslant u_i(s_1^{**},\cdots,s_{i-1}^{**},s_i^{**},s_{i+1}^{**},\cdots,s_n^{**})\}\end{aligned} \tag{2.72}$$

而最优费率 $t=\max\limits_i t_i$。显然对于每一个博弈方 i，在最优费率 $t=\max\limits_i t_i$ 的约束下的最优选择都是 s_i^{**}。从而在最优费率 $t=\max\limits_i t_i$ 的约束下存在唯一的最优均衡：

$$(s_1^{**},\cdots,s_{i-1}^{**},s_i^{**},s_{i+1}^{**},\cdots,s_n^{**})$$

这里还有动态博弈和不完全信息下的博弈，在此就不一一介绍了。

在双矩阵对策中，同一局势下两个局中人所得之和不等于零，局中人Ⅰ的得并不一定等于局中人Ⅱ的失，二人可同时得，所以两人之间可能合作，以得到更多的利益，因此双矩阵对策的不同解对应不同的值。囚徒困境是典型的双矩阵对策。双矩阵对策的最优策略不依赖于其他局中人的策略选择，最优策略均衡若存在，则必唯一；如果不存在，对某些对策我们可通过"重复剔除严格劣策略"的方法找到"重复剔除的占优均衡"，但均衡结果是否与剔除顺序有关，取决于剔除的是弱劣策略还是严格劣策略。许多不存在占优战略均衡或重复剔除的占优均衡的博弈，存在纳什均衡。古诺寡头竞争模型、公共物品的私人资源供给、"公共地的悲剧"都是纳什均衡常见的应用实例。

章末习题

1. 一个工人为一个老板工作，工资标准是 100 元。工人可以选择是否偷懒，老板选择是否克扣工资。假设工人不偷懒有相当于 50 元的负效用，老板想克扣工资则总有理由扣掉 60 元工资，工人不偷懒老板有 150 元产出，而工人偷懒时老板只有 80 元产出，但老板在支付工资之前无法知道实际产出，这些情况双方都是知道的。如果老板完全能够看出工人是否偷懒，博弈属于哪种类型？如果老板无法看出工人是否偷懒，博弈又属于哪种类型？请用策略树或矩阵形式表示此博弈并分析博弈结果。

2. 在以下博弈中，局中人 1 与局中人 2 的哪些策略不会被重复剔除严格劣策略所剔除？纯策略纳什均衡是什么？

$$\begin{array}{c} \\ T \\ M \\ B \end{array}\begin{array}{c} \begin{array}{ccc} L & C & R \end{array} \\ \begin{pmatrix} (2,0) & (1,1) & (4,2) \\ (3,4) & (1,2) & (2,3) \\ (1,3) & (0,2) & (3,0) \end{pmatrix} \end{array}$$

3. 某寡头市场有两个厂商，厂商 1 的成本函数为 $C_1=8Q_1$，厂商 2 的成本函数为 $C_2=0.8Q_2^2$，该市场的需求函数为 $P=152-0.6Q$。求：该寡头市场的古诺模型解（保留一位小数）。

4. 假设古诺模型中有 n 个厂商，令 q_i 代表厂商 i 的产量，且 $Q=q_1+\cdots+q_n$ 表示市场总产量，p 表示市场出清价格，并假设反需求函数由 $p(Q)=a-Q$ 给出（设 $Q<a$，其他情况下 $p=0$）。假设厂商 i 生产出 q_i 的总成本 $C_i(q_i)=cq_i$，即没有固定成本，且边际成本为常数 $c(c<a)$。根据古诺模型的假定，厂商同时就产量进行决策。求博弈的纳什均衡，如果当 n 趋于无穷时，会出现什么情况？

5. 请证明：在 n 个参与者的标准式博弈 $G=\{S_1,\cdots,S_n;u_1,\cdots,u_n\}$ 中，如果策略 $\{S_1^*,\cdots,S_n^*\}$ 是一个纳什均衡，那么该纳什均衡中的策略不会被重复剔除严格劣策略所剔除。

【在线测试题】扫描书背面的二维码，获取答题权限。

第3章

凸分析基础

学习目标

通过本章的学习，应该达到以下学习目标：

1. 掌握凸集的相关知识；
2. 熟悉多元函数；
3. 灵活运用凸函数和凸规划；
4. 了解拟凸函数、伪凸函数、次梯度；
5. 掌握凸分析在效用理论中的应用。

关键概念

凸集　多元函数　凸函数　凸规划　拟凸函数　伪凸函数　次梯度　消费者偏好　效用函数

人们在日常生活中经常要进行消费选择，如购买哪些商品、购买商品的数量多少等。在人们进行消费选择时，通常会受到其收入约束，即在一定收入约束限制条件下，根据消费者自身的生理与心理等多方面需求以及商品价格等因素进行消费选择决策。我们通过学习凸集、凸函数等凸分析的相关知识，依据消费者偏好、边际效用递减等效用理论相关知识，建立数学规划模型，为我们明确消费选择决策提供理论参考，并帮助我们理解现实问题。

凸集和凸函数在数学规划极值问题分析中具有重要作用，是线性规划和非线性规划中都要涉及的基本概念和知识。它们在最优化问题的理论证明以及经济学中效用理论、生产问题等诸多领域都有实际应用。本章对凸集和凸函数及其推广、凸规划的基本定义、定理进行一般性介绍，对其在经济学效用理论方面的应用进行讲解。

3.1 凸集

定义 3.1 集合 $S \subset \mathbf{R}^n$ 称为凸集，如果 $\forall\, \boldsymbol{x}^1, \boldsymbol{x}^2 \in S$ 总有

$$\alpha \boldsymbol{x}^1 + (1-\alpha)\boldsymbol{x}^2 \in S, \quad 0 \leqslant \alpha \leqslant 1 \tag{3.1}$$

这表明：对于凸集中的任意两点，连结这两点的直线段仍位于此集合之内。

设 $S \subset \mathbf{R}^n$ 是凸集，称 $\boldsymbol{x}$ 为凸集 S 的顶点，如 $\forall\, \boldsymbol{x}^1, \boldsymbol{x}^2 \in S$ 及 $0<\alpha<1$，$\alpha \boldsymbol{x}^1+(1-\alpha)\boldsymbol{x}^2 \in$

S，则必有 $\boldsymbol{x}=\boldsymbol{x}^1=\boldsymbol{x}^2$。这表明：集合 S 的顶点不能位于 S 中的任何直线段的内部。

例 3.1　$\mathbf{R}^n$ 中的超平面：$H=\{\boldsymbol{x}\mid \boldsymbol{p}^{\mathrm{T}}\boldsymbol{x}=a,\boldsymbol{x}\in\mathbf{R}^n\}$ 是一个凸集，其中非零向量 $\boldsymbol{p}$ 称为超平面的法向量，a 是实数。证明由超平面 H 所决定的闭(开)半空间 $H^+=\{\boldsymbol{x}\mid \boldsymbol{p}^{\mathrm{T}}\boldsymbol{x}\geqslant a,\boldsymbol{x}\in\mathbf{R}^n\}$，$H^-=\{\boldsymbol{x}\mid \boldsymbol{p}^{\mathrm{T}}\boldsymbol{x}<a,\boldsymbol{x}\in\mathbf{R}^n\}$ 均为凸集。

证明：验证集合 $H=\{\boldsymbol{x}\mid \boldsymbol{p}^{\mathrm{T}}\boldsymbol{x}=a,\boldsymbol{x}\in\mathbf{R}^n\}$ 为凸集。

由于对任意两点 $\boldsymbol{x}^{(1)},\boldsymbol{x}^{(2)}\in H$ 及每个实数 $\lambda\in[0,1]$ 都有

$$\boldsymbol{p}^{\mathrm{T}}[\lambda\boldsymbol{x}^{(1)}+(1-\lambda)\boldsymbol{x}^{(2)}]=a$$

因此，$\lambda\boldsymbol{x}^{(1)}+(1-\lambda)\boldsymbol{x}^{(2)}\in H$ 由此可知 H 为凸集。

验证集合 $H^-=\{\boldsymbol{x}\mid \boldsymbol{p}^{\mathrm{T}}\boldsymbol{x}<a,\boldsymbol{x}\in\mathbf{R}^n\}$ 为凸集。

这是因为对任意的 $\boldsymbol{x}^{(1)},\boldsymbol{x}^{(2)}\in H$ 及每一个实数 $\lambda\in[0,1]$，都有

$$\boldsymbol{p}^{\mathrm{T}}[\lambda\boldsymbol{x}^{(1)}+(1-\lambda)\boldsymbol{x}^{(2)}]=\lambda\boldsymbol{p}^{\mathrm{T}}\boldsymbol{x}^{(1)}+(1-\lambda)\boldsymbol{p}^{\mathrm{T}}\boldsymbol{x}^{(2)}\leqslant a,$$

所以 $\lambda\boldsymbol{x}^{(1)}+(1-\lambda)\boldsymbol{x}^{(2)}\in H$ 由此可知 H^- 为凸集。

定理 3.1　集合 $S\subset\mathbf{R}^n$ 是凸集的充要条件是：对于任意正整数 $k\geqslant 2$，若点 $\boldsymbol{x}^i\in S,i=1,\cdots,k$，则它们的凸组合

$$\lambda_1\boldsymbol{x}^1+\cdots+\lambda_k\boldsymbol{x}^k\in S \tag{3.2}$$

其中 $\lambda_i\geqslant 0$，$\sum_{i=1}^{k}\lambda_i=1$。

证明：充分性显然(只需取 $k=2$)。现证必要性(数学归纳法)。

当 $k=2$ 时，结论显然成立。

假定 $k=m$ 时，结论成立。

令 $\boldsymbol{x}=\sum_{i=1}^{m+1}\lambda_i\boldsymbol{x}^i$，其中，$\lambda_i\geqslant 0$，$\sum_{i=1}^{m+1}\lambda_i\doteq 1$，不妨设 $\lambda_{m+1}\neq 1$，于是上式可写成

$$\boldsymbol{x}=(1-\lambda_{m+1})\boldsymbol{y}+\lambda_{m+1}\boldsymbol{x}^{m+1} \tag{3.3}$$

其中

$$y=\frac{\lambda_1}{1-\lambda_{m+1}}\boldsymbol{x}^m+\cdots+\frac{\lambda_m}{1-\lambda_{m+1}}\boldsymbol{x}^m \tag{3.4}$$

注意：$\frac{\lambda_i}{1-\lambda_{m+1}}\geqslant 0,i=1,\cdots,m$，$\sum_{i=1}^{m}\frac{\lambda_i}{1-\lambda_{m+1}}=1$，故由归纳假设 $\boldsymbol{y}\in S$，因 S 为凸集，必有 $\boldsymbol{x}\in S$。证毕。

定理 3.2　设 S_1,S_2 是凸集，则下列集合亦然：

(1) $S_1+S_2=\{\boldsymbol{z}\mid\boldsymbol{z}=\boldsymbol{x}+\boldsymbol{y},\boldsymbol{x}\in S_1,\boldsymbol{y}\in S_2\}$

(2) $S_1-S_2=\{\boldsymbol{z}\mid\boldsymbol{z}=\boldsymbol{x}-\boldsymbol{y},\boldsymbol{x}\in S_1,\boldsymbol{y}\in S_2\}$

(3) $\lambda S_1=\{\boldsymbol{z}\mid\boldsymbol{z}=\lambda\boldsymbol{x},\boldsymbol{x}\in S_1,\lambda\in\mathbf{R}^1\}$

(4) 任意多个凸集之交集仍为凸集。(证明略)

设集合 $A\subset\mathbf{R}^n$，包含 A 的最小凸集被称为 A 的凸包，记作 $\mathrm{conv}A$。由定理 3.2 之(4)可知，A 的凸包就是所有包含 A 的凸集之交。由定理 3.1 知，A 的凸包是 A 的一切凸组合的集合。换言之，$\boldsymbol{x}\in\mathrm{conv}A$，当且仅当 $\boldsymbol{x}=\sum_{i=1}^{k}\lambda_i\boldsymbol{x}_i$，$\sum_{i=1}^{k}\lambda_i=1,\lambda_i\geqslant 0,\boldsymbol{x}_i\in A,i=1,\cdots,k$。进一步还有以下定理：

定理 3.3 设集合 $A\subset\mathbf{R}^n$，则 conv$A$ 中的每一点可用 A 中至多 $n+1$ 个点的凸组合来表示。

证明：假设 $\boldsymbol{x}\in\text{conv}A$，$\boldsymbol{x}=\sum_{i=1}^{m}\alpha_i\boldsymbol{x}^i$，$\sum_{i=1}^{m}\alpha_i=1$，$\alpha_i>0$，$\boldsymbol{x}^i\in A$，$i=1,\cdots,m$，如果 $m>n+1$，只须证明 $\boldsymbol{x}$ 也可以用 $m-1$ 个点的凸组合表示。事实上，因 $m-1>n$，故存在不全为零的实数 $c_1,\cdots,c_{m+1}$，使 $c_1(\boldsymbol{x}^1-\boldsymbol{x}^m)+\cdots+c_{m-1}(\boldsymbol{x}^{m-1}-\boldsymbol{x}^m)=\mathbf{0}$。

令 $c_m=-(c_1+\cdots+c_{m-1})$，则 $c_1\boldsymbol{x}^1+\cdots+c_m\boldsymbol{x}^m=\mathbf{0}$，$c_1+\cdots+c_m=0$。选取正数 ε，使得 $\alpha_i+\varepsilon c_i\geqslant 0$，$i=1,\cdots,m$，且 $\alpha_{i_0}+\varepsilon c_{i_0}=0$，$1\leqslant i_0\leqslant m$。则有

$$\boldsymbol{x}=\boldsymbol{x}+\varepsilon\sum_{i=1}^{m}c_i\boldsymbol{x}^i=\sum_{i=1}^{m}(\alpha_i+\varepsilon c_i)\boldsymbol{x}^i \tag{3.5}$$

注意式(3.5)右端 $\boldsymbol{x}^i$ 是 $\boldsymbol{x}^1,\cdots,\boldsymbol{x}^m$ 的凸组合，其中至少有一个系数是 0。证毕。

$\mathbf{R}^n$ 中有限个点 $\boldsymbol{x}^1,\cdots,\boldsymbol{x}^{k+1}$ 的凸包称为一个多胞形；若 $\boldsymbol{x}^2-\boldsymbol{x}^1,\cdots,\boldsymbol{x}^{k+1}-\boldsymbol{x}^1$ 是线性无关的(意味 $k<n+1$)，则此凸包称为具有顶点 $\boldsymbol{x}^1,\cdots,\boldsymbol{x}^{k+1}$ 的一个单纯形。

设 $S_1,S_2\subset\mathbf{R}^n$ 是非空集合，$H=\{\boldsymbol{z}\mid\boldsymbol{p}^{\mathrm{T}}\boldsymbol{z}=a\}$ 为超平面，如果 $\forall\,\boldsymbol{x}\in S_1$，$\forall\,\boldsymbol{y}\in S_2$ 都有 $\boldsymbol{p}^{\mathrm{T}}\boldsymbol{x}\geqslant a$，$\boldsymbol{p}^{\mathrm{T}}\boldsymbol{y}\leqslant a$，则称 $H(\boldsymbol{p},a)$ 分离 S_1、S_2。(若二不等式严格成立，则称严格分离)。

定理 3.4 设 $S\subset\mathbf{R}^n$ 是非空闭凸集，且原点 $\mathbf{0}\notin S$，则必存在超平面 $H(\boldsymbol{p},a)$ 严格分离 0 和 S，即存在 $\boldsymbol{p}\neq\mathbf{0}$，$a>0$ 使 $\forall\,\boldsymbol{x}\in S$，$\boldsymbol{p}^{\mathrm{T}}\boldsymbol{x}>a>0$。

证：取集合 $T=\{\boldsymbol{x}\in\mathbf{R}^n\mid\|\boldsymbol{x}\|\leqslant\alpha\}$ 使得 $S\cap T\neq\varnothing$。由于 $S\cap T$ 是有界闭集，所以连续函数 $f(x)=\|\boldsymbol{x}\|$ 在 $S\cap T$ 上某点 $\boldsymbol{x}^0$ 达到最小值，即 $0<\|\boldsymbol{x}^0\|\leqslant\|\boldsymbol{x}\|$，$\boldsymbol{x}\in S\cap T$。

注意到 T 的特性，知 $\forall\,\boldsymbol{x}\in S$，均有 $\|\boldsymbol{x}\|\geqslant\|\boldsymbol{x}^0\|$，由于 S 的凸性，又有 $\lambda\boldsymbol{x}+(1-\lambda)\boldsymbol{x}^0\in S$，$0\leqslant\lambda\leqslant 1$。从而 $\|\lambda\boldsymbol{x}+(1-\lambda)\boldsymbol{x}^0\|\geqslant\|\boldsymbol{x}^0\|$。该定理证明思路如图 3.1 所示。

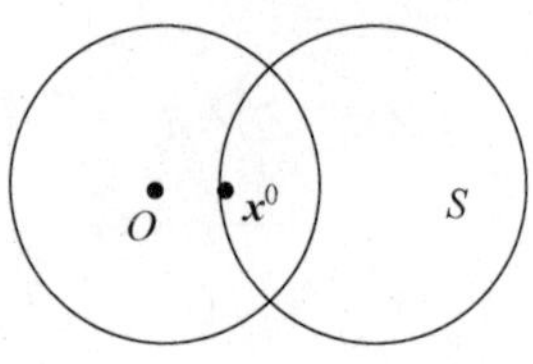

图 3.1 定理 3.4 证明

由此可得

$$\lambda^2(\boldsymbol{x}-\boldsymbol{x}^0)^{\mathrm{T}}(\boldsymbol{x}-\boldsymbol{x}^0)+2\lambda\boldsymbol{x}^{0^{\mathrm{T}}}(\boldsymbol{x}-\boldsymbol{x}^0)\geqslant 0 \tag{3.6}$$

此式对充分小的正数 λ 亦成立，故必有 $\boldsymbol{x}^{0^{\mathrm{T}}}\boldsymbol{x}\geqslant\boldsymbol{x}^{0^{\mathrm{T}}}\boldsymbol{x}^0$。

取 $a=\dfrac{1}{2}\|\boldsymbol{x}^0\|^2$，$\boldsymbol{p}=\boldsymbol{x}^0$ 便有 $\boldsymbol{p}^{\mathrm{T}}\boldsymbol{x}>a>0$。证毕。

定理 3.5(承托超平面定理) 若 S 是一个非空凸集，$\boldsymbol{y}$ 是 S 的边界点，则存在非 0 向量 $\boldsymbol{p}\in\mathbf{R}^n$，使对 $\forall\,\boldsymbol{x}\in S$ 闭包，有 $\boldsymbol{p}^{\mathrm{T}}\boldsymbol{y}\leqslant\boldsymbol{p}^{\mathrm{T}}\boldsymbol{x}$，亦即存在超平面 $H(\boldsymbol{p},a)$ 通过点 y，且使 S 包含在它的某半闭空间之中(称 H 为凸集 S 的承托超平面)。

证明：因 $\boldsymbol{y}$ 是集合 S 的边界点，故存在点列 $\boldsymbol{y}^k\notin S$ 闭包 $\boldsymbol{y}^k\to\boldsymbol{y}(k\to\infty)$，由定理 3.4 可找到 $\boldsymbol{p}^k\subset\mathbf{R}^n$，$\|\boldsymbol{p}^k\|=1$，使超平面 $H(\boldsymbol{p}^k,a^k)$ 严格分离点 $\boldsymbol{y}^k$ 和 S 闭包，即

$$\boldsymbol{p}^{k^{\mathrm{T}}}\boldsymbol{x}>\boldsymbol{p}^{k^{\mathrm{T}}}\boldsymbol{y}^k,\quad\forall\,\boldsymbol{x}\in S\text{ 闭包。}$$

由于 $\{\boldsymbol{p}^k\}$ 是有界序列，故可设 $\boldsymbol{p}^{k_i}\to\boldsymbol{p}(i\to\infty)$，于是便有

$$\boldsymbol{p}^{\mathrm{T}}\boldsymbol{x}\geqslant\boldsymbol{p}^{\mathrm{T}}\boldsymbol{y},\quad\forall\,\boldsymbol{x}\in S\text{ 闭包。}$$

证毕。

推论 3.1 若 S 是非空凸集，点 $\boldsymbol{y}\notin S$，则必存在 $\boldsymbol{p}\neq\mathbf{0}$，$\boldsymbol{p}\in\mathbf{R}^n$，使得 $\forall\,\boldsymbol{x}\in S$ 闭包有 $\boldsymbol{p}^{\mathrm{T}}\boldsymbol{y}\leqslant\boldsymbol{p}^{\mathrm{T}}\boldsymbol{x}$。

定理 3.6 若 S_1 和 S_2 是 $\mathbf{R}^n$ 中两非空凸集，$S_1 \cap S_2 = \varnothing$，则存在一非零向量 $\boldsymbol{p}$，使 $\forall \boldsymbol{x} \in S_1$ 闭包，$\forall \boldsymbol{y} \in S_2$ 闭包，有 $\boldsymbol{p}^{\mathrm{T}}\boldsymbol{y} \leqslant \boldsymbol{p}^{\mathrm{T}}\boldsymbol{x}$。

证明： 令 $S = S_1 - S_2 = \{\boldsymbol{z} \mid \boldsymbol{z} = \boldsymbol{x} - \boldsymbol{y}, \boldsymbol{x} \in S_1, \boldsymbol{y} \in S_2\}$ 由定理 3.5 之推论知存在 $\boldsymbol{p} \in \mathbf{R}^n$，$\boldsymbol{p} \neq 0$，使 $\forall \boldsymbol{z} \in S$ 有 $\boldsymbol{p}^{\mathrm{T}}0 \leqslant \boldsymbol{p}^{\mathrm{T}}\boldsymbol{z}$，即有 $\boldsymbol{p}^{\mathrm{T}}\boldsymbol{y} \leqslant \boldsymbol{p}^{\mathrm{T}}\boldsymbol{x}$，$\forall \boldsymbol{x} \in S_1$，$\forall \boldsymbol{y} \in S_2$，于是亦有

$$\sup\{\boldsymbol{p}^{\mathrm{T}}\boldsymbol{y} \mid \boldsymbol{y} \in S_2\} \leqslant \inf\{\boldsymbol{p}^{\mathrm{T}}\boldsymbol{x} \mid \boldsymbol{x} \in S_1\}$$

故对所有 $\boldsymbol{x} \in S_1$ 闭包，$\boldsymbol{y} \in S_2$ 闭包，有

$$\boldsymbol{p}^{\mathrm{T}}\boldsymbol{y} \leqslant \boldsymbol{p}^{\mathrm{T}}\boldsymbol{x}$$

证毕。

作为分离定理的应用，现证明下面两个择一性定理，它们在数学规划中很有用。

定理 3.7（Farkas 定理） 若 $\boldsymbol{A}$ 是 $m \times n$ 矩阵，$\boldsymbol{c}$ 是 n 维列向量，则下面二系统有且只有一个有解。

系统 1：$\boldsymbol{A}\boldsymbol{x} \leqslant \boldsymbol{0}, \boldsymbol{c}^{\mathrm{T}}\boldsymbol{x} > 0$。

系统 2：$\boldsymbol{A}^{\mathrm{T}}\boldsymbol{y} = \boldsymbol{c}$，且 $\boldsymbol{y} \geqslant \boldsymbol{0}, \boldsymbol{y} \in \mathbf{R}^m$。

证明： 若系统 2 有解，即存在 $\boldsymbol{y} \in \mathbf{R}^m$，$\boldsymbol{y} \geqslant \boldsymbol{0}$，使得 $\boldsymbol{A}^{\mathrm{T}}\boldsymbol{y} = \boldsymbol{c}$，如果存在 $\boldsymbol{x} \in \mathbf{R}^n$ 使得 $\boldsymbol{A}\boldsymbol{x} \leqslant \boldsymbol{0}$，则 $\boldsymbol{c}^{\mathrm{T}}\boldsymbol{x} = (\boldsymbol{A}^{\mathrm{T}}\boldsymbol{y})^{\mathrm{T}}\boldsymbol{x} = \boldsymbol{y}^{\mathrm{T}}\boldsymbol{A}\boldsymbol{x} \leqslant \boldsymbol{0}$，故系统 1 无解。

若系统 2 无解，作集合 $S = \{\boldsymbol{z} \mid \boldsymbol{z} = \boldsymbol{A}^{\mathrm{T}}\boldsymbol{y}, \boldsymbol{y} \geqslant \boldsymbol{0}\}$，则 $\boldsymbol{c} \notin S$，显然 S 是非空闭凸集，由定理 3.4，知存在向量 $\boldsymbol{p} \neq \boldsymbol{0}$，使得 $\forall \boldsymbol{z} \in S$ 有 $\boldsymbol{p}^{\mathrm{T}}\boldsymbol{c} < \boldsymbol{p}^{\mathrm{T}}\boldsymbol{z}$，因 $\boldsymbol{0} \in S$，故 $\boldsymbol{p}^{\mathrm{T}}\boldsymbol{c} < 0$，从而 $\boldsymbol{c}^{\mathrm{T}}(-\boldsymbol{p}) > 0$，又由 $\boldsymbol{p}^{\mathrm{T}}\boldsymbol{z} = \boldsymbol{p}^{\mathrm{T}}\boldsymbol{A}^{\mathrm{T}}\boldsymbol{y} > \boldsymbol{p}^{\mathrm{T}}\boldsymbol{c}$，而 $\boldsymbol{y} \geqslant \boldsymbol{0}$ 可任取，故必 $\boldsymbol{p}^{\mathrm{T}}\boldsymbol{A}^{\mathrm{T}} \geqslant \boldsymbol{0}$，即 $\boldsymbol{A}(-\boldsymbol{p}) \leqslant \boldsymbol{0}$，从而 $-\boldsymbol{p}$ 是系统 1 的解。

推论 3.2 下面二系统有且只有一个有解：

系统 1：$\boldsymbol{A}\boldsymbol{x} \leqslant 0, \boldsymbol{x} \geqslant \boldsymbol{0}, \boldsymbol{c}^{\mathrm{T}}\boldsymbol{x} > 0, \boldsymbol{x} \in \mathbf{R}^n$。

系统 2：$\boldsymbol{A}^{\mathrm{T}}\boldsymbol{y} \geqslant \boldsymbol{c}, \boldsymbol{y} \geqslant \boldsymbol{0}, \boldsymbol{y} \in \mathbf{R}^m$。[提示：用 $(\boldsymbol{A}^{\mathrm{T}}, -\boldsymbol{I})$ 代替 $\boldsymbol{A}^{\mathrm{T}}$]。

推论 3.3 下面结论恰有一个成立：

(1) 存在 $\boldsymbol{0} \leqslant \boldsymbol{x} \in \mathbf{R}^n$，使得 $\boldsymbol{A}\boldsymbol{x} \leqslant \boldsymbol{c}$。

(2) 存在 $\boldsymbol{0} \leqslant \boldsymbol{y} \in \mathbf{R}^m$，使得 $\boldsymbol{A}^{\mathrm{T}}\boldsymbol{y} \geqslant \boldsymbol{0}, \boldsymbol{c}^{\mathrm{T}}\boldsymbol{y} < 0$。[提示：以(−1)乘(1)、(2)中不等式即变成推论 3.2]。

定理 3.8（Gordan 定理） 设 $\boldsymbol{A} = \boldsymbol{A}_{m \times n}$，则下列二系统有且只有一个有解。

系统 1：$\boldsymbol{A}\boldsymbol{x} < \boldsymbol{0}, \boldsymbol{x} \in \mathbf{R}^n$。

系统 2：$\boldsymbol{A}^{\mathrm{T}}\boldsymbol{y} = \boldsymbol{0}, \boldsymbol{y} \geqslant \boldsymbol{0}, \boldsymbol{y} \neq \boldsymbol{0}, \boldsymbol{y} \in \mathbf{R}^m$。

证明： 设系统 1 有解，即存在 $\boldsymbol{x} \in \mathbf{R}^n$，满足 $\boldsymbol{A}\boldsymbol{x} < \boldsymbol{0}$，用反证法。假定系统 2 也有解，即存在 $\boldsymbol{y} \in \mathbf{R}^m$，$\boldsymbol{y} \geqslant \boldsymbol{0}, \boldsymbol{y} \neq \boldsymbol{0}$，使 $\boldsymbol{A}^{\mathrm{T}}\boldsymbol{y} = \boldsymbol{0}$，这时由 $\boldsymbol{A}\boldsymbol{x} < \boldsymbol{0}$ 及 $\boldsymbol{y} \geqslant \boldsymbol{0}, \boldsymbol{y} \neq \boldsymbol{0}$，可得 $\boldsymbol{y}^{\mathrm{T}}\boldsymbol{A}\boldsymbol{x} < 0$，即 $\boldsymbol{x}^{\mathrm{T}}\boldsymbol{A}^{\mathrm{T}}\boldsymbol{y} < 0$ 因之 $\boldsymbol{A}^{\mathrm{T}}\boldsymbol{y} \neq \boldsymbol{0}$，存在矛盾，故系统 2 无解。

反之，若系统 1 无解，令 $S_1 = \{\boldsymbol{y} \mid \boldsymbol{A}\boldsymbol{x} = \boldsymbol{y}\}$，$S_2 = \{\boldsymbol{z} \mid \boldsymbol{z} < \boldsymbol{0}\}$ 则 S_1 与 S_2 是非空凸集，$S_1 \cap S_2 = \varnothing$，从而由定理 3.6，存在向量 $\boldsymbol{p} \neq \boldsymbol{0}$，使得 $\boldsymbol{p}^{\mathrm{T}}\boldsymbol{A}\boldsymbol{x} \geqslant \boldsymbol{p}^{\mathrm{T}}\boldsymbol{z}$ $(\forall \boldsymbol{x} \in \mathbf{R}^n)$，当 $\boldsymbol{z} \to \boldsymbol{0}$ 时，得 $\boldsymbol{p}^{\mathrm{T}}\boldsymbol{A}\boldsymbol{x} \geqslant 0$ $(\forall \boldsymbol{x} \in \mathbf{R}^n)$，又由 $\boldsymbol{z} < \boldsymbol{0}$ 及其任意性，立知 $\boldsymbol{p} \geqslant \boldsymbol{0}$，令 $\boldsymbol{x} = \boldsymbol{A}^{\mathrm{T}}(-\boldsymbol{p}) = -\boldsymbol{A}^{\mathrm{T}}\boldsymbol{p}$ 得 $\boldsymbol{p}^{\mathrm{T}}\boldsymbol{A}\boldsymbol{x} = -\boldsymbol{p}^{\mathrm{T}}\boldsymbol{A}\boldsymbol{A}^{\mathrm{T}}\boldsymbol{p} = -\|\boldsymbol{A}^{\mathrm{T}}\boldsymbol{p}\|^2 \geqslant 0$，所以 $\boldsymbol{A}^{\mathrm{T}}\boldsymbol{p} = \boldsymbol{0}$，可见 $\boldsymbol{p}$ 是系统 2 的解。

Farkas 定理与 Gordan 定理在最优性条件定理中具有较高的应用价值，如 Frizth-John 必要性条件定理、Kuhn-Tucker 条件定理，以及在经济管理领域中无套利的充要条件等方

面都有广泛的推广应用。

3.2 凸函数

凸函数作为数学函数中一种重要类型，与凹函数相对应。由于经济管理问题中诸多问题，如效用最大化、生产成本最小化等目标函数普遍具有凸函数或者凹函数的性质特征，因此，凸函数在经济管理领域的模型分析中至关重要。

3.2.1 多元函数及其可微性

由于现实问题的复杂性，很多情况下我们分析的都是受到多变量等因素影响的目标函数以及约束函数，实际的经济管理问题建模分析多是以一般情况的多元函数为基础。因此，明确多元函数定义及其可微性是我们利用凸函数分析经济管理问题的基础。

定义 3.2 设 $f:S\subset\mathbf{R}^n\to\mathbf{R}^1$，且 $\boldsymbol{x}^0\in S$，如果存在 $\boldsymbol{l}\in\mathbf{R}^n$，$\forall\boldsymbol{P}\in\mathbf{R}^n$ 都有

$$\lim_{\|\boldsymbol{p}\|\to 0}\frac{f(\boldsymbol{x}^0+\boldsymbol{p})-f(\boldsymbol{x}^0)-\boldsymbol{l}^{\mathrm{T}}\boldsymbol{p}}{\|\boldsymbol{p}\|}=0 \tag{3.7}$$

成立，则称 $f(\boldsymbol{x})$ 在 $\boldsymbol{x}^0$ 可微。

(有的文献称上述可微性为 F-可微，还有所谓 G-可微：$\forall\boldsymbol{h}\neq\boldsymbol{0}$

$$\lim_{t\to 0}\frac{f(\boldsymbol{x}^0+t\boldsymbol{h})-f(\boldsymbol{x}^0)-\boldsymbol{l}^{\mathrm{T}}t\boldsymbol{h}}{t}=0 \tag{3.8}$$

由 F-可微可推出 G-可微；反之，则不然)。

式(3.7)的等价形式为

$$f(\boldsymbol{x}^0+\boldsymbol{p})-f(\boldsymbol{x}^0)=\boldsymbol{l}^{\mathrm{T}}\boldsymbol{p}+o(\|\boldsymbol{p}\|) \tag{3.9}$$

易证 $L(\boldsymbol{x}^0)=\left(\frac{\partial f(\boldsymbol{x}^0)}{\partial x_1},\cdots,\frac{\partial f(\boldsymbol{x}^0)}{\partial x_n}\right)^{\mathrm{T}}$，记为$\nabla f(\boldsymbol{x}^0)$，并将其称为 $f(\boldsymbol{x})$在 $\boldsymbol{x}^0$ 点的导数或梯度，于是式(3.9)变成

$$f(\boldsymbol{x}^0+\boldsymbol{p})-f(\boldsymbol{x}^0)=\nabla f(\boldsymbol{x}^0)^{\mathrm{T}}\boldsymbol{p}+o(\|\boldsymbol{p}\|) \tag{3.10}$$

设 F：$S\subset\mathbf{R}^n\to\mathbf{R}^m$，$\boldsymbol{x}^0\in S$，如果 $F(\boldsymbol{x})$的所有分量，$f_i(\boldsymbol{x})$，$i=1,\cdots,m$ 在 $\boldsymbol{x}^0$ 点的都可微，则称向量值函数 $F(\boldsymbol{x})$在 $\boldsymbol{x}^0$ 点可微，可表示为

$$\lim_{\|\boldsymbol{p}\|\to 0}\frac{F(\boldsymbol{x}^0+\boldsymbol{p})-F(\boldsymbol{x}^0)-\nabla F(\boldsymbol{x}^0)^{\mathrm{T}}\boldsymbol{p}}{\|\boldsymbol{p}\|}=0 \tag{3.11}$$

其中，$\nabla F(\boldsymbol{x}^0)$称为向量值函数 $F(\boldsymbol{x})$在 $\boldsymbol{x}^0$ 点的导数 Jacobi 矩阵，其具体形式如下：

$$\nabla F(\boldsymbol{x}^0)=\begin{bmatrix}\frac{\partial f_1(\boldsymbol{x}^0)}{\partial x_1}, & \frac{\partial f_1(\boldsymbol{x}^0)}{\partial x_2},\cdots, & \frac{\partial f_1(\boldsymbol{x}^0)}{\partial x_n}\\ \vdots & \cdots & \vdots\\ \frac{\partial f_m(\boldsymbol{x}^0)}{\partial x_1}, & \frac{\partial f_m(\boldsymbol{x}^0)}{\partial x_2},\cdots, & \frac{\partial f_m(\boldsymbol{x}^0)}{\partial x_n}\end{bmatrix} \tag{3.12}$$

令 $g(\boldsymbol{x})=\nabla f(\boldsymbol{x})=\left(\frac{\partial f}{\partial x_1},\cdots,\frac{\partial f}{\partial x_n}\right)^{\mathrm{T}}$，则 $g(\boldsymbol{x})$定义了一个在区域 $S\subset\mathbf{R}^n\to\mathbf{R}^n$ 的向量值函数，若 $g(\boldsymbol{x})$在 S 上可微，则对多元函数 $f(\boldsymbol{x})$而言，它便在 S 上二次可微，且$\nabla g(\boldsymbol{x})$就

是 $f(\boldsymbol{x})$的二阶导数，于是上述 Jacobi 矩阵有如下形式：

$$\nabla^2 f(\boldsymbol{x})=\nabla g(\boldsymbol{x})=\begin{pmatrix} \dfrac{\partial^2 f}{\partial x_1^2}, & \dfrac{\partial^2 f}{\partial x_2 \partial x_1},\cdots, & \dfrac{\partial^2 f}{\partial x_n \partial x_1} \\ \vdots & \cdots & \vdots \\ \dfrac{\partial^2 f}{\partial x_1 \partial x_n}, & \dfrac{\partial^2 f}{\partial x_2 \partial x_n},\cdots, & \dfrac{\partial^2 f}{\partial x_n^2} \end{pmatrix} \tag{3.13}$$

故 $f(\boldsymbol{x})$的二阶导数$\nabla^2 f(\boldsymbol{x})$是 n 阶矩阵，称式(3.13)为 $f(\boldsymbol{x})$的 Hesse 矩阵，有时记为 $H(\boldsymbol{x})=\nabla^2 f(\boldsymbol{x})$。

当 $f(\boldsymbol{x})$的所有二阶偏导数连续时，$\dfrac{\partial^2 f}{\partial x_i \partial x_j}=\dfrac{\partial^2 f}{\partial x_j \partial x_i}, i,j=1,\cdots,n$。此时 $H(\boldsymbol{x})$对称。

例 3.2 对以下二次函数：

$f(\boldsymbol{x})=\dfrac{1}{2}\boldsymbol{x}^{\mathrm{T}}\boldsymbol{A}\boldsymbol{x}+\boldsymbol{b}^{\mathrm{T}}\boldsymbol{x}+\boldsymbol{c}=\dfrac{1}{2}\sum\limits_{i,j=1}^{n} a_{ij}x_i x_j+\sum\limits_{i=1}^{n} b_i x_i+c$ 求解$\nabla f(\boldsymbol{x}),\nabla^2 f(\boldsymbol{x})$。

解：由多元函数可微性及一阶导数和二阶偏导数求解可得

$$\nabla f(\boldsymbol{x})=\boldsymbol{A}\boldsymbol{x}+\boldsymbol{b}, \quad \nabla^2 f(\boldsymbol{x})=\boldsymbol{A}.$$

例 3.3 已知 $\phi(\lambda)=f(\boldsymbol{x}+\lambda\boldsymbol{p})$，其中 $\phi:\mathbf{R}^1\to\mathbf{R}^1, \boldsymbol{p}\in\mathbf{R}^n$，求证：

$$\phi'(\lambda)=\nabla f(\boldsymbol{x}+\lambda\boldsymbol{p})^{\mathrm{T}}\boldsymbol{p}$$

$$\phi''(\lambda)=\boldsymbol{p}^{\mathrm{T}}\,\nabla^2 f(\boldsymbol{x}+\lambda\boldsymbol{p})\boldsymbol{p}$$

证明：由连锁规则得

$$\phi'(\lambda)=\sum_{i=1}^{n}\frac{\partial f(\boldsymbol{x}+\lambda\boldsymbol{p})}{\partial(x_i+\lambda P_i)}P_i=\nabla f(\boldsymbol{x}+\lambda\boldsymbol{p})^{\mathrm{T}}\boldsymbol{p} \tag{3.14}$$

$$\begin{aligned}\varphi''(\lambda)&=\sum_{i=1}^{n}\frac{\partial}{\partial\lambda}\left[\frac{\partial f(\boldsymbol{x}+\lambda\boldsymbol{p})}{\partial(x_i+\lambda p_i)}\right]p_i \\ &=\sum_{i=1}^{n}\sum_{j=1}^{n}\frac{\partial^2 f(\boldsymbol{x}+\lambda\boldsymbol{p})p_i p_j}{\partial(x_j+\lambda p_j)\partial(x_i+\lambda p_i)} \\ &=\boldsymbol{p}^{\mathrm{T}}\,\nabla^2 f(\boldsymbol{x}+\lambda\boldsymbol{p})\boldsymbol{p}\end{aligned} \tag{3.15}$$

定理 3.9(多元函数的 Taylor 公式) 设 $f:\mathbf{R}^n\to\mathbf{R}^1$ 具有二阶连续偏导数，则

$$f(\boldsymbol{x}+\boldsymbol{p})=f(\boldsymbol{x})+\nabla f(\boldsymbol{x})^{\mathrm{T}}\boldsymbol{p}+\frac{1}{2}\boldsymbol{p}^{\mathrm{T}}\,\nabla^2 f(\bar{\boldsymbol{x}})\boldsymbol{p} \tag{3.16}$$

其中，$\bar{\boldsymbol{x}}=\boldsymbol{x}+\theta\boldsymbol{p}, 0<\theta<1$。

证明：设 $\phi(\lambda)=f(\boldsymbol{x}+\lambda\boldsymbol{p})$按一元函数的 Taylor 展开式把 $\phi(\lambda)$在 $\lambda=0$ 点展开：

$$\phi(\lambda)=\phi(0)+\phi'(0)\lambda+\frac{1}{2}\phi''(\theta\lambda)\lambda^2, \quad 0<\theta<1$$

把例 3.2、例 3.3 的结果代入上式，并令 $\lambda=1$，即得式(3.16)。证毕。

式(3.16)还可写成

$$f(\boldsymbol{x}+\boldsymbol{p})=f(\boldsymbol{x})+\nabla f(\boldsymbol{x})^{\mathrm{T}}\boldsymbol{p}+\frac{1}{2}\boldsymbol{p}^{\mathrm{T}}\,\nabla^2 f(\boldsymbol{x})\boldsymbol{p}+o(\|\boldsymbol{p}\|^2) \tag{3.17}$$

若$\nabla f(x)$连续，则由

$$\phi(1)-\phi(0)=\phi'(\theta)=\nabla f(\boldsymbol{x}+\theta\boldsymbol{p})^{\mathrm{T}}\boldsymbol{p}, \quad 0<\theta<1 \tag{3.18}$$

知中值公式成立

$$f(\boldsymbol{x}+\boldsymbol{p})-f(\boldsymbol{x})=\nabla f(\boldsymbol{x}+\theta\boldsymbol{p})^{\mathrm{T}}\boldsymbol{p} \tag{3.19}$$

3.2.2 凸函数定义及其性质

在多元函数及其可微性分析基础上，对凸函数的相关定义和性质进行阐述。

定义 3.3 设 $f(\boldsymbol{x})$是定义在非空凸集 $S\subset\mathbf{R}^n$ 上的函数，若 $\forall\,\boldsymbol{x},\boldsymbol{y}\in S$，不等式

$$f(\lambda\boldsymbol{x}+(1-\lambda)\boldsymbol{y})\leqslant\lambda f(\boldsymbol{x})+(1-\lambda)f(\boldsymbol{y}) \tag{3.20}$$

对于 $0\leqslant\lambda\leqslant1$ 的一切 λ 都成立，则称 $f(\boldsymbol{x})$为 S 上的凸函数。若对 $0<\lambda<1$ 的一切 λ，当 $x\neq y$ 时，

$$f(\lambda\boldsymbol{x}+(1-\lambda)\boldsymbol{y})<\lambda f(\boldsymbol{x})+(1-\lambda)f(\boldsymbol{y}) \tag{3.21}$$

总成立，则称 $f(\boldsymbol{x})$是 S 上的严格凸函数。

若$-f(\boldsymbol{x})$是凸(严凸)函数，则称 $f(\boldsymbol{x})$为凹(严格凹)函数，对于凹函数类(3.21)、(3.22)两式不等号的方向恰好相反。

定理 3.10 若 $f_1,\cdots,f_k$ 是凸集 S 上的凸函数，则 $\sum\limits_{i=1}^{k}\lambda_i f_i$ 亦然，其中 $\lambda_i\geqslant0$。

定理 3.11 若 $f(\boldsymbol{x})$是凸集 S 上的凸函数，$\boldsymbol{x}^1,\cdots,\boldsymbol{x}^k\in S,\lambda_i\geqslant0$，$\sum\limits_{i=1}^{k}\lambda_i=1$，则有：

$$f(\lambda_1\boldsymbol{x}^1+\cdots+\lambda_k\boldsymbol{x}^k)\leqslant\lambda_1 f(\boldsymbol{x}^1)+\cdots+\lambda_k f(\boldsymbol{x}^k)$$

定理 3.12 设 $f(x)$是凸集 S 上的凸函数，则对一实数 C，水平集 $S_c=\{x\mid f(x)\leqslant C, x\in S\}$是凸集。

定理 3.13 设 $f(x)$是凸集 S 上的凸函数，则 $f(x)$于 S 内部连续，且有方向导数：

$$\lim_{\lambda\to0^+}\frac{f(\boldsymbol{x}+\lambda\boldsymbol{d})}{\lambda}=\inf_{\lambda\to0}\frac{f(\boldsymbol{x}+\lambda\boldsymbol{d})}{\lambda}(\text{可为 }\infty),\quad \boldsymbol{x},\boldsymbol{x}+\lambda\boldsymbol{d}\in S$$

定理 3.14 定义在凸集 S 上的可微函数为凸函数的充要条件是，$\forall\,\boldsymbol{x}^1,\boldsymbol{x}^2\in S$，均有

$$f(\boldsymbol{x}^2)\geqslant f(\boldsymbol{x}^1)+\nabla f(\boldsymbol{x}^1)^{\mathrm{T}}(\boldsymbol{x}^2-\boldsymbol{x}^1) \tag{3.22}$$

证明：

必要性：

设 $f(\boldsymbol{x})$是凸函数，则有

$$f(\lambda\boldsymbol{x}^1+(1-\lambda)\boldsymbol{x}^2)=f(\boldsymbol{x}^1+\lambda(\boldsymbol{x}^2-\boldsymbol{x}^1))\leqslant\lambda f(\boldsymbol{x}^2)+(1-\lambda)f(\boldsymbol{x}^1) \tag{3.23}$$

于是有

$$f(\boldsymbol{x}^1+\lambda(\boldsymbol{x}^2-\boldsymbol{x}^1))-f(\boldsymbol{x}^1)\leqslant\lambda(f(\boldsymbol{x}^2)-\lambda f(\boldsymbol{x}^1)) \tag{3.24}$$

由可微性定义 3.2 知上式

$$\text{左端}=\nabla f(\boldsymbol{x}^1)^{\mathrm{T}}\lambda(\boldsymbol{x}^2-\boldsymbol{x}^1)+o(\lambda\|\boldsymbol{x}^2-\boldsymbol{x}^1\|)\leqslant\lambda(f(\boldsymbol{x}^2)-f(\boldsymbol{x}^1)) \tag{3.25}$$

以 λ 除上式，并令 $\lambda\to0$，即得式(3.22)。

充分性：

设 $\forall\,\boldsymbol{x}^1,\boldsymbol{x}^2\in S$，式(3.22)成立，令 $\boldsymbol{y}=\lambda\boldsymbol{x}^1+(1-\lambda)\boldsymbol{x}^2,\lambda\in[0,1]$，应有

$$f(\boldsymbol{x}^1)\geqslant f(\boldsymbol{y})+\nabla f(\boldsymbol{y})^{\mathrm{T}}(\boldsymbol{x}^1-\boldsymbol{y}) \tag{3.26}$$

$$f(\boldsymbol{x}^2)\geqslant f(\boldsymbol{y})+\nabla f(\boldsymbol{y})^{\mathrm{T}}(\boldsymbol{x}^2-\boldsymbol{y}) \tag{3.27}$$

所以

$$\lambda f(\boldsymbol{x}^1)+(1-\lambda)f(\boldsymbol{x}^2)\geqslant f(\boldsymbol{y})+\nabla f(\boldsymbol{y})^{\mathrm{T}}(\lambda\boldsymbol{x}^1+(1-\lambda)\boldsymbol{x}^2-\boldsymbol{y})=f(\boldsymbol{y})$$
$$=f(\boldsymbol{x}^1+(1-\lambda)f(\boldsymbol{x}^2)) \tag{3.28}$$

证毕。

将式(3.22)中的"$\geqslant$"改为"$>$",就得到严格凸的充要条件。

定理 3.15 设 $f(\boldsymbol{x})$于开凸集 S 上二次可微,则 $f(\boldsymbol{x})$是凸函数的充要条件是:$\forall\,\boldsymbol{x}\in S$,$f(\boldsymbol{x})$在 $\boldsymbol{x}$ 点的 Hesse 矩阵 $H(\boldsymbol{x})$是半正定的。

证明:

必要性:

须证 $\forall\,\bar{\boldsymbol{x}}\in S$,总有 $\boldsymbol{x}^{\mathrm{T}}H(\bar{\boldsymbol{x}})\boldsymbol{x}\geqslant 0,\boldsymbol{x}\in\mathbf{R}^n$。由 Taylor 公式(3.10)有

$$f(\bar{\boldsymbol{x}}+\lambda\boldsymbol{x})=f(\bar{\boldsymbol{x}})+\lambda\,\nabla f(\bar{\boldsymbol{x}})^{\mathrm{T}}\boldsymbol{x}+\frac{1}{2}\lambda^2\boldsymbol{x}^{\mathrm{T}}\,\nabla^2 f(\bar{\boldsymbol{x}})\boldsymbol{x}+o(\lambda^2\,\|\,\boldsymbol{x}\,\|^2) \tag{3.29}$$

由定理 3.14 可得 $f(\bar{\boldsymbol{x}}+\lambda\boldsymbol{x})\geqslant f(\bar{\boldsymbol{x}})+\lambda\,\nabla f(\bar{\boldsymbol{x}})^{\mathrm{T}}\boldsymbol{x}$,故

$$\frac{1}{2}\lambda^2\boldsymbol{x}^{\mathrm{T}}\,\nabla^2 f(\bar{\boldsymbol{x}})\boldsymbol{x}+o(\lambda^2\,\|\,\boldsymbol{x}\,\|^2)\geqslant 0 \tag{3.30}$$

两边除以 λ^2,并令 $\lambda\to 0$,即知 $\boldsymbol{x}^{\mathrm{T}}\,\nabla^2 f(\bar{\boldsymbol{x}})\boldsymbol{x}\geqslant 0$。

充分性:

若 $H(\boldsymbol{x})$是半正定的,则 $\forall\,\boldsymbol{x}^1,\boldsymbol{x}^2$,由 Taylor 公式(3.10)有

$$f(\boldsymbol{x}^2)\geqslant f(\boldsymbol{x}^1)+\nabla f(\boldsymbol{x}^1)^{\mathrm{T}}(\boldsymbol{x}^2-\boldsymbol{x}^1) \tag{3.31}$$

由定理 3.14,$f(\boldsymbol{x})$为凸函数。证毕。

定理 3.16 设 S 是非空开凸集,$f(\boldsymbol{x})$在 S 上二次可微,若 $\forall\,\boldsymbol{x}\in S$,$H(\boldsymbol{x})$正定,则 $f(\boldsymbol{x})$是严格凸函数。

定理 3.16 的逆一般不成立。如 $f(\boldsymbol{x})=\boldsymbol{x}^4$ 严格凸,但 $H(0)=f''(0)=0$ 非正定。

利用凸函数的定义及有关性质可以判别一个函数是否为凸函数,但有时计算比较复杂,使用很不方便。本节我们研究了凸函数的性质,又进一步研究了凸函数的判别问题,利用以上几个定理容易判别一个可微函数是否为凸函数,特别是对于二次函数,用上述定理判别很方便。

3.2.3 凸函数的推广

凸函数或者凹函数在经济管理问题分析中具有普遍的应用,但现实问题有些难以用较为严格的凸函数进行界定,此时便可使用凸函数的常用推广函数,即广义凸函数,它相比凸函数的条件有所放松,但同时又具备一些较好的性质,便于我们分析理解实际问题。下面对常用的拟凸函数和伪凸函数这两类广义凸函数进行介绍。

1. 拟凸函数

定义 3.4 设 $f:S\subset\mathbf{R}^n\to\mathbf{R}^1$,$S$ 为凸集,若 $\forall\,\boldsymbol{x}^1,\boldsymbol{x}^2\in S$,总有

$$f(\lambda\boldsymbol{x}^1+(1-\lambda)\boldsymbol{x}^2)\leqslant\max\{f(\boldsymbol{x}^1),f(\boldsymbol{x}^2)\} \tag{3.32}$$

其中 $\lambda\in[0,1]$,则称 f 是拟凸函数。

若 $\forall\,\boldsymbol{x}^1\neq\boldsymbol{x}^2$,$\lambda\in(0,1)$,式(3.32)中严格不等号成立,则称 f 是严格拟凸函数。

若 $-f$ 是(严格)拟凸的,则称 f 是(严格)拟凹的。

或者

拟凹函数:

$$f(\lambda \boldsymbol{x}^1+(1-\lambda)\boldsymbol{x}^2) \geqslant \min\{f(\boldsymbol{x}^1), f(\boldsymbol{x}^2)\}, \quad \lambda \in [0,1]$$

严格拟凹函数:

$$f(\lambda \boldsymbol{x}^1+(1-\lambda)\boldsymbol{x}^2) > \min\{f(\boldsymbol{x}^1), f(\boldsymbol{x}^2)\}, \quad \lambda \in (0,1)$$

显然,(严格)凸(凹)函数是(严格)拟凸(凹)函数,反之未必。例如,$y=x^3$ 是(严格)拟凸(凹)函数。

定理 3.17 设 $S\subset\mathbf{R}^n$ 是凸集,函数 $f:S\to\mathbf{R}$ 是拟凸的充要条件是对任意实数 C,水平集 $S_c=\{\boldsymbol{x}\mid f(\boldsymbol{x})\leqslant C, \boldsymbol{x}\in S\}$ 是凸集。

证明提示:令 $C=\max\{f(\boldsymbol{x}^1), f(\boldsymbol{x}^2)\}$,则因 S_c 是凸集,必有

$$f(\lambda \boldsymbol{x}^1+(1-\lambda)\boldsymbol{x}^2) \leqslant C=\max\{f(\boldsymbol{x}^1), f(\boldsymbol{x}^2)\}。$$

定理 3.18 设 S 是凸集,$f:S\to\mathbf{R}$ 可微,则 f 是拟凸函数的充要条件是 $\forall \boldsymbol{x}^1, \boldsymbol{x}^2\in S$,若 $f(\boldsymbol{x}^1)\leqslant f(\boldsymbol{x}^2)$,必有 $\nabla f(\boldsymbol{x}^2)^{\mathrm{T}}(\boldsymbol{x}^1-\boldsymbol{x}^2)\leqslant 0$。

证明:

必要性:

若 f 拟凸,由假定 $f(\boldsymbol{x}^1)\leqslant f(\boldsymbol{x}^2)$,故有

$$\begin{aligned} f(\lambda \boldsymbol{x}^1+(1-\lambda)\boldsymbol{x}^2) &= f(\boldsymbol{x}^2+\lambda(\boldsymbol{x}^1-\boldsymbol{x}^2)) = f(\boldsymbol{x}^2)+\nabla f(\boldsymbol{x}^2)^{\mathrm{T}}\lambda(\boldsymbol{x}^1-\boldsymbol{x}^2)+ \\ & o(\lambda\|\boldsymbol{x}^1-\boldsymbol{x}^2\|) \leqslant \max\{f(\boldsymbol{x}^1), f(\boldsymbol{x}^2)\}=f(\boldsymbol{x}^2) \end{aligned} \tag{3.33}$$

于是有

$$\lambda\nabla f(\boldsymbol{x}^2)^{\mathrm{T}}(\boldsymbol{x}^1-\boldsymbol{x}^2)+(\lambda\|\boldsymbol{x}^1-\boldsymbol{x}^2\|) \leqslant 0 \tag{3.34}$$

于上式除以 λ,并令 $\lambda\to 0$,便得 $\nabla f(\boldsymbol{x}^2)^{\mathrm{T}}(\boldsymbol{x}^1-\boldsymbol{x}^2)\leqslant 0$。

充分性:

用反证法:假如 f 不是拟凸函数,即存在 $\lambda\in[0,1]$,$\bar{\boldsymbol{x}}=\lambda_0\boldsymbol{x}^1+(1-\lambda_0)\boldsymbol{x}^2$ 使得

$$f(\bar{\boldsymbol{x}}) > \max\{f(\boldsymbol{x}^1), f(\boldsymbol{x}^2)\}=f(\boldsymbol{x}^2) \tag{3.35}$$

由函数的连续性知,存在 $0<\delta\leqslant 1$,使当 $\alpha\in[0,\delta]$ 时有

$$f(\bar{\boldsymbol{x}}+\alpha(\boldsymbol{x}^2-\boldsymbol{x}^1)) > f(\boldsymbol{x}^2) \tag{3.36}$$

以及 $\boldsymbol{x}_\delta=\bar{\boldsymbol{x}}+\delta(\boldsymbol{x}^2-\bar{\boldsymbol{x}})$ 使 $f(\boldsymbol{x}_\delta)=f(\bar{\boldsymbol{x}}+\delta(\boldsymbol{x}^2-\bar{\boldsymbol{x}}))=f(\boldsymbol{x}^2)$。

于是 $f(\bar{\boldsymbol{x}})>f(\boldsymbol{x}_\delta)$,由中值定理有 $\hat{\boldsymbol{x}}=\mu\bar{\boldsymbol{x}}+(1-\mu)\boldsymbol{x}_\delta$,此处 $0<\mu<1$,使

$$f(\bar{\boldsymbol{x}})-f(\boldsymbol{x}_\delta)=\nabla f(\hat{\boldsymbol{x}})^{\mathrm{T}}(\bar{\boldsymbol{x}}-\boldsymbol{x}_\delta)=-\delta\nabla f(\hat{\boldsymbol{x}})^{\mathrm{T}}(\boldsymbol{x}^2-\bar{\boldsymbol{x}})>0 \tag{3.37}$$

另一方面,由于 $\hat{\boldsymbol{x}}=\mu\bar{\boldsymbol{x}}+(1-\mu)\boldsymbol{x}_\delta=\bar{\boldsymbol{x}}+(1-\mu)\delta(\boldsymbol{x}^2-\bar{\boldsymbol{x}})$,即 $\alpha=(1-\mu)\delta\in[0,\delta]$,故由假设条件 $0\geqslant\nabla f(\hat{\boldsymbol{x}})^{\mathrm{T}}(\boldsymbol{x}^1-\boldsymbol{x}^2)=-\beta\nabla f(\hat{\boldsymbol{x}})^{\mathrm{T}}(\boldsymbol{x}^2-\bar{\boldsymbol{x}})$。

此处 $\beta>0$,此与前边的结果相矛盾。故 f 必为拟凸函数。证毕。

定理 3.19 设函数 f:凸集 $S\to\mathbf{R}$ 可微,若 $\forall \boldsymbol{x}^1, \boldsymbol{x}^2\in S$,$\boldsymbol{x}^1\neq\boldsymbol{x}^2$,$f(\boldsymbol{x}^1)\leqslant f(\boldsymbol{x}^2)$,总有 $\nabla f(\boldsymbol{x}^2)^{\mathrm{T}}(\boldsymbol{x}^1-\boldsymbol{x}^2)$,则 f 必为严格拟凸函数(证明留作练习)。

对于以 $f(\boldsymbol{x})$ 为目标函数的极值问题,若 f 为严格拟凸函数,则有定理 3.14 的相应结果成立。

于 $\bar{\boldsymbol{x}}$ 下半连续:$\forall\varepsilon>0$,有 $\delta>0$,使得 $\forall \boldsymbol{x}\in S$,只要 $\|\boldsymbol{x}-\bar{\boldsymbol{x}}\|<\delta$,就有 $f(\boldsymbol{x})-$

$f(\bar{x})>-\varepsilon$。

定理 3.20 设函数 f:凸集 $S\to\mathbf{R}$ 是严格拟凸函数,若 f 在 $\boldsymbol{x}^*\in S$ 处达到局部最优,则 $\boldsymbol{x}^*$ 是唯一全局最优解。

证明:若不然,即存在 $\bar{\boldsymbol{x}}\neq\boldsymbol{x}^*$,$\bar{\boldsymbol{x}}\in S$,使得 $f(\bar{\boldsymbol{x}})\leqslant f(\boldsymbol{x}^*)$,由于 f 是严格拟凸的,故对任何 $0<\lambda<1$,有 $f(\lambda\bar{\boldsymbol{x}}+(1-\lambda)\boldsymbol{x}^*)<\max\{f(\bar{\boldsymbol{x}}),f(\boldsymbol{x}^*)\}=f(\boldsymbol{x}^*)$。

令 $\lambda\to 0$,则 $\lambda\bar{\boldsymbol{x}}+(1-\lambda)\boldsymbol{x}^*$ 便可充分接近 $\boldsymbol{x}^*$,此与 $\boldsymbol{x}^*$ 是局部最优解矛盾。证毕。

类似可证:若 f 拟凸,$\boldsymbol{x}^*$ 是严格局部最优解,则 $\boldsymbol{x}^*$ 是全局最优解。

本节介绍了拟凸函数,拟凸函数和严格拟凸函数的关系,以及在凸集的假设下,拟凸函数和严格拟凸函数的判别问题。最后,又介绍了在严格拟凸函数在达到局部最优值,有唯一全局最优解。

2. 伪凸函数

定义 3.5 设 $f:S\subset\mathbf{R}^n\to\mathbf{R}$ 于开凸集 S 上可微,若 $\forall\boldsymbol{x}^1,\boldsymbol{x}^2\in S$,只要 $\nabla f(\boldsymbol{x}^1)^{\mathrm{T}}(\boldsymbol{x}^2-\boldsymbol{x}^1)\geqslant 0$,便有 $f(\boldsymbol{x}^2)\geqslant f(\boldsymbol{x}^1)$,则称 f 为伪凸函数。

根据伪凸定义,若 $\nabla f(\boldsymbol{x}^*)=0$,则 $\boldsymbol{x}^*$ 是 f 的全局极小点。

可以证明,若 $\forall\boldsymbol{x}^1\neq\boldsymbol{x}^2$,$f(\boldsymbol{x}^1)\neq f(\boldsymbol{x}^2)$,则有,伪凸⇒严格拟凸⇒拟凸。

此外还有在一点的凸性概念,例如,如果 $\forall\boldsymbol{x}\in S$,由 $\nabla f(\bar{\boldsymbol{x}})^{\mathrm{T}}(\boldsymbol{x}-\bar{\boldsymbol{x}})\geqslant 0$,可推出 $f(\boldsymbol{x})\geqslant f(\bar{\boldsymbol{x}})$,则称 $f(\boldsymbol{x})$ 在点 $\bar{\boldsymbol{x}}$ 是伪凸的;若 $\forall\boldsymbol{x}\in S,\lambda\in[0,1]$,恒有

$$f(\lambda\bar{\boldsymbol{x}}+(1-\lambda)\boldsymbol{x})\leqslant\lambda f(\bar{\boldsymbol{x}})+(1-\lambda)f(\boldsymbol{x}) \tag{3.38}$$

则称 $f(\boldsymbol{x})$ 在点 $\bar{\boldsymbol{x}}$ 是凸的,等等。

3.3 凸规划

根据上述凸函数的相关知识,结合数学规划模型,下面给出关于凸规划的相关定义及定理。

定义 3.6 设有问题

$$\min_{\boldsymbol{x}\in S} f(\boldsymbol{x}) \tag{3.39}$$

若可行集 S 为凸集,目标函数 $f(\boldsymbol{x})$ 为凸函数,则称问题(3.39)为凸规划问题。

定理 3.21 设 $f(\boldsymbol{x})$ 是非空凸集 S 上的函数,假设 $\boldsymbol{x}^*$ 是式(3.39)的局部最优解。

(1) 若 $f(\boldsymbol{x})$ 是凸函数,则 $\boldsymbol{x}^*$ 是(3.39)的全局最优解。

(2) 若 $f(\boldsymbol{x})$ 严格凸,则 $\boldsymbol{x}^*$ 是(3.39)的唯一最优解。

证明:

(1) 用反证法。假设 x^* 不是(3.39)的全局最优解,则应有 $\boldsymbol{x}^1\in S$,$f(\boldsymbol{x}^1)<f(\boldsymbol{x}^*)$,对任意 $\lambda\in(0,1)$,由凸函数的性质应有

$$f(\lambda\boldsymbol{x}^1+(1-\lambda)\boldsymbol{x}^*)\leqslant\lambda f(\boldsymbol{x}^1)+(1-\lambda)f(\boldsymbol{x}^*)<f(\boldsymbol{x}^*) \tag{3.40}$$

令 λ 充分小,则 $\lambda\boldsymbol{x}+(1-\lambda)\boldsymbol{x}^*$ 便可充分接近于 $\boldsymbol{x}^*$,从而由上式知,$\boldsymbol{x}^*$ 不是局部最优解,存在矛盾。

(2) 假设 $\boldsymbol{x}^*$ 不是唯一最优解,则存在 $\bar{\boldsymbol{x}}\neq\boldsymbol{x}^*$,$f(\bar{\boldsymbol{x}})\neq f(\boldsymbol{x}^*)$,于是应有 $\lambda\in(0,1)$,使

$$f(\lambda\bar{x}+(1-\lambda)\boldsymbol{x}^*)<\lambda f(\bar{x})+(1-\lambda)f(\boldsymbol{x}^*)=f(\boldsymbol{x}^*) \tag{3.41}$$

这同 x^* 是全局最优解的假设矛盾。证毕。

一般说来凸函数并不具有可微性，故式(3.10)不能贸然使用，这是很可惜的，后来人们引入次梯度的概念，便解决了这一问题。

对于凸规划问题(3.39)，据定理 3.21，若在某点 $\boldsymbol{x}^*\in S$ 的邻域内不能再找到更好的点，则说明全局最优解已经找到。

定义 3.7 设 f 是凸集 S 上的凸函数，向量 ξ 称为 f 在 $\boldsymbol{x}^0\in S$ 的次梯度，如果 $\forall\,\boldsymbol{x}\in S$，存在

$$f(\boldsymbol{x})\geqslant f(\boldsymbol{x}^0)+\xi^{\mathrm{T}}(\boldsymbol{x}-\boldsymbol{x}^0) \tag{3.42}$$

显然，若 f 可微，则 $\xi=\nabla f(\boldsymbol{x}^0)$。

人们已经证明，凸函数在其定义域内部点上至少有一次梯度，反之若对每一点 $\boldsymbol{x}^0\in\mathrm{int}S$，存在 ξ 使式(3.42)成立，则 f 在 $\mathrm{int}S$ 上是凸的。对于凸规划问题(3.39)，关于次梯度有下面重要结果：

定理 3.22 对于凸规划问题(3.39)，点 $\boldsymbol{x}^*\in S$ 是一个最优解，当且仅当 f 在 $\boldsymbol{x}^*$ 有一个次梯度 ξ，使 $\forall\,\boldsymbol{x}\in S$，有

$$\xi^{\mathrm{T}}(\boldsymbol{x}-\boldsymbol{x}^*)\geqslant 0 \tag{3.43}$$

推论 3.4 若 S 是开的，$\boldsymbol{x}^*$ 是最优解$\Leftrightarrow f$ 于 $\boldsymbol{x}^*$ 存在一个 0 次梯度。

推论 3.5 若 f 可微，$\boldsymbol{x}^*$ 是最优解$\Leftrightarrow\nabla f(\boldsymbol{x}^*)^{\mathrm{T}}(\boldsymbol{x}-\boldsymbol{x}^*)\geqslant 0$，$\forall\,\boldsymbol{x}\in S$，此外若 S 是开的 $\boldsymbol{x}^*$：最优$\Leftrightarrow\nabla f(\boldsymbol{x}^*)=0$。

根据上述定理与推论，相比于一般数学规划问题，凸规划问题的最优解具有较好的性质，更易于我们相对快速确定问题的最优解。因此，依据现实问题的实际情况，进行合理的抽象建模，尤其对于经济管理问题中一些理论所给定的目标函数具有凸函数或者凹函数的性质，若能建立凸规划模型，更利于我们分析求解问题。

3.4 凸分析在效用理论中的应用举例

利用凸函数、凸规划等凸分析内容进行经济优化分析是经济管理领域较为常用的分析方法。下面以消费者理论中的效用函数为例进行说明。

3.4.1 消费者偏好

设可供消费者选择的商品有 n 种，一个消费方案就可以表示为一个 n 维向量

$$x=(x_1,x_2,\cdots,x_n)^{\mathrm{T}}$$

并将其称为消费束(consumption bundle)或商品束，我们设商品集(消费集)为

$$X=\{x\mid x_i\geqslant 0,i=1,\cdots,n\}$$

人们总是可以根据自己的喜好，对不同的消费束排出顺序，以表示他的偏好。我们用记号“$\succ$”表示这种偏好，如 $x,y\in X$，则“$x\succ y$”表示 x 不比 y 差；如果 $x\succ y$，$y\succ x$，则认为 x 与 y 无差异，记作“$x\sim y$”；如果 $x\succ y$，但 $x\sim y$ 不成立，则表示 x 比 y 好，记作“$x\succ\succ y$”，称“$\succ$”为消费者在 X 上的偏好关系，它满足以下公理：

公理 3.1(完备性) $\forall x,y\in X$，$x\succ y$ 和 $y\succ x$ 两者至少有一个成立。

公理 3.2(反身性) $\forall x\in X$，$x\succ x$。

公理 3.3(传递性) $\forall x,y,z\in X$，如果 $x\succ y$，$y\succ z$，则 $x\succ z$。

公理 3.2 与公理 3.3 说明一个理性消费者具有合乎逻辑的判断能力。

公理 3.4(连续性) $\forall y\in X$ 集合 $\{x\mid x\succ y, x\in X\}$ 和 $\{x\mid y\succ x, x\in X\}$ 是闭集。

这一公理说明消费者的极限行为，即设 $\{x^k\}$ 是一消费束序列，且其中任何 $x^k\succ y$，如果 $x^k\to\bar{x}(k\to\infty)$，则 $\bar{x}\succ y$，另外，这一公理也是为了数学上分析的需要。

例如：当 X 只有有限个元素时，偏好关系"$\succ$"总是可以表示为效用函数的形。这个结论可以直接证明出来。下面我们举例说明一下基本的证明思路。

假设 X 中有三个消费计划，记为 x_1,x_2,x_3。选任意一个消费计划，比如 x_3，定义 $H(x_3)\equiv b$，其中 b 为任意常数。下面选择 x_1。因为偏好关系的完备性，x_1 和 x_3 是可以比较的。我们定义 $H(x_1)\equiv\begin{cases} b+1 & \text{当 } x_1\succ\succ x_3 \\ b-1 & \text{当 } x_3\succ\succ x_1 \\ b & \text{当 } x_3\sim x_1 \end{cases}$

也就是说，比较 x_1 和 x_3。如果 x_1 严格优于 x_3，我们设定一个严格大于 b 的值等于 $H(x_1)$；同样适用于其他情况。

不失一般性，假设 $x_1\succ\succ x_3$。

最后，我们比较 x_2 与 x_1 和 x_3，并且定义 $H(x_2)\begin{cases} b-1 & \text{当 } x_3\succ\succ x_2 \\ b & \text{当 } x_3\sim x_2 \\ b+1/2 & \text{当 } x_1\succ\succ x_2\succ\succ x_3 \\ b+1 & \text{当 } x_2\sim x_1 \\ b+2 & \text{当 } x_2\succ x_1 \end{cases}$

这里我们将 x_2 与 x_1 和 x_3 进行比较，并且以自然的方式设定了 $H(x_2)$ 的值，则显然有 $H(x_n)\geqslant H(x_m)$，当且仅当 $x_n\succ x_m$，$n,m=1,2,3$。

也就是说，上面定义的 H 反映了偏好关系"$\succ$"。当 X 只有有限个元素时，可以按类似于上面的思路推得结论：一个偏好关系总是可以通过效用函数来表示。

3.4.2 效用函数

仅用消费者的偏好关系难以对消费者行为进行更深入的分析，人们希望用函数描述这种偏好关系。

定义 3.8 实值函数 $u:X\to R$ 被称为表示消费者偏好关系的效用函数，若 $\forall x,y\in X$，当且仅当 $x\succ y$ 时，有 $u(x)\geqslant u(y)$。

由定义可知，当且仅当 $x\sim y$，有 $u(x)=u(y)$；当且仅当 $x\succ\succ y$ 时，有 $u(x)>u(y)$。

问题是表示消费者偏好关系的效用函数是否存在。该问题直到 20 世纪 50 年代才由 Debreu 给出肯定的结论，这为消费者行为的分析提供了重要的理论基础。

定理 3.23 如果消费者的偏好关系"$\succ$"满足公理 3.1 至公理 3.4，则存在相应的连续效用函数。

效用函数不唯一，若 $u(x)$ 是效用函数，而函数 $f:R\to R$ 是严格单调递增的，则 $f(u(x))$

亦然。

为使效用函数更能反映消费者的行为，对偏好关系还经常增加一些条件，具体内容如下：

公理 3.5(单调性) 如果 $x \geqslant y$ 且 $x \neq y$，总有 $x \succ\succ y$。

此公理可解释为“多多益善”。根据人们通常的偏好，在同等条件下消费商品数量越多，消费者心理满足程度越高。因此，易证满足此公理的效用函数 $u(x)$ 是严格递增的。

公理 3.6 (局部不饱和性)

$\forall x \in X$ 和 $\varepsilon > 0$，存在 $y \in X$，$\| y - x \| < \varepsilon$，使得 $y \succ\succ x$。

公理 3.7(凸性) 设 $x, y, z \in X$，满足 $x \succ z, y \succ z$，则对 $\lambda \in [0,1]$，有 $\lambda x + (1-\lambda) y \succ z$。

公理 3.8(严格凸性) 设 $x, y, z \in X$，且 $x \neq y$，如果 $x \succ z, y \succ z$，则 $\forall \lambda \in (0,1)$，有 $\lambda x + (1-\lambda) y \succ\succ z$。

可以证明：如果偏好关系满足凸性，则对应的效用函数 $u(x)$ 在 X 上是拟凹的；满足严格凸性，则 $u(x)$ 是严格拟凹的。

对于效用函数 $u(x)$ 可以引入无差异曲面或等效用曲面

$$E_r = \{x \mid u(x) = r, x \in X\}$$

其中，r 为常数，即无差异曲面是效用函数值为 r 的所有消费束的集合。特别 $n=2$，$u(x)$ 是拟凹函数时，用平面 $u=r$ 去截曲面，就得到等效用曲线，它在 $x_1 - x_2$ 平面上的投影是凸向原点的(见图 3.2)。

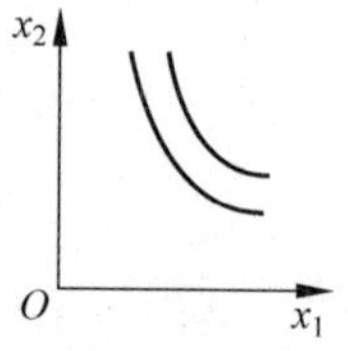

图 3.2 效用曲线

在进行实证分析时，我们往往假设效用函数是二阶连续可微的，以便利用相应的数学方法。效用函数的梯度向量 $\left(\frac{\partial u}{\partial x_1}, \cdots, \frac{\partial u}{\partial x_n}\right)$ 被称为边际效用，反映增加(减少)单位商品所增加(减少)的效用。

当效用函数 u 是可微的凹函数时，则偏导数 $\frac{\partial u}{\partial x_j}$ 是单调递减的。在经济学中，称此性质为边际效用递减规律。它反映了一种普遍现象，当商品数量逐次增加时，效用增量便逐次减少，可见数量经济当中对偏好关系所作的凸性假设并不算过分苛刻的限制。

常见的效用函数如下：

(1) Cobb-Douglas 效用函数，$R^3 \to R$，$u(x_1, x_2, x_3) = x_1^{\alpha_1} x_2^{\alpha_2} x_3^{\alpha_3}$，$0 < \alpha_i < 1 \sum_{i=1}^{3} \alpha_i < 1$。可以验证 $u(x)$ 是严格凹的，其二维公式是 $u(x) = A x_1^{\alpha} x_2^{\beta}$。

(2) Stone-Geary 效用函数，设 $u(x) = \prod_{i=1}^{n} (x_i - \bar{x}_i)^{\alpha_i}$。其中，$\alpha_i \geqslant 0, \bar{x}_i \geqslant 0 (i=1, \cdots, n)$ 为常数，$x_i > \bar{x}_i, i=1, \cdots, n$ 取对数。并记 $u(x) = \sum_{i=1}^{n} \alpha_i \ln(x_i - \bar{x}_i)$，称为 Stone-Geary 效用函数，它也是严格凹函数。关于效用函数以后还要讨论。

此外，还有需求函数、生产函数等都是满足一定凸性的重要经济函数。

对 $u(x) = u_0$ 求全微分，得

$$\frac{\partial u}{\partial x_1}\mathrm{d}x_1+\cdots+\frac{\partial u}{\partial x_2}\mathrm{d}x_2=0 \tag{3.44}$$

如果 $\mathrm{d}x_i\neq 0$，$\mathrm{d}x_j\neq 0$，而 $\mathrm{d}x_k=0(k\neq i,j)$，则上式可化成

$$\frac{\partial u}{\partial x_i}\mathrm{d}x_i+\frac{\partial u}{\partial x_j}\mathrm{d}x_j=0 \tag{3.45}$$

或

$$R_{ij}=\frac{\partial u}{\partial x_i}\Big/\frac{\partial u}{\partial x_j}=-\frac{\mathrm{d}x_j}{\mathrm{d}x_i} \tag{3.46}$$

这里 R_{ij} 称为边际替代率(marginal rate of substitution)，简记为 MRS，它表示保持效用水平不变时，若增加单位商品 i 的消费，就必须减少商品 j 的消费量。边际替代率不依赖于选择的效用函数的形式，即如果 $u(x)$ 和 $v=f(u(x))$ 都表示同一偏好关系的效用函数，则由复合函数的求导法则，有

$$\frac{\partial v}{\partial x_i}\Big/\frac{\partial v}{\partial x_j}=\frac{f'(u)\dfrac{\partial u}{\partial x_i}}{f'(u)\dfrac{\partial u}{\partial x_j}}=\frac{\partial u}{\partial x_i}\Big/\frac{\partial u}{\partial x_j} \tag{3.47}$$

例 3.4　写出下列约束非线性规划问题的 K-T 条件并求 K-T 点。请问此 K-T 点是问题的最优解吗？为什么？

$$\begin{cases}\min f(x_1,x_2)=(x_1-4)^2+(x_2-5)^2\\ \text{s.t. } 3x_1+x_2\leqslant 9\end{cases}$$

解：拉格朗日函数为 $L(x_1,x_2,\lambda)=(x_1-4)^2+(x_2-5)^2+\lambda(3x_1+x_2-9)$

K-T 条件为

$$\begin{cases}2(x_1-4)+3\lambda=0 & (3.48)\\ 2(x_2-5)+\lambda=0 & (3.49)\\ \lambda(3x_1+x_2-9)=0 & (3.50)\\ \lambda\geqslant 0 & (3.51)\end{cases}$$

还应满足：

$$3x_1+x_2\leqslant 9 \tag{3.52}$$

当 $\lambda=0$ 时，由式(3.48)和式(3.49)得 $\begin{cases}x_1=4\\x_2=5\end{cases}$，不满足式(3.52)，证明 $\begin{cases}x_1=4\\x_2=5\end{cases}$ 不是 K-T 点。

当 $\lambda\neq 0$ 时，由式(3.50)得 $3x_1+x_2=9$，由式(3.48)和式(3.49)得 $x_1=3x_2-11$，代入 $3x_1+x_2=9$ 得 $\begin{cases}x_1=\dfrac{8}{5}\\x_2=\dfrac{21}{5}\end{cases}$，$\lambda=\dfrac{8}{5}$，满足上述所有条件，证明 $\begin{cases}x_1=\dfrac{8}{5}\\x_2=\dfrac{21}{5}\end{cases}$ 是 K-T 点。

因为规划为凸规划，所以该 K-T 点是整体最优解。

例 3.5 证明下列问题为凸规划

$$\begin{cases}\min f(x_1,x_2,x_3)=4x_1^2+2x_2^2+5x_3^2-x_1x_2-x_1x_3\\ \text{s.t. } 2x_1^2+5x_2^2+3x_3^2+x_1x_3-6\leqslant 0\\ \qquad 4x_1+6x_2+9x_3=15\end{cases}$$

解：因为 $f(x_1,x_2,x_3)$ 的海塞矩阵 $\boldsymbol{A}=\begin{bmatrix}8&-1&-1\\-1&4&0\\-1&0&10\end{bmatrix}$ 的各阶顺序主子式为

$$D_1=|8|=8>0,\quad D_2=\begin{vmatrix}8&-1\\-1&4\end{vmatrix}=31>0,\quad D_3=\begin{vmatrix}8&-1&-1\\-1&4&0\\-1&0&10\end{vmatrix}=306。$$

所以，$f(x_1,x_2,x_3)=4x_1^2+2x_2^2+5x_3^2-x_1x_2-x_1x_3$ 是凸函数。

章末习题

1. 设 $F(x)=\begin{bmatrix}f_1(x)\\f_2(x)\end{bmatrix}=\begin{bmatrix}3x_1+e^{x_2}x\\x_1^3+x_2^2\sin x_3\end{bmatrix}$

求 $F(x)$ 在点 $\bar{\boldsymbol{x}}=(1,0,\pi)^{\mathrm{T}}$ 处的 Jacobi 矩阵。

2. 用定义验证下列各集合是凸集：

(1) $S=\{(x_1,x_2)\,|\,x_1+2x_2\geqslant 1,x_1-x_2\geqslant 1\}$

(2) $S=\{(x_1,x_2)\,|\,x_2\geqslant|x_1|\}$

(3) $S=\{(x_1,x_2)\,|\,x_1^2+x_2^2\leqslant 10\}$

3. 证明 $f(x)=\dfrac{1}{2}\boldsymbol{x}^{\mathrm{T}}\boldsymbol{A}\boldsymbol{x}+\boldsymbol{b}^{\mathrm{T}}\boldsymbol{x}$ 为严格凸函数的充要条件是 Hessian 矩阵 $\boldsymbol{A}$ 正定。

4. 设 f 是定义在 E^n 上的函数，如果对每一点 $x\in E^n$ 及正数 t 均有 $f(tx)=tf(x)$，则称 f 为正齐次函数。证明 E^n 上的正齐次函数 f 为凸函数的充要条件是：对任何 $\boldsymbol{x}^{(1)}$，$\boldsymbol{x}^{(2)}\in E^n$. $f(\boldsymbol{x}^{(1)}+\boldsymbol{x}^{(2)})\leqslant f(\boldsymbol{x}^{(1)}+f\boldsymbol{x}^{(2)})$ 成立。

5. 设 $\boldsymbol{A}\in R^{n\times n}$ 为对称矩阵，$\boldsymbol{b}\in\mathbf{R}^n$，$c\in\mathbf{R}$，试求：

(1) 线性函数 $f(x)=\boldsymbol{b}^{\mathrm{T}}\boldsymbol{x}$ 的梯度和 Hesse 矩阵；

(2) 二次函数 $f(x)=\boldsymbol{x}^{\mathrm{T}}\boldsymbol{A}\boldsymbol{x}+\boldsymbol{b}^{\mathrm{T}}\boldsymbol{x}+c$ 的梯度和 Hesse 矩阵。

【在线测试题】扫描书背面的二维码，获取答题权限。

扫描此码 在线自测

第4章

线性规划

学习目标

通过本章的学习，应该达到以下学习目标：

1. 了解数学规划相关知识；
2. 掌握线性规划及其单纯形算法；
3. 灵活运用对偶理论和影子价格。

关键概念

数学规划　线性规划　对偶理论　影子价格　单纯形法

4.1　数学规划基础

线性规划是数学规划中最基本的一类。为详细说明线性规划问题，下面先对一般数学规划问题的基本形式及最优解进行阐述。

4.1.1　数学规划常见实例

研究资源优化配置，就必须涉及数学规划理论。

例 4.1（资源优化利用问题）　设有 m 种资源，它们的数量为 $b_1, b_2, \cdots, b_m$，用这些资源可生产 n 种产品，单位价格分别为 $c_1, c_2, \cdots, c_n$。假设已知生产一单位 j 产品消耗 i 种资源的数量为 a_{ij}，试问应如何规划产品的数量，才能使价值总额达到最大？

解：设产品 j 的产量为 x_j，则价值总额可表示如下：

$$f = c_1x_1 + c_2x_2 + \cdots + c_nx_n = \sum_{j=1}^{n} c_jx_j \tag{4.1}$$

为使消耗不超过限定数量，应满足以下约束：

$$a_{i1}x_1 + a_{i2}x_2 + \cdots + a_{in}x_n \leqslant b_i, \quad i = 1, \cdots, m \tag{4.2}$$

由于产量是非负的，故还有

$$x_j \geqslant 0, \quad j = 1, 2, \cdots, n \tag{4.3}$$

于是问题归结为：在满足条件(4.2)和(4.3)的前提下，求函数 f 的最大值，通常写成

$$\max f=\sum_{j=1}^{n}c_jx_j$$

$$\text{s. t.}\begin{cases}\sum\limits_{j=1}^{n}a_{ij}x_j\leqslant b_i, & i=1,\cdots,m\\ x_j\geqslant 0, & j=1,2,\cdots,n\end{cases}\tag{4.4}$$

或者写成矩阵形式：

$$\max f=\boldsymbol{c}^{\mathrm{T}}\boldsymbol{x}$$

$$\text{s. t.}\begin{cases}\boldsymbol{Ax}\leqslant\boldsymbol{b}\\ \boldsymbol{x}\geqslant\boldsymbol{0}\end{cases}\tag{4.5}$$

其中：$\boldsymbol{c}=(c_1,\cdots,c_n)^{\mathrm{T}}$，$\boldsymbol{x}=(x_1,\cdots,x_n)^{\mathrm{T}}$，$\boldsymbol{A}=(a_{ij})_{m\times n}$，$\boldsymbol{b}=(b_1,\cdots,b_m)^{\mathrm{T}}$，并且称(4.1)为目标函数，式(4.2)、式(4.3)为约束条件。

可以从另一个角度考虑资源的优化利用问题，即不生产产品而是通过卖掉资源获利。那么应如何定价呢？这时可以设第 i 种资源的价格为 y_i，则总价值为

$$W=y_1b_1+\cdots+y_mb_m=\boldsymbol{b}^{\mathrm{T}}\boldsymbol{y}\tag{4.6}$$

显然，与产品的价格相比较，所定资源的价格至少不能吃亏，否则，宁可选择生产产品，即应有

$$a_{1j}y_1+\cdots+a_{mj}y_m\geqslant c_j,\quad j=1,\cdots,n\tag{4.7}$$

上式左边恰好构成一个单位 j 产品之价格，同时亦有

$$y_i\geqslant 0,\quad i=1,\cdots,m$$

由于市场竞争的存在，人们在期望满足式(4.6)、式(4.7)的条件下，只能在式(4.5)取得最小值的情况下考虑下一步问题，从而有

$$\min W=\sum_{i=1}^{m}b_iy_i$$

$$\text{s. t.}\begin{cases}\sum\limits_{i=1}^{m}a_{ij}y_i\geqslant c_j, & j=1,\cdots,n\\ y_i\geqslant 0, & i=1,\cdots,m\end{cases}\tag{4.8}$$

或者写成矩阵形式：

$$\min W=\boldsymbol{b}^{\mathrm{T}}\boldsymbol{y}$$

$$\text{s. t.}\begin{cases}\boldsymbol{A}^{\mathrm{T}}\boldsymbol{y}\geqslant\boldsymbol{c}\\ \boldsymbol{y}\geqslant\boldsymbol{0}\end{cases}\tag{4.9}$$

问题(4.9)亦是在满足式(4.7)、式(4.8)的条件下，求目标函数(4.6)的极值。

例 4.2 最优存储问题：

(1) 最简单的存储模型：设商品的年需求量为 D，为节约资金，减少存储量，打算分批进货，已知每次订货费为 c_1，年单位存储费为 c_2，问每批定货量 Q 为多少时，总费用最少？

解：易知，总费用为订货费与存储费之和，其中平均存储量可以按定货量的一半计算，于是有

$$\min f = c_1 \frac{D}{Q} + c_2 \frac{Q}{2} \tag{4.10}$$

令$\frac{df}{dQ}=0$，可得 $Q=\sqrt{\frac{2c_1 D}{c_2}}$，此为著名的订货批量公式。

(2) 多品种存储模型：在多品种存储的情况下，决定批量 Q_i，$i=1,\cdots,n$，还要考虑其他一些约束条件，如仓库容量、各种产品的存货所占用的资金总额等。现在假定仓库的容量为 V，资金总额年平均数为 S。令 v_i 表示单位第 i 种材料所占用仓库容量，材料单位价格为 p_i，其所占用的资金等于年均存储量与价格之积，问每批定货量 Q 为多少时，总费用最少？

解：该模型下的约束 $\sum_{i=1}^{n} v_i Q_i \leqslant V$，$\sum_{i=1}^{n} p_i \frac{Q_i}{2} \leqslant S$。

若订货费为 c_{1i}，存储费为 c_{2i}，则有

$$\min f = \sum_{i=1}^{n}\left(c_{1i}\frac{D_i}{Q_i} + c_{2i}\frac{Q_i}{2}\right)$$

$$\text{s.t.}\begin{cases}\sum_{i=1}^{n} v_i Q_i \leqslant V \\ \sum_{i=1}^{n} p_i \frac{Q_i}{2} \leqslant S\end{cases} \tag{4.11}$$

4.1.2 数学规划一般形式及其最优解

概括以上情况，都是在一定的约束条件下，求函数的极值问题，被统称为数学规划。其中问题(4.4)和问题(4.9)的目标函数和约束条件都是线形的，所以被称为线性规划。(4.10)无约束，又被称为无约束优化问题，它和等式约束问题共称为古典极值问题。数学规划的一般形式如下：

$$\min f(\boldsymbol{x})$$

$$\text{s.t.}\begin{cases} g_i(\boldsymbol{x}) \leqslant 0 & i=1,\cdots,m \\ h_j(\boldsymbol{x}) = 0 & j=1,\cdots,l \end{cases} \tag{4.12}$$

其中 $\boldsymbol{x} \in \mathbf{R}^n$，$f,g_i,h_j$ 都是多元函数：$\mathbf{R}^n \to \mathbf{R}$。记式(4.12)的可行解为 S，

$$S = \{\boldsymbol{x} \mid g_i(\boldsymbol{x}) \leqslant 0, i=1,\cdots,m, h_j(\boldsymbol{x})=0, j=1,\cdots,l\} \tag{4.13}$$

则式(4.12)可以简写成

$$\min_{x \in S} f(\boldsymbol{x}) \tag{4.14}$$

定义 4.1 $f: S \subset \mathbf{R}^n \to \mathbf{R}$，$\boldsymbol{x}^* \in S$，若存在数 $\delta > 0$，$\forall \boldsymbol{x} \in O(\boldsymbol{x}^*, \delta) \cap S$，都有

$$f(\boldsymbol{x}^*) \leqslant f(\boldsymbol{x}) \tag{4.15}$$

则称 $\boldsymbol{x}^*$ 为 $f(\boldsymbol{x})$的局部最小点或局部最优解。其中，$O(\boldsymbol{x}^*, \delta)$是 $\boldsymbol{x}^*$ 的 δ 邻域。
特别是，如果 $\forall \boldsymbol{x} \neq \boldsymbol{x}^*$，$\boldsymbol{x} \in O(\boldsymbol{x}^*, \delta) \cap S$，都有

$$f(\boldsymbol{x}^*) < f(\boldsymbol{x}) \tag{4.16}$$

则称 $\boldsymbol{x}^*$ 为 $f(\boldsymbol{x})$的严格局部最小点或严格局部最优解。

若式(4.15)对$\forall \boldsymbol{x}\in S$都成立,则称$\boldsymbol{x}^*$为$f(\boldsymbol{x})$的全局最小点或全局最优解。若式(4.16)对$\forall \boldsymbol{x}\in S,\boldsymbol{x}\neq\boldsymbol{x}^*$均成立,则称$\boldsymbol{x}^*$为严格全局极小点。

求最大可转换成求极小：$\max\limits_{x\in S} f(\boldsymbol{x})=-\min\limits_{x\in S}[-f(\boldsymbol{x})]$

4.2 线性规划一般形式及其求解原理

4.2.1 线性规划一般形式

对问题(4.4)引进辅助变量$x_{n+1},\cdots,x_{n+m}$(也称为松弛变量),可以将其变成

$$\max f=\sum_{j=1}^{n}c_j x_j+\sum_{i=1}^{m}0x_{n+i}$$

$$\text{s.t.}\begin{cases}a_{i1}x_1+\cdots+a_{in}x_n+x_{n+i}=b_i, & i=1,\cdots,m\\ x_j\geqslant 0, & j=1,\cdots,n,\cdots,n+m\end{cases}\tag{4.17}$$

同样,对问题(4.9),引进辅助变量$y_{m+1},\cdots,y_{m+n}$(称为剩余变量)可以将其变成

$$\min w=\sum_{i=1}^{m}b_i y_i+\sum_{j=1}^{n}0y_{m+j}$$

$$\text{s.t.}\begin{cases}a_{1j}y_1+\cdots+a_{mj}y_m-y_{m+j}=c_j, & j=1,\cdots,n\\ y_i\geqslant 0, & i=1,\cdots,m+n\end{cases}\tag{4.18}$$

而$\max f=-\min(-f)$,故线性规划问题可以统一成如下形式：

$$\min f=\boldsymbol{c}^{\mathrm{T}}\boldsymbol{x}$$

$$\text{s.t.}\begin{cases}\boldsymbol{Ax}=\boldsymbol{b}\\ \boldsymbol{x}\geqslant\boldsymbol{0}\end{cases}\tag{4.19}$$

此处$\boldsymbol{A}$是$m\times n$矩阵,不妨设$\boldsymbol{A}$的秩为m。其中,$m\leqslant n,b\geqslant\boldsymbol{0}$。它的$n$个列向量为$\boldsymbol{a}^j=(\boldsymbol{a}_{1j},\boldsymbol{a}_{2j},\cdots,\boldsymbol{a}_{mj})^{\mathrm{T}},j=1,\cdots,n$。

于是约束条件可写成

$$\boldsymbol{a}^1x_1+\boldsymbol{a}^2x_2+\cdots+\boldsymbol{a}^nx_n=\boldsymbol{Ax}=\boldsymbol{b}\tag{4.20}$$

在这n个列向量中选取m个线性无关的向量,称为一个基。其中每个向量称为基向量,以基向量为系数的相应变量称为基变量,而其余向量则称为非基向量,其余变量称为非基变量。在约束条件(4.20)中,令非基变量为0,可得一解,称为基本解。若此解是非负的,则称为基可行解,相应的基称为可行基。若基可行解中的基变量均为正数,则称这种解为非退化的,否则称为退化的。显然,在式(4.20)中可选出不同的基,从而由之引出的基变量等都是相对的。此外,基本解的个数有限,它不超过C_n^m个。

此时,称集合

$$S=\{\boldsymbol{x}\mid\boldsymbol{Ax}=\boldsymbol{b},\boldsymbol{x}\geqslant\boldsymbol{0}\}\tag{4.21}$$

为可行解集或可行域。

4.2.2 线性规划求解的基本原理

定理 4.1 可行域 $S=\{\boldsymbol{X}|\boldsymbol{X}\in\mathbf{R}^n,\boldsymbol{AX}=\boldsymbol{b},\boldsymbol{X}\geqslant\boldsymbol{0}\}$ 是闭凸集。

定理 4.2 点 $x^0\in S$ 是 S 的顶点当且仅当(4.20)中与 x^0 的非 0 分量所对应的矩阵 $\boldsymbol{A}$ 的列向量是线性无关时。

证明

必要性：

设 $\boldsymbol{x}^0$ 是凸集 S 的顶点，不失一般性，设 $\boldsymbol{x}^0=(x_1^0,x_2^0,\cdots x_k^0,0,\cdots,0)$。其中，$x_1^0,x_2^0,\cdots x_k^0$ 皆为正数。往证矩阵 $\boldsymbol{A}$ 的前 k 个列向量 $\boldsymbol{a}^1,\cdots,\boldsymbol{a}^k$ 是线性无关的。若不然，则存在不全为 0 的数 $\lambda_1,\cdots,\lambda_k$，使得 $\lambda_1\boldsymbol{a}^1+\lambda_2\boldsymbol{a}^2+\cdots+\lambda_k\boldsymbol{a}^k=\boldsymbol{0}$。

记向量 $\boldsymbol{\lambda}=(\lambda_1,\cdots,\lambda_k,0,\cdots,0)^{\mathrm{T}}\in\mathbf{R}^n$，并令 $\boldsymbol{x}^1=\boldsymbol{x}^0+\alpha\boldsymbol{\lambda}$，$\boldsymbol{x}^2=\boldsymbol{x}^0-\alpha\boldsymbol{\lambda}$。其中，$0<\alpha<1$，则有 $\boldsymbol{Ax}^1=\sum_{i=1}^{k}(x_i^0+\alpha\lambda_i)a^i=\sum_{i=1}^{k}x_i^0a^i+\alpha\sum_{i=1}^{k}\lambda_ia^i=\boldsymbol{Ax}^0=\boldsymbol{b}$。

同理，$\boldsymbol{Ax}^2=\boldsymbol{b}$。由于 $x_1^0,\cdots,x_k^0$ 皆为正数，故可选充分小的正数 α，保证 $\boldsymbol{x}^1\geqslant\boldsymbol{0},\boldsymbol{x}^2\geqslant\boldsymbol{0}$，从而 $\boldsymbol{x}^1,\boldsymbol{x}^2\in S$，并且

$$\boldsymbol{x}^0=\frac{1}{2}(\boldsymbol{x}^0+\alpha\boldsymbol{\lambda})+\frac{1}{2}(\boldsymbol{x}^0-\alpha\boldsymbol{\lambda})=\frac{1}{2}\boldsymbol{x}^1+\frac{1}{2}\boldsymbol{x}^2 \tag{4.22}$$

但是 $\boldsymbol{x}^0\neq\boldsymbol{x}^1,\boldsymbol{x}^0\neq\boldsymbol{x}^2$，这与 $\boldsymbol{x}^0$ 是集合 S 的顶点相矛盾。可见，$\boldsymbol{a}^1,\cdots,\boldsymbol{a}^k$ 必线性无关。

充分性：

设 $\boldsymbol{x}^0\in S$ 的分量仅有前 k 个不为 $\boldsymbol{0}$，且 $\boldsymbol{A}$ 的列向量 $\boldsymbol{a}^1,\cdots,\boldsymbol{a}^k$ 线性无关。显然 $k\leqslant m$。若 $k<m$，则可在 $\boldsymbol{A}$ 的其余列向量中选取 $m-k$ 个与 $\boldsymbol{a}^1,\cdots,\boldsymbol{a}^k$ 并成 $m\times m$ 的可逆矩阵 $\boldsymbol{B}$（设 $\boldsymbol{A}$ 的秩是 m）。这时 $\boldsymbol{A}$ 可以表示成 $\boldsymbol{A}=(\boldsymbol{B}|\boldsymbol{N})$。相应地，$\boldsymbol{X}=(\boldsymbol{X}_B,\boldsymbol{X}_N)^{\mathrm{T}}$，于是

$$\boldsymbol{Ax}=\boldsymbol{Bx}_B+\boldsymbol{Nx}_N=\boldsymbol{b} \tag{4.23}$$

注意 $\boldsymbol{x}^0=(\boldsymbol{x}_B^0,\boldsymbol{0})$，于是由式(4.23)可知

$$\boldsymbol{x}_B^0=\boldsymbol{B}^{-1}\boldsymbol{b} \tag{4.24}$$

此式说明 $\boldsymbol{x}^0$ 是基可行解。

现在证明 $\boldsymbol{x}^0$ 是 S 的顶点：

设 $\boldsymbol{x}^0=\lambda\boldsymbol{x}^1+(1-\lambda)\boldsymbol{x}^2$，$0<\lambda<1$，且 $\boldsymbol{x}^1,\boldsymbol{x}^2\in S$，则有

$$\boldsymbol{x}^0=\lambda\begin{pmatrix}\boldsymbol{x}_B^1\\\boldsymbol{x}_N^1\end{pmatrix}+(1-\lambda)\begin{pmatrix}\boldsymbol{x}_B^2\\\boldsymbol{x}_N^2\end{pmatrix}=\begin{pmatrix}\boldsymbol{B}^{-1}\boldsymbol{b}\\\boldsymbol{0}\end{pmatrix} \tag{4.25}$$

由于 $\boldsymbol{x}_N^1\geqslant\boldsymbol{0},\boldsymbol{x}_N^2\geqslant\boldsymbol{0}$，故由上式 $\boldsymbol{x}_N^1=\boldsymbol{x}_N^2=\boldsymbol{0}$，从而

$$\boldsymbol{Ax}^1=\boldsymbol{Bx}_B^1=\boldsymbol{b} \tag{4.26}$$

$$\boldsymbol{Ax}^2=\boldsymbol{Bx}_B^2=\boldsymbol{b} \tag{4.27}$$

即有

$$\boldsymbol{x}_B^1=\boldsymbol{B}^{-1}\boldsymbol{b},\quad \boldsymbol{x}_B^2=\boldsymbol{B}^{-1}\boldsymbol{b}$$

总之，$\boldsymbol{x}^0=\boldsymbol{x}^1=\boldsymbol{x}^2$。这说明 $\boldsymbol{x}^0$ 是集合 S 的顶点。证毕。

这个定理表明：$\boldsymbol{x}^0\in S$ 是集合 S 的顶点的充要条件是 $\boldsymbol{x}^0$ 为基可行解。显然，基可行解

的个数也是有限的。

定理 4.3 如果可行集 S 非空，则 S 内必有顶点(基可行解)。

证明：设 $\boldsymbol{x}^0 \in S$，不妨设 $\boldsymbol{x}^0$ 的非零分量仅是前 k 个，如果矩阵 $\mathbf{A}$ 的前 k 个列向量 $\boldsymbol{a}^1,\cdots,\boldsymbol{a}^k$ 是线性无关的，则由定理 4.2，$\boldsymbol{x}^0$ 是集合 S 的顶点，若 $\boldsymbol{a}^1,\cdots,\boldsymbol{a}^k$ 线性相关，则应有不全为 0 的数 $\lambda_1,\cdots,\lambda_k$，使得 $\lambda_1\boldsymbol{a}^1+\cdots+\lambda_k\boldsymbol{a}^k=0$。

记 $\boldsymbol{\lambda}=(\lambda_1,\cdots,\lambda_k,0,\cdots,0)^{\mathrm{T}}\in\mathbf{R}^n$，则 $\mathbf{A}\boldsymbol{\lambda}=0$。

取充分小的正数 $\varepsilon>0$，使得 $\boldsymbol{x}^0\pm\varepsilon\boldsymbol{\lambda}\geqslant 0$，易见

$$\mathbf{A}(x^0\pm\varepsilon\lambda)=\mathbf{A}\boldsymbol{x}^0\pm\varepsilon\mathbf{A}\boldsymbol{\lambda}=\mathbf{A}\boldsymbol{x}^0=\boldsymbol{b} \tag{4.28}$$

所以 $\boldsymbol{x}^0\pm\varepsilon\boldsymbol{\lambda}\in S$。适当选取 $\varepsilon>0$，还可以使不等式

$$x_i^0+\varepsilon\lambda_i\geqslant 0,\quad x_i^0-\varepsilon\lambda_i\geqslant 0,\quad i=1,\cdots,k \tag{4.29}$$

中某一个不等式取等号，从而 $\boldsymbol{x}^0\pm\varepsilon\boldsymbol{\lambda}$ 之一的非 0 分量比 $\boldsymbol{x}^0$ 的要少。若其还不是 S 的顶点，则可继续该方法，必可以找到 S 的一个顶点，因为当 $\boldsymbol{x}\in S$ 只有一个非 0 分量时，它所对应的列向量必是非零向量，进而必是 S 的一个顶点。这是由于，若 $\boldsymbol{b}\neq 0$，则由式(4.20)知

$$\mathbf{A}\boldsymbol{x}^0=x_1^0\boldsymbol{a}_1+\cdots+x_k^0\boldsymbol{a}_k=\boldsymbol{b}\neq 0 \tag{4.30}$$

故 $\boldsymbol{a}_1,\cdots,\boldsymbol{a}_k$ 不能是全为 $\mathbf{0}$ 向量。实行上述步骤后，$\boldsymbol{x}^0\pm\varepsilon\boldsymbol{\lambda}$ 中至少有一个，其非 0 分量比 $\boldsymbol{x}^0$ 少一个。不妨设其为

$$\boldsymbol{x}^1=(x_1^1,\cdots,x_{k-1}^1,0,\cdots,0),\quad x_j^1\geqslant 0,j=1,\cdots,k-1 \tag{4.31}$$

于是仍有

$$\mathbf{A}\boldsymbol{x}^1=x_1^1\boldsymbol{a}_1+\cdots+x_{k-1}^1\boldsymbol{a}_{k-1}=\boldsymbol{b}\neq 0 \tag{4.32}$$

故 $\boldsymbol{a}_1,\cdots,\boldsymbol{a}_{k-1}$ 亦不能是全为 $\mathbf{0}$ 向量。设此推理最多至 l 步，有 $\boldsymbol{x}^l=(x_1^l,0,\cdots,0)$，其中 $x_1^l>0$，则有 $\mathbf{A}\boldsymbol{x}^l=x_1^l\boldsymbol{a}_1=\boldsymbol{b}\neq\mathbf{0}$，从而必有 $\boldsymbol{a}_1\neq\mathbf{0}$。

若 $\boldsymbol{b}=\mathbf{0}$，则由定义可知，$\boldsymbol{x}=\mathbf{0}$ 既是 S 的顶点，又是式(4.19)的一个基可行解。证毕。

定理 4.4 如果线性规划问题(4.19)有最优解，则必存在可行集 S 的顶点，即基可行解 $\boldsymbol{x}^*$，使得 $f(\boldsymbol{x}^*)=\min\limits_{x\in S}f(\boldsymbol{x})$。

证明：由假设可知，存在 $\boldsymbol{x}^0\in s$，使得 $f(\boldsymbol{x}^0)=\min\limits_{x\in S}f(\boldsymbol{x})$。如果 $\boldsymbol{x}^0$ 是 S 的顶点，则定理得证。否则仿定理 4.3 的证明，可构造 $\boldsymbol{x}^0+\varepsilon\boldsymbol{\lambda}\in S$，$\boldsymbol{x}^0-\varepsilon\boldsymbol{\lambda}\in S$，注意 $f(\boldsymbol{x})$ 是线性的，即有

$$f(\boldsymbol{x}^0\pm\varepsilon\boldsymbol{\lambda})=f(\boldsymbol{x}^0)\pm f(\varepsilon\boldsymbol{\lambda}) \tag{4.33}$$

因 $f(\boldsymbol{x}^0)=\min\limits_{x\in S}f(\boldsymbol{x})$，故有

$$f(\boldsymbol{x}^0)+f(\varepsilon\boldsymbol{\lambda})\geqslant f(\boldsymbol{x}^0) \tag{4.34}$$

$$f(\boldsymbol{x}^0)-f(\varepsilon\boldsymbol{\lambda})\geqslant f(\boldsymbol{x}^0) \tag{4.35}$$

从而必有 $f(\varepsilon\boldsymbol{\lambda})=0$，于是 $f(\boldsymbol{x}^0+\varepsilon\boldsymbol{\lambda})=f(\boldsymbol{x}^0-\varepsilon\boldsymbol{\lambda})=f(\boldsymbol{x}^0)$。这表明按定理 4.3 构造的顶点 $\boldsymbol{x}^*$，能够使 $f(\boldsymbol{x}^*)=f(\boldsymbol{x}^0)=\min\limits_{x\in S}f(\boldsymbol{x})$。证毕。

综上所述，如果线性规划问题(4.19)有可行解，则必有基可行解；若有最优解，则必可在基可行解处达到。

线性规划问题的所有可行解构成的集合一般是凸集，也可能为无界域，它们有有限个顶点，线性规划问题的每个基本可行解对应可行域的一个顶点；若线性规划问题有最优解，必定可在某顶点处得到。虽然顶点数目是有限的，采用"枚举法"找出所有基可行解，然后一一

比较，最终可以找到最优解。但当 n,m 的数相当大时，这种办法是行不通的。因此，要继续讨论一种办法，通过逐步迭代保证能不断改进，最终得到最优解。

4.3 线性规划算法概述

4.3.1 单纯形法

对于一般线性规划问题(4.19)求：

$$\min f=\boldsymbol{c}^{\mathrm{T}}\boldsymbol{x}$$

$$\text{s. t.}\begin{cases}\boldsymbol{Ax}=\boldsymbol{b}\\ \boldsymbol{x}\geqslant\boldsymbol{0}\end{cases}$$

美国数学家 G. B. Dantzig 于 1947 年提出了一种算法，被称为单纯形法。其基本思想是：从一个基可行解出发，通过 Gauss 消元，寻找一个目标函数值比之更小的基可行解。由此不断改进，依据基本原理，最优解若存在，一定可在某基可行解处达到。又由于基可行解的有限性，若消元过程不出现循环，必可得到最优解。具体过程简述如下：

设某基可行解 $\boldsymbol{x}$ 对应的可行基为 $\boldsymbol{B}$，则 $\mathbf{A}=(\boldsymbol{B},\boldsymbol{N})$，$\boldsymbol{x}=(\boldsymbol{x}_B,\boldsymbol{x}_N)$，由于 $\boldsymbol{B}$ 可逆，故有

$$\boldsymbol{B}^{-1}\boldsymbol{Ax}=\boldsymbol{B}^{-1}(\boldsymbol{B},\boldsymbol{N})\begin{pmatrix}\boldsymbol{x}_B\\ \boldsymbol{x}_N\end{pmatrix}=\boldsymbol{x}_B+\boldsymbol{B}^{-1}\boldsymbol{N}\boldsymbol{x}_N=\boldsymbol{B}^{-1}\boldsymbol{b} \tag{4.36}$$

于是

$$\boldsymbol{x}_B=\boldsymbol{B}^{-1}\boldsymbol{b}-\boldsymbol{B}^{-1}\boldsymbol{N}\boldsymbol{x}_N \tag{4.37}$$

将上式代入目标函数 $f=\boldsymbol{c}^{\mathrm{T}}\boldsymbol{x}=(\boldsymbol{c}_B^{\mathrm{T}},\boldsymbol{c}_N^{\mathrm{T}})\begin{pmatrix}\boldsymbol{x}_B\\ \boldsymbol{x}_N\end{pmatrix}$，得

$$f=\boldsymbol{c}_B^{\mathrm{T}}\boldsymbol{x}_B+\boldsymbol{c}_N^{\mathrm{T}}\boldsymbol{x}_N=\boldsymbol{c}_B^{\mathrm{T}}\boldsymbol{B}^{-1}\boldsymbol{b}-(\boldsymbol{c}_B^{\mathrm{T}}\boldsymbol{B}^{-1}\mathbf{N}-\boldsymbol{c}_N^{\mathrm{T}})\boldsymbol{x}_N \tag{4.38}$$

容易看出，如果

$$\boldsymbol{c}_B^{\mathrm{T}}\boldsymbol{B}^{-1}\mathbf{N}-\boldsymbol{c}_N^{\mathrm{T}}\leqslant\mathbf{0} \tag{4.39}$$

则 f 达到最小值 $\boldsymbol{c}_B^{\mathrm{T}}\boldsymbol{B}^{-1}\boldsymbol{b}$，从而 $\boldsymbol{x}$ 即为最优解。若式(4.39)不成立，设其最大分量为 λ_k，则 $\lambda_k>0$。这时，若其相应变量不取零值，那么目标函数(4.38)将进一步下降，这相当于把非基变量 x_k 变成基变量，简说成要 x_k 进基，这一过程可通过建立单纯形表和 Gauss 消元来实现。为方便计算，不妨设

$$\boldsymbol{x}_B=(x_1,\cdots,x_m)^{\mathrm{T}},\quad \boldsymbol{N}=\begin{pmatrix}\beta_{1m+1},\cdots,\beta_{1n}\\ \beta_{mm+1},\cdots,\beta_{mn}\end{pmatrix},\quad \boldsymbol{B}^{-1}\boldsymbol{b}=\begin{pmatrix}\alpha_1\\ \vdots\\ \alpha_m\end{pmatrix}\geqslant 0,$$

$$\boldsymbol{c}_B^{\mathrm{T}}\boldsymbol{B}^{-1}\boldsymbol{N}-\boldsymbol{c}_N^{\mathrm{T}}=(\lambda_{m+1},\cdots,\lambda_n)$$

则

$$f^0=\boldsymbol{c}_B^{\mathrm{T}}\boldsymbol{B}^{-1}\boldsymbol{b}$$

由式(4.38)得

$$f+(\boldsymbol{c}_B^{-1}\boldsymbol{B}^{-1}\mathbf{N}-\boldsymbol{c}_N^{\mathrm{T}})\boldsymbol{x}_N=\boldsymbol{c}_B^{\mathrm{T}}\boldsymbol{B}^{-1}\boldsymbol{b} \tag{4.40}$$

此即

$$f+\sum_{j=m+1}^{n}\lambda_j x_j=f^0$$

于是可得表 4.1：

表 4.1 单纯形法求解

变量 基变量	x_1	x_2	…	x_m	x_{m+1}	…	x_k	…	x_n	
x_1	1	0	…	0	β_{1m+1}	…	β_{1k}	…	β_{1n}	α_1
x_2	0	1	…	0	β_{2m+1}	…	β_{2k}	…	β_{2n}	α_2
…			…			…		…		…
x_m	0	0	…	1	β_{mm+1}	…	β_{mk}	…	β_{mn}	α_m
f	0	0	…	0	λ_{m+1}	…	λ_k	…	λ_n	f^0

这里 $\lambda_j(j=m+1,\cdots,n)$ 是目标函数(4.38)中非基变量系数的相反数，由于它们的符号可以检验当前的基可行解是否为最优解，故称之为检验数。单纯形法的规则是取最大正检验数

$$\max\{\lambda_j \mid \lambda_j>0\}=\lambda_k \tag{4.41}$$

对应的变量 x_k 进基，故应在表 4.1 中 x_k 一列的系数 $\{\beta_{ik}\}$ 中选迭代主元。考虑到迭代后的常数项必须非负才能保证解的可行性，故主元还需满足所谓最小比值原则，即

$$\min\left\{\frac{\alpha_i}{\beta_{ik}}\middle|\beta_{ik}>0\right\}=\frac{\alpha_s}{\beta_{sk}} \tag{4.42}$$

这样，以 β_{sk} 为主元，实行一次 Gauss 消元就得到一个改进基可行解。如此反复进行，直到所有检验数均非正为止。

这期间，若式(4.42)中的集合为空集，则迭代无法进行。此时意味着，有 $\lambda_k>0,\beta_{ik}\leqslant 0$。则问题(4.19)的可行解无下界，从而无最优解。这时只需令非基变量 $\bar{x}_k=\theta>0$；

其余非基变量仍为 0，则可得一新可行解 $\bar{x}$，其中

$$\bar{x}_i=\alpha_i-\beta_{ik}\theta\geqslant 0,\quad i=1,2,\cdots,m \tag{4.43}$$

将 $\bar{x}$ 代入目标函数(4.38)得

$$f=f^0-\lambda_k\theta\to-\infty(\text{当 }\theta\to+\infty\text{ 时})$$

以上过程是在有一个基可行解的前提下进行的，为获得初始基可行解，以往的做法是引入人工变量 $\boldsymbol{y}=(y_1,\cdots,y_m)^{\mathrm{T}}$，并令

$$\begin{cases}\boldsymbol{Ax}+\boldsymbol{y}=\boldsymbol{b}\\ \boldsymbol{x}\geqslant\boldsymbol{0},\quad \boldsymbol{y}\geqslant\boldsymbol{0}\end{cases} \tag{4.44}$$

在目标函数的处理上则有不同做法。若令

$$\min f=\boldsymbol{c}^{\mathrm{T}}\boldsymbol{x}+\boldsymbol{MEy} \tag{4.45}$$

其中，$M>0$ 是充分大的正数，$\boldsymbol{E}=(1,\cdots,1)$，则称该方法为大 M 法。

若设置新的目标函数，使求解分两阶段进行，在第一阶段，令

$$\min z=\sum_{i=1}^{m}y_i \tag{4.46}$$

则称之为两阶段法。

可证,对大 M 法,式(4.44)、式(4.45),若$(\bar{\boldsymbol{x}},\bar{\boldsymbol{y}})$是其最优解,且 $\bar{\boldsymbol{y}}=0$,则 $\bar{\boldsymbol{x}}$ 是原问题(4.19)的最优解;若 $\bar{\boldsymbol{y}}\neq 0$,则式(4.19)无可行解。而对于两阶段法,式(4.44),式(4.46)必有最优解;若其最优值 $\min z=0$,则通过迭代可使 $\boldsymbol{y}$ 全部为非基变量,这便得到式(4.19)的基可行解,进而可进行第二阶段的寻优迭代;若 $\min z>0$,则式(4.19)无可行解。

Beale 在 1955 年曾举例说明,若基可行解是退化的,则迭代中目标函数不是严格下降,从而出现循环。为避免循环,以往有以下两种方法:

1. 字典序法

字典序法也称摄动法,即对于 $\lambda_k>0$,令

$$Q_j=\min_i\left\{\frac{\beta_{ij}}{\beta_{ik}}\,\middle|\,\frac{\alpha_i}{\beta_{ik}}=\theta,\frac{\beta_{it}}{\beta_{ik}}=\theta_t,t=1,\cdots,j-1,\beta_{ik}>0\right\} \tag{4.47}$$

注意:一定存在 $j<n$,在式(4.47)中求得唯一极小值$\dfrac{\beta_{ij}}{\beta_{ik}}$,从而确定 x_j 离基;否则,至少有两行成比例,亦即 $\boldsymbol{Ax}=\boldsymbol{b}$ 中必有多余方程。

2. Bland 方法

1976 年 Bland 提出并证明了一种避免循环的新方法,规则如下:

(1) 选取列指标 $k=\min\{j\mid\lambda_j>0\}$,由此确定 x_k 进基;

(2) 选取行指标 $s=\min\left\{i\,\middle|\,\dfrac{\alpha_i}{\beta_{ik}}=\min\limits_{\beta_{lk}>0}\dfrac{\alpha_l}{\beta_{lk}}\right\}$,由此确定 x_s 离基。

Bland 方法在理论上很有价值,而且规则简单,但具体迭代时次数比字典序法多,可采用下面的方法来解决。

3. 最速下降规则

令

$$\max_j\left\{\frac{\alpha_i}{\beta_{ij}}\lambda_j\mid\lambda_j>0,\frac{\alpha_i}{\beta_{ij}}=\min_{\beta_{lj}>0}\frac{\alpha_l}{\beta_{lj}}\right\} \tag{4.48}$$

若不止一个,取列、行标最小的,由此确定主元 β_{sk}。

此法不仅能避免循环,而且常能减少迭代次数。特别在两阶段法中,若实行这样的挂钩原则:在第一阶段的目标函数行的所有正检验数中,每次选择使二阶段目标函数 f 下降最大者为基变量。这样便将两阶段有机结合,使得一开始就考虑目标函数下降,效果颇佳。

4.3.2 对偶单纯形法

根据对偶理论,若 $\bar{\boldsymbol{x}}$ 是原规划(4.4)的一个基可行解,$\bar{\boldsymbol{y}}$ 是对偶规划(4.9)的一个基可行解,且 $\boldsymbol{c}^{\mathrm{T}}\bar{\boldsymbol{x}}=\boldsymbol{b}^{\mathrm{T}}\bar{\boldsymbol{y}}$,则 $\bar{\boldsymbol{x}}$、$\bar{\boldsymbol{y}}$ 是规划的最优解。现假定 $\bar{\boldsymbol{x}}$ 是式(4.4)的最优解,则据单纯形法,$f^*=\boldsymbol{c}^{\mathrm{T}}\bar{\boldsymbol{x}}=\boldsymbol{c}_B^{\mathrm{T}}\boldsymbol{B}^{-1}\boldsymbol{b}$,且式(4.39)成立。如果令

$$\bar{\boldsymbol{y}}^{\mathrm{T}}=\boldsymbol{c}_B^{\mathrm{T}}\boldsymbol{B}^{-1} \tag{4.49}$$

则由 $\boldsymbol{c}^{\mathrm{T}}\bar{\boldsymbol{x}}=\boldsymbol{b}^{\mathrm{T}}\bar{\boldsymbol{y}}$，若 $\bar{\boldsymbol{y}}$ 是式(4.9)的可行解，则 $\bar{\boldsymbol{y}}$ 是式(4.8)的最优解，因此，只要 $\bar{\boldsymbol{y}}\geqslant 0$，且满足

$$\bar{\boldsymbol{y}}^{\mathrm{T}}\boldsymbol{A}=\boldsymbol{c}_B^{\mathrm{T}}\boldsymbol{B}^{-1}\boldsymbol{A}=\boldsymbol{c}_B^{\mathrm{T}}\boldsymbol{B}^{-1}(\boldsymbol{BN})=(\boldsymbol{c}_B^{\mathrm{T}},\boldsymbol{c}_B^{\mathrm{T}}\boldsymbol{B}^{-1}\boldsymbol{N})\geqslant(\boldsymbol{c}_B^{\mathrm{T}},\boldsymbol{c}_N^{\mathrm{T}}) \tag{4.50}$$

注意上式成立等价于式(4.39)式成立[若将原问题(4.4)化成标准形式，目标函数应变号，即求的是 $\min -f=-\boldsymbol{c}^{\mathrm{T}}\boldsymbol{x}$]，即检验数全非正。据此可对单纯形法进行如下解释：

在迭代中，始终保持原问题的可行性，而使对偶解的不可行性逐渐消失(即检验数变为非正)，直到对偶解成为可行解，即检验数全非正为止。

基于以上分析，也可把迭代过程建立在满足对偶解的可行性上，即保持初始解 $\boldsymbol{x}^0$ 的检验数全非正，亦即式(4.39)成立，逐步使 $\boldsymbol{x}^0$ 非负，最后达到双方同时为可行解。具体可取

$$\alpha_s=\min\{\alpha_i \mid \alpha_i<0\}$$

$$\min\left\{\frac{\lambda_j}{\beta_{sj}}\middle|\beta_{sj}<0\right\}=\frac{\lambda_k}{\beta_{sk}} \tag{4.51}$$

则为迭代主元。

容易看出，对偶问题(4.24)标准化后，即可得使式(4.39)成立的所谓初始正则解，继而可用对偶单纯形法求最优解，免去了求初始基可行解的麻烦。然而，在一般情况下，求初始正则解亦非易事，因此，此法在使用上反而不如单纯形法广泛。

注意对偶单纯形法仍是求原问题(4.4)的最优解。至于对偶问题(4.8)的最优解，前面曾经指出，即 $\boldsymbol{y}^{\mathrm{T}}=-\boldsymbol{c}_B^{\mathrm{T}}\boldsymbol{B}^{-1}$。对于式(4.4)所示情形，它就是所加松弛变量的检验数的相反数，事实上，因此时有 $\boldsymbol{A}=(\boldsymbol{B},\boldsymbol{N},\boldsymbol{I})$，$\boldsymbol{c}_I=0$。

故由式(4.39)，有

$$\boldsymbol{c}_B^{\mathrm{T}}\boldsymbol{B}^{-1}(\boldsymbol{N},\boldsymbol{I})-(\boldsymbol{c}_N\boldsymbol{c}_I)=(\lambda_{m+1},\cdots,\lambda_n,\lambda_{n+1},\cdots,\lambda_{n+m}) \tag{4.52}$$

从而

$$-\boldsymbol{c}_B^{\mathrm{T}}\boldsymbol{B}^{-1}=-(\lambda_{n+1},\cdots,\lambda_{n+m}) \tag{4.53}$$

例 4.3 用对偶单纯形法解下列问题：

$$\begin{aligned}
&\min\ 12x_1+8x_2+16x_3+12x_4,\\
&\text{s. t. }\ 2x_1+x_2+4x_3\geqslant 2,\\
&\qquad 2x_1+2x_2+4x_4\geqslant 3,\\
&\qquad x_j\geqslant 0,\quad j=1,\cdots,4.
\end{aligned}$$

解：先引起松弛变量 x_5,x_6，把上述问题化成标准形式

$$\begin{aligned}
&\min\ 12x_1+8x_2+16x_3+12x_4,\\
&\text{s. t. }\ 2x_1+x_2+4x_3-x_5=2,\\
&\qquad 2x_1+2x_2+4x_4-x_6=3,\\
&\qquad x_j\geqslant 0,\quad j=1,\cdots,6.
\end{aligned}$$

为得到一个对偶可行的基本解，把每个约束方程两端乘以(−1)，这样，变换后的系数矩阵中含有二阶单位矩阵，从而给出基本解

$$\begin{aligned}
&(x_5,x_6)=(-2,-3),\\
&x_j=0,\quad j=1,\cdots,4.
\end{aligned}$$

它是对偶可行的，把变换后的系数置于单纯形表(见表 4.2)：

表 4.2 变换后单纯形表

	x_1	x_2	x_3	x_4	x_5	x_6	
x_5	-2	-1	-4	0	1	0	-2
x_6	-2	-2	0	-4	0	1	-3
	-12	-8	-16	-12	0	0	0

由于 $\bar{b}_2=\min\{-2,-3\}=-3$，因此第 2 行为主行。由于

$$\frac{z_4-c_4}{y_{24}}=\min\left\{\frac{-12}{-2},\frac{-8}{-2},\frac{-12}{-4}\right\}=\frac{-12}{-4}$$

因此，第 4 列为主列。以 $y_{24}=-4$ 为主元进行主元消去运算，得到下表(见表 4.3)：

表 4.3 一次消元后单纯形表

	x_1	x_2	x_3	x_4	x_5	x_6	
x_5	-2	-1	-4	0	1	0	-2
x_6	$\frac{1}{2}$	$\frac{1}{2}$	0	1	0	$-\frac{1}{4}$	$\frac{3}{4}$
	-6	-2	-16	0	0	-3	9

$\bar{b}_1=-2$，第 1 行为主行。由于

$$\frac{z_2-c_2}{y_{12}}=\min\left\{\frac{-6}{-2},\frac{-2}{-1},\frac{-16}{-4}\right\}=\frac{-2}{-1}$$

因此，第 2 行为主列，以 $y_{12}=-1$ 为主元进行主元消去，得到表 4.4。

表 4.4 二次消元后单纯形表

	x_1	x_2	x_3	x_4	x_5	x_6	
x_5	2	1	4	0	-1	0	2
x_6	$-\frac{1}{2}$	0	-2	1	$\frac{1}{2}$	$-\frac{1}{4}$	$-\frac{1}{4}$
	-2	0	-8	0	-2	-3	13

$\bar{b}_2=-\frac{1}{4}$，第 2 行为主行。由于最小比值

$$\frac{z_1-c_1}{y_{21}}=\frac{z_3-c_3}{y_{23}}=\min\left\{\frac{-2}{-\frac{1}{2}},\frac{-8}{-2},\frac{-3}{-\frac{1}{4}}\right\}$$

因此，可从第 1 列和第 3 列中任选一列，如选第 1 列。以 $y_{21}=-\frac{1}{2}$ 为主元进行主元消去，得到表 4.5。

表 4.5 三次消元后单纯形表

	x_1	x_2	x_3	x_4	x_5	x_6	
x_5	0	1	-4	4	1	-1	1
x_6	1	0	4	-2	-1	$\frac{1}{2}$	$\frac{1}{2}$
	0	0	0	-4	-4	-2	14

由于 $\bar{b}\geqslant 0$，现行对偶可行的基本解也是可行解，因此得到最优解$(x_1,x_2,x_3,x_4)=\left(\frac{1}{2},1,0,0\right)$，目标函数最优值 $f_{\min}=14$。

从上述最优单纯形表还可得到对偶问题的最优解$(\omega_1,\omega_2)=(4,2)$。

4.3.3 联合算法

联合算法的基本思想是把上述两种方法结合起来，扬长避短。它是从任一状态出发，开始时仍按单纯形法的原则，如式(4.48)和式(4.52)确定基变量，进行迭代，若至某步检验数全非正，则转用对偶单纯形法的原则确定基变量，即若 i 行尚无基变量则取

$$\max_j\left\{\frac{\lambda_j}{\beta_{ij}}\middle|\beta_{ij}>0\right\}=\frac{\lambda_u}{\beta_{iu}} \tag{4.54}$$

则 x_u 为一基变量[以后则用式(4.50)]，直到求得最优解为止。迭代期间，如果出现某检验数 $\lambda_k>0$，同时 $\beta_{ik}\leqslant 0, i=1,\cdots,m$。

但已求基变量的个数小于秩($\boldsymbol{A}$)。这时，若无基行在 k 列的系数为 0，便可结束，说明问题的可行解无下界。否则，任取一无基行的适当倍数加于目标函数行，使新检验数 $\lambda_k'\leqslant 0$，然后继续迭代，可以证明此处理过程只能进行有限步，从而不会改变收敛性。

4.3.4 多项式算法

衡量一种算法好坏的重要标准是算法的计算次数和计算时间。显然，计算次数与问题的规模有关，设问题的规模为 n，如果存在 n 的一个多项式 $P(n)$，使得该问题的任何实例都可以在计算次数 $F(n)=O(P(n))$之内解出，则称问题存在多项式的时间算法，简称多项式算法，其中 $P(n)$被称为计算的复杂性。一个问题若存在多项式算法，就认为它可以有效地用计算机求解，该算法就被称为好算法。

若算法的计算次数 $F(n)=O(a^n)(a\geqslant 2)$，则称该算法是指数型算法。一般认为指数型算法不是好算法。

存在这样一类问题，其目前最快算法是 n 的指数型，因此，n 略大时计算机就不能胜任，故其以在计算上难以对付而闻名，也被称为 NP-Complete 问题。例如，旅行商问题、时间表问题等。数学家强烈地认为(但并未证明)找不出一个有效算法这一事实是由 NP-Complete 问题之固有性质决定的。因此，不得不寄希望于求近似解或启发式算法。

实践证明，单纯形法是普遍适用和非常有效的，但有人已举出例子证明它不是多项式算法。因此，寻找线性规划问题的多项式算法一直是近几十年来人们追求的目标。

首先，1979 年苏联数学家哈奇扬给出一种方法——椭球算法。该算法计算复杂性为 $O(n^6L^2)$（其中，L 是输入长度，它大致等于把不等式组的所有系数都化为二进制时的位数和）。哈奇扬首先根据对偶理论，把问题(4.4)和式(4.9)联系起来，转化为求解不等式

$$\begin{cases} \boldsymbol{Ax} \leqslant \boldsymbol{b} \\ -\boldsymbol{x} \leqslant \boldsymbol{0} \\ -\boldsymbol{y}^{\mathrm{T}}\boldsymbol{A} \leqslant -\boldsymbol{c} \\ -\boldsymbol{y} \leqslant \boldsymbol{0} \\ \boldsymbol{y}^{\mathrm{T}}\boldsymbol{b} - \boldsymbol{c}^{\mathrm{T}}\boldsymbol{x} \leqslant 0 \end{cases} \tag{4.55}$$

可简记为

$$\boldsymbol{Ax} \leqslant \boldsymbol{b} \tag{4.56}$$

这里：

$$\mathbf{A} = (a_{ij})_{m \times n}, \quad m > n$$

然后证明式(4.56)可在多项式时间内解出。

该算法的迭代次数反而比单纯形法多，故不常用，但在理论上意义重大。1984 年，印度数学家 Karmarkar 给出一个新的多项式算法，其计算复杂性为 $O(n^{3.5}L^2)$，改进了哈奇扬的结果，其实际效果，特别是在大型问题中，也比单纯形法好。由于其内容较复杂，这里就不介绍了。

4.3.5　改型算法

前面的分析指出，单纯形法虽然不是多项式算法，却十分有效，且已普遍使用；哈奇扬算法虽是多项式算法，迭代速度却比单纯形法慢得多，这是一个矛盾。为了进行合理解释，人们发现复杂性概念只涉及算法在最坏情况下的性态，而这种最坏情况在实际问题中发生的概率究竟有多大，并未予以考虑，以至有的多项式算法反倒不如非多项式算法在实算中有效的奇怪现象。这说明用算法在最坏情况下的性态来区别好坏是不科学的，而算法的平均性态如何才是衡量算法好坏的更有说服力的重要标志。

有人于 1982 年证明了单纯形法是平均多项式算法。进一步人们还提出，能否存在单纯形法的某种改型，即多项式算法。下面介绍一种改型算法，它在概率意义上是多项式的，但已十分接近多项式算法。

经简单处理可将一般问题(4.19)因为如下形式：

$$\min f = \sum_{j=1}^{n} c_j x_j$$

$$\text{s.t.} \begin{cases} \sum\limits_{j=1}^{n} \beta_{ij} x_j = 0, \quad i = 1, \cdots, (m-1) \\ \sum\limits_{j=1}^{n} \beta_{mj} x_j = b_m > 0 \\ x_j \geqslant 0, \quad j = 1, \cdots, n \end{cases} \tag{4.57}$$

对于式(4.57)，不用计算最小比值式(4.48)，即可用 Gauss 消元求出$(m-1)$个基变量。此时，式(4.57)的约束方程的增广矩阵是如下形式：

$$\begin{pmatrix} 1 & 0\cdots0 & \beta_{1m} & \cdots\beta_{1j}\cdots & \beta_{1s} & \cdots\beta_{1n} & 0 \\ 0 & 1\cdots0 & \beta_{2m} & \cdots\beta_{2j}\cdots & \beta_{2s} & \cdots\beta_{2n} & 0 \\ & \cdots & \cdots & \cdots & & \cdots & \\ 0 & 0\cdots1 & \beta_{m-1m} & \cdots\beta_{m-1j}\cdots & \beta_{m-1s} & \cdots\beta_{m-1n} & 0 \\ 0 & 0\cdots0 & \beta_{mm} & \cdots\beta_{mj}\cdots & \beta_{ms} & \cdots\beta_{mn} & b_m \end{pmatrix} \tag{4.58}$$

这时，若式(4.58)中有某 $\beta_{mj}>0,\beta_{ij}\leqslant0,i=1,\cdots,m-1$，则以 β_{mj} 为主元实行一次 Gauss 消元，即得一可行解。若不然，则对每一个 $i,1\leqslant i\leqslant m-1$，选择满足下式的 j,s：

$$\frac{\beta_{mj}}{\beta_{ij}}>\frac{\beta_{ms}}{\beta_{is}},\quad \beta_{ij}>0,\beta_{is}<0 \tag{4.59}$$

然后，在满足式(4.59)时对 j,s，检验是否成立

$$\frac{\beta_{kj}}{\beta_{ij}}\leqslant\frac{\beta_{ks}}{\beta_{is}},\quad k=1,\cdots,(m-1) \tag{4.60}$$

若式(4.59)和式(4.60)均成立，则先后以 β_{ij} 和 β_{ms} 为主元，实行两次 Gauss 消元，即得问题(4.19)可行解。

若式(4.59)和式(4.60)不成立，则有以下两种情形：

(1) 对某一 $i,\beta_{ij}\geqslant0$ 或 $\beta_{ij}\leqslant0,j=1,\cdots,n$。若 $\beta_{ij}\neq0$，则令 $x_j=0$，同时去掉第 i 个方程及 x_j 的所有系数，此举称为置 0 处理。

(2) 对某一 $i,\beta_{ik}\neq0,k=m,\cdots,n$；或者有 $m\leqslant t\leqslant n$，使得只要 $\beta_{it}=0$，便有 $\beta_{mt}\leqslant0$，则问题无解。

若唯独式(4.59)对某一 i 均不成立，则任取一 β_{ij}（要求 $\beta_{ij}\neq0,i\neq m$）为主元迭代一次，重新考查式(4.58)和式(4.59)。

若已求得一基可行解，则对任一检验数 $\lambda_k>0$，按最小比值规则(4.48)，可得 k 列的迭代主元设为 β_{ik}，称为准主元，于 i 行令

$$\max\left\{\frac{\lambda_j}{\beta_{ij}}\middle|\beta_{ij}\geqslant0\right\}=\frac{\lambda_{j_0}}{\beta_{ij_0}} \tag{4.61}$$

$$\min\left\{\frac{\lambda_s}{\beta_{is}}\middle|\beta_{is}<0\right\}=\frac{\lambda_{s_0}}{\beta_{is_0}} \tag{4.62}$$

且规定(4.62)中，若 $\beta_{ij}=0$，则当 $\lambda_j>0$ 时，式(4.62)为$+\infty$；当 $\lambda_j\leqslant0$ 时，式(4.62) 为$-\infty$。容易验证，若成立

$$\frac{\lambda_{j_0}}{\beta_{ij_0}}=\frac{\lambda_k}{\beta_{ik}}\leqslant\frac{\lambda_{s_0}}{\beta_{is_0}} \tag{4.63}$$

则以 β_{ik} 为主元，实行一次 Gauss 消元，即得最优解。故称式(4.63)为最优性条件，β_{ik} 为最优主元。若式(4.62)中的集合为空集，则式(4.63)右边不等式自然成立。

若式(4.63)不成立，则至少有一 t，使 $\beta_{it}\geqslant0,\dfrac{\lambda_t}{\beta_{it}}>\dfrac{\lambda_k}{\beta_{ik}}$或 $\beta_{it}<0,\dfrac{\lambda_t}{\beta_{it}}<\dfrac{\lambda_k}{\beta_{ik}}$进而若以 β_{ik} 为

主元迭代一次，则 t 列的新检验数必为正。这样，于式(4.61)、式(4.62)的集合中查出有多少具有上述性质的列迭代后就会出现多少正检验数。不妨称这样的列为不谐列，可见，选不谐列最少的为主元在情理之中。特别的，若对某准主元，它只有一个不谐列，则该不谐列一定是最优基向量[若不然，则该列对应变量是非基变量，取 0 值，从而可去，这导致最优性条件(4.63)满足，存在矛盾]。

故可先安排它进基且不再离基。若不唯一，可优先考虑准主元个数最少的行；若仍不唯一，则选$\frac{\alpha_i}{\beta_{ij}}\lambda_j$(其中 β_{ij} 是准主元)最大者；若还不唯一，则取列、行下标最小者。

以上换基规则的实质是选择使以后成为基变量的概率最大者进基。

假定问题(4.19)是随机选取的，从而准主元落在各行是等可能的[式(4.59)成立也是等可能的]；若 $m\geqslant 3$，而 $n-m\geqslant 10$，则式(4.58)中含有一基可行解的概率已超过 0.99(若 $m\geqslant 3$，而 $n-m\geqslant 5$，则至多迭代一次，即有以上结论)。

另外，根据对偶理论和式(4.57)，只需求得问题

$$\begin{cases}\boldsymbol{Ax}+\boldsymbol{u}=\boldsymbol{b}\\ \boldsymbol{A}^{\mathrm{T}}\boldsymbol{y}-\boldsymbol{v}=\boldsymbol{c}\\ \boldsymbol{b}^{\mathrm{T}}\boldsymbol{y}-\boldsymbol{c}^{\mathrm{T}}\boldsymbol{x}=0\\ \boldsymbol{y}\geqslant\boldsymbol{0},\boldsymbol{x}\geqslant\boldsymbol{0},\boldsymbol{u}\geqslant\boldsymbol{0},\boldsymbol{v}\geqslant\boldsymbol{0},\boldsymbol{x},\boldsymbol{u}\in\mathbf{R}^n,\boldsymbol{y},\boldsymbol{v}\in\mathbf{R}^m,\boldsymbol{A}=(a_{ij})_{m\times n}\end{cases}\tag{4.64}$$

的一个可行解，即可得原问题(4.4)的最优解。式(4.64)中含有$(m+n+1)$个约束，$2(m+n)$个变量。因此，只要 $m+n\geqslant 11$，则经过$(m+n+1)$次迭代即可使得原问题(4.4)最优解的概率达到 0.99。这是一个相当令人鼓舞的结果，特别是由于式(4.64)的特殊结构，迭代过程和方式可进一步改进。仍以例 4.3 为例，给出几种算法的求解过程：

	x_1	x_2	y_1	y_2	y_3	y_4	
y_1	2	2	1	0	0	0	12
y_2	1	2	0	1	0	0	8
y_3	4	0	0	0	1	0	16
y_4	0	2*	0	0	0	1	4
$-f$	2	3	0	0	0	0	0
y_1	2	0	1	0	0	−1	8
y_2	1	0	0	1	0	−1	4
y_3	4*	0	0	0	1	0	16
x_2	0	1	0	0	0	0.5	2
$-f$	2	0	0	0	0	−1.5	−6
y_1	0	0	1	0	−0.5	−1	0
y_2	0	0	0	1	−0.25	−1	0
x_1	1	0	0	0	0.25	0	4
x_2	0	1	0	0	0	0.5	2
$-f$	0	0	0	0	−0.5	−1.5	−14

$$\max f=2x_1+3x_2$$

$$\text{s.t.}\begin{cases}2x_1+2x_2\leqslant 12\\ x_1+2x_2\leqslant 8\\ 4x_1\leqslant 16\\ 2x_2\leqslant 4\\ x_1,x_2\geqslant 0\end{cases}$$

按最大正检验数确定进基变量。

	x_1	x_2	y_1	y_2	y_3	y_4	
y_1	2	2	1	0	0	0	12
y_2	1	2	0	1	0	0	8
y_3	4^*	0	0	0	1	0	16
y_4	0	2	0	0	0	1	4
$-f$	2	3	0	0	0	0	0
y_1	0	2	1	0	−0.5	0	4
y_2	0	2	0	1	−0.25	0	4
x_1	1	0	0	0	0.25	0	4
y_4	0	2^*	0	0	0	1	4
$-f$	0	3	0	0	−0.5	0	−8
y_1	0	0	1	0	−0.5	−1	0
y_2	0	0	0	1	−0.25	−1	0
x_1	1	0	0	0	0.25	0	4
x_2	0	1	0	0	0	0.5	2
$-f$	0	0	0	0	−0.5	−1.5	−14

最速下降规则

用改型算法规则，其结果与此同。

单纯形法的基本思路是：根据问题的标准型，从可行域中一个基本可行解开始，转换到另一个基本可行解，并且使目标函数的值逐步增大：当目标函数达到最大值时，问题就得到了最优解。对偶单纯形法的基本思想是，从原问题的一个对偶可行的基本解出发，求改进的对偶可行的基本解，当得到的对偶可行的基本解是原问题的可行解时，就达到最优解。

4.4 对偶理论及其在影子价格中的应用

4.4.1 对偶理论

前文中资源优化利用问题是从两个方面展开分析的，从而得到了两种类型的线性规划问题(4.4)和(4.8)。它们是同一个性质问题的两个方面，也被称为互为对偶规划；若称式(4.4)为原问题，则式(4.8)叫其对偶问题；反之，亦然。对于原问题和它的对偶问题之间的关系，有以下几个定理，它们在理论和应用中都是很重要的。

定理 4.5 如果原规划(4.4)的可行域非空，而对偶规划(4.8)的可行域为空集，则原规划无最优解。

证明：设 $x^0 \in S=\{\boldsymbol{x} \mid \boldsymbol{x}\in \mathbf{R}^n, \boldsymbol{A}\boldsymbol{x}\leqslant b, \boldsymbol{x}\geqslant \mathbf{0}\}$，而集合

$$T=\{\boldsymbol{y} \mid \boldsymbol{y}\in \mathbf{R}^m, \boldsymbol{A}^{\mathrm{T}}\boldsymbol{y}\geqslant \boldsymbol{c}, \boldsymbol{y}\geqslant \mathbf{0}\}=\varnothing \tag{4.65}$$

即不等式 $\boldsymbol{A}^{\mathrm{T}}\boldsymbol{y}\geqslant \boldsymbol{c}, \boldsymbol{y}\geqslant \mathbf{0}$ 无解。根据 Farkas 定理的推论 3.7，存在 $\bar{\boldsymbol{x}}\geqslant \mathbf{0}$，使得 $\boldsymbol{A}\bar{\boldsymbol{x}}\leqslant \mathbf{0}$，$\boldsymbol{c}^{\mathrm{T}}\bar{\boldsymbol{x}}>\mathbf{0}$。

任给 $\lambda>0$，则有 $\boldsymbol{x}^0+\lambda\bar{\boldsymbol{x}}\geqslant \mathbf{0}$，且 $\boldsymbol{A}(\boldsymbol{x}^0+\lambda\bar{\boldsymbol{x}})=\boldsymbol{A}\boldsymbol{x}^0+\lambda\boldsymbol{A}\bar{\boldsymbol{x}}\leqslant \boldsymbol{b}$。可见，$\boldsymbol{x}^0+\lambda\bar{\boldsymbol{x}}\in S$。

当 $\lambda\to+\infty$ 时，因 $\boldsymbol{c}^{\mathrm{T}}\bar{\boldsymbol{x}}>0$，故 $\boldsymbol{c}^{\mathrm{T}}(\boldsymbol{x}^0+\lambda\bar{\boldsymbol{x}})=\boldsymbol{c}^{\mathrm{T}}\boldsymbol{x}^0+\lambda\boldsymbol{c}^{\mathrm{T}}\bar{\boldsymbol{x}}\to+\infty$，所以目标函数 $\boldsymbol{c}^{\mathrm{T}}\boldsymbol{x}$ 在可行域 S 上无上界，从而原规划无最优解。证毕。

这个定理表明：如果原规划有最优解，不仅它的可行域非空，而它的对偶规划的可行域也非空。进一步还有：

定理 4.6　如果原规划(4.4)与它的对偶规划(4.9)的可行域皆非空,则两个规划都有最优解,且最优值相等。

证明:设问题(4.4)和(4.9)有可行解 $\boldsymbol{x}^0$ 和 $\boldsymbol{y}^0$,即 $\boldsymbol{A}\boldsymbol{x}^0\leqslant\boldsymbol{b},\boldsymbol{x}^0\geqslant\boldsymbol{0},\boldsymbol{A}^{\mathrm{T}}\boldsymbol{y}^0\geqslant\boldsymbol{c},\boldsymbol{y}^0\geqslant\boldsymbol{0}$。

于是对式(4.4)的任一可行解 $\boldsymbol{x}$ 有 $\boldsymbol{c}^{\mathrm{T}}\boldsymbol{x}\leqslant(\boldsymbol{A}^{\mathrm{T}}\boldsymbol{y}^0)^{\mathrm{T}}\boldsymbol{x}=\boldsymbol{y}^{0\mathrm{T}}\boldsymbol{A}\boldsymbol{x}\leqslant\boldsymbol{b}^{\mathrm{T}}\boldsymbol{y}^0$。

同样,亦有 $\boldsymbol{c}^{\mathrm{T}}\boldsymbol{x}^0\leqslant\boldsymbol{b}^{\mathrm{T}}\boldsymbol{y}^0$。

因此,若能证明 $\boldsymbol{c}^{\mathrm{T}}\boldsymbol{x}^0\geqslant\boldsymbol{b}^{\mathrm{T}}\boldsymbol{y}^0$,则 $\boldsymbol{c}^{\mathrm{T}}\boldsymbol{x}^0=\boldsymbol{b}^{\mathrm{T}}\boldsymbol{y}^0$,从而 $\boldsymbol{c}^{\mathrm{T}}\boldsymbol{x}\leqslant\boldsymbol{c}^{\mathrm{T}}\boldsymbol{x}^0$,即 $\boldsymbol{x}^0$ 是式(4.4)的最优解。同理,$\boldsymbol{y}^0$ 亦是式(4.9)的最优解,且 $\boldsymbol{c}^{\mathrm{T}}\boldsymbol{x}^0=\boldsymbol{b}^{\mathrm{T}}\boldsymbol{y}^0$,这表明两个规划的最优值相同。因此,关键在于证明不等式组

$$\begin{pmatrix}\boldsymbol{A} & O\\ O & -\boldsymbol{A}^{\mathrm{T}}\\ -\boldsymbol{c}^{\mathrm{T}} & \boldsymbol{b}^{\mathrm{T}}\end{pmatrix}\begin{pmatrix}\boldsymbol{x}\\ \boldsymbol{y}\end{pmatrix}\leqslant\begin{pmatrix}\boldsymbol{b}\\ -\boldsymbol{c}\\ 0\end{pmatrix}\tag{4.66}$$

有非负解。

用反证法,若式(4.66)没有非负解,依据 Farkas 定理之推论 3.8,存在$(\boldsymbol{u}^{\mathrm{T}},\boldsymbol{v}^{\mathrm{T}},\alpha)\geqslant\boldsymbol{0}$,其中 $\boldsymbol{u}\in\mathbf{R}^m,\boldsymbol{v}\in\mathbf{R}^n,\alpha\in\mathbf{R}$,使得

$$(\boldsymbol{u}^{\mathrm{T}},\boldsymbol{v}^{\mathrm{T}},\alpha)\begin{pmatrix}\boldsymbol{A} & O\\ O & -\boldsymbol{A}^{\mathrm{T}}\\ -\boldsymbol{c}^{\mathrm{T}} & \boldsymbol{b}^{\mathrm{T}}\end{pmatrix}\geqslant 0,\quad(\boldsymbol{u}^{\mathrm{T}},\boldsymbol{v}^{\mathrm{T}},\alpha)\begin{pmatrix}\boldsymbol{b}\\ -\boldsymbol{c}\\ 0\end{pmatrix}<0$$

于是有

$$\boldsymbol{u}^{\mathrm{T}}\boldsymbol{A}\geqslant\alpha\boldsymbol{c}^{\mathrm{T}},\quad\boldsymbol{v}^{\mathrm{T}}\boldsymbol{A}^{\mathrm{T}}\leqslant\alpha\boldsymbol{b}^{\mathrm{T}},\quad\boldsymbol{u}^{\mathrm{T}}\boldsymbol{b}<\boldsymbol{v}^{\mathrm{T}}\boldsymbol{c}\tag{4.67}$$

如果 $\alpha=0$,则由(4.67)$\boldsymbol{u}^{\mathrm{T}}\boldsymbol{b}\geqslant\boldsymbol{u}^{\mathrm{T}}\boldsymbol{A}\boldsymbol{x}^0\geqslant0,\boldsymbol{v}^{\mathrm{T}}\boldsymbol{c}\leqslant\boldsymbol{v}^{\mathrm{T}}\boldsymbol{A}^{\mathrm{T}}\boldsymbol{y}^0\leqslant0$ 从而 $\boldsymbol{u}^{\mathrm{T}}\boldsymbol{b}\geqslant\boldsymbol{v}^{\mathrm{T}}\boldsymbol{c}$,这与式(4.67)中的第三个不等式矛盾。如果 $\alpha>0$,由式(4.67)前两个不等式可得 $\alpha\boldsymbol{b}^{\mathrm{T}}\boldsymbol{u}\geqslant\boldsymbol{v}^{\mathrm{T}}\boldsymbol{A}^{\mathrm{T}}\boldsymbol{u}\geqslant\alpha\boldsymbol{v}^{\mathrm{T}}\boldsymbol{c}$。

从而 $\boldsymbol{u}^{\mathrm{T}}\boldsymbol{b}\geqslant\boldsymbol{v}^{\mathrm{T}}\boldsymbol{c}$,这与式(4.67)的第三个不等式矛盾。总之,式(4.66)必有非负解。证毕。

定理 4.7　如果原规划(4.4)有最优解,则对偶规划(4.8)必有最优解,且最优值相同。

证明:假如对偶规划(4.9)没有最优解,依据定理 4.6,对偶规划的可行集合必为空集,再由定理 4.5,将推出原规划没有最优解,此与假设条件相矛盾。证毕。

关于最优解的性质,有如下松紧定理。

定理 4.8　原规划的可行解 $\bar{\boldsymbol{x}}$ 和对偶规划的可行解 $\bar{\boldsymbol{y}}$ 是最优解的充要条件如下:

(1) 当 $\sum_{j=1}^{n}a_{ij}\bar{x}_j<b_i$ 时,有$\bar{y}_i=0$;

(2) 当 $\sum_{i=1}^{m}a_{ij}\bar{y}_i>c_j$ 时,有$\bar{x}_j=0$。

证明:从定理 4.6 的证明已经看到,若 $\boldsymbol{c}^{\mathrm{T}}\bar{\boldsymbol{x}}=\boldsymbol{b}^{\mathrm{T}}\bar{\boldsymbol{y}}$,则 $\bar{\boldsymbol{x}},\bar{\boldsymbol{y}}$ 必为最优解。同时还有

$$\boldsymbol{c}^{\mathrm{T}}\bar{\boldsymbol{x}}=\bar{\boldsymbol{y}}^{\mathrm{T}}\boldsymbol{A}\bar{\boldsymbol{x}}=\boldsymbol{b}^{\mathrm{T}}\bar{\boldsymbol{y}}\tag{4.68}$$

于是可得

$$(\boldsymbol{c}^{\mathrm{T}}-\bar{\boldsymbol{y}}^{\mathrm{T}}\boldsymbol{A})\bar{\boldsymbol{x}}=0,\quad\bar{\boldsymbol{y}}^{\mathrm{T}}(\boldsymbol{A}\bar{\boldsymbol{x}}-\boldsymbol{b})=0\tag{4.69}$$

再注意到,$\bar{\boldsymbol{x}}\geqslant0,\bar{\boldsymbol{y}}\geqslant0,\boldsymbol{c}^{\mathrm{T}}-\bar{\boldsymbol{y}}^{\mathrm{T}}\boldsymbol{A}\leqslant0,\boldsymbol{A}\bar{\boldsymbol{x}}-\boldsymbol{b}\leqslant0$,便可以推出定理的结论。

从定理证明可见，定理中的结论(1)与结论(2)可换成：

(3) 当 $\bar{y}_i>0$ 时，有 $\sum_{j=1}^{n}a_{ij}\bar{x}_j=b_i$；

(4) 当 $\bar{x}_j>0$ 时，有 $\sum_{i=1}^{m}a_{ij}\bar{y}_i=c_j$。

首先，对偶定理及松紧定理有明显的经济解释。它指出，利用资源生产产品和改为转让出售资源这两种做法在理论上具有同等效益($\boldsymbol{C}^{\mathrm{T}}\bar{\boldsymbol{x}}=\boldsymbol{b}^{\mathrm{T}}\bar{\boldsymbol{y}}$)。

其次，当 $\sum_{j=1}^{n}a_{ij}\bar{x}_j<b_i$，表明按最优生产方案 $\bar{\boldsymbol{x}}$ 进行操作时，第 i 种资源消耗不尽，尚有剩余，因此，再增加这种资源，不会增加目标函数值，从这个意义上讲，该资源的价值 $\bar{y}_i=0$。此外，当 $\sum_{i=1}^{m}a_{ij}\bar{y}_i>c_j$ 时，表明生产产品 j 要消耗的资源的价值高于该产品的价格，明智之举是不生产它，即 $\bar{x}_j=0$。这些都是松紧定理所揭示的。

4.4.2 影子价格

在资源的优化利用问题中，理论上通过分析研究对偶问题，可得资源的某种价格。通常将这种价格称为影子价格。线性规划问题中资源的影子价格就是其对偶问题的最优解。按照对偶理论，对问题(4.4)和问题(4.9)的最优解 $\bar{\boldsymbol{x}}$、$\bar{\boldsymbol{y}}$，由于最大值可看作是资源的函数，故有

$$F(\boldsymbol{b})=\max f=\min\omega=\sum_{i=1}^{m}b_i\bar{y}_i \tag{4.70}$$

于是，粗略地看，便有

$$\frac{\partial F(\boldsymbol{b})}{\partial b_i}=\bar{y}_i,\quad i=1,\cdots,m \tag{4.71}$$

式(4.71)表明，影子价格 $y_i(i=1,\cdots,m)$是资源的边际价值，即第 i 种资源改变一个单位时，最大产量 f 的改变量。

影子价格在经济学上有重要意义。对于最优解 $\bar{\boldsymbol{x}}$ 所展示的经济结构，稀缺(亦称短线)资源的影子价格大于 0；反之，亦然。供大于求的有剩余资源(亦称长线资源)其影子价格为 0。

同一资源在不同的经济结构(不同企业工厂等)中的影子价格是不同的，故可以利用影子价格的高低来指导稀缺资源的优化配置。影子价格还用于价格预测。比如，甲厂的产品是乙厂的资源，则产品的价格，在单一情形下应在甲厂成本和乙厂的影子价格之间，不然价格将处于诸厂影子价格中的最大值与最小值之间。这体现出经济结构的优劣对竞争力的巨大影响。

研究结果表明，影子价格 $\bar{y}_i$ 是相应资源量 b_i 的减函数，对于线性问题(4.4)，这个减函数是分段阶梯函数。在每段内它等于常数，即对偶最优解的相应分量，这时对偶最优解 $\bar{\boldsymbol{y}}$ 是唯一的，而且式(4.70)与式(4.71)成立。但在两台阶的衔接处，函数必有间断，这说明在此处对偶最优解不唯一，这时的相应资源量称为临界值，用 $\hat{b}_i$ 表示，那么当资源量取临界值

时,如何认识和确定它的影子价格呢?

事实上,假定当 $b_i<\hat{b}_i$ 时影子价格为 $\bar{y}_i^{(1)}$,$b_i>\hat{b}_i$ 时为 $\bar{y}_i^{(2)}$ 则由函数的递减性和阶梯性,必有 $\bar{y}_i^{(1)}>\bar{y}_i^{(2)}$,这时对临界值 $\hat{b}_i$,若取 $\Delta b_i=1$ 则目标值 f 将增加 $\bar{y}_i^{(2)}$;若取 $\Delta b_i=-1$ 则 f 将减少 $\bar{y}_i^{(1)}$,故增与减的值不等,这正是它与通常情形区别之所在。再看目标函数 f,它实际上是资源量 b_i 的连续分段线性函数,该函数在临界值处虽说连续,且左右导数均存在 $\frac{\partial^- f}{\partial b_i}=\bar{y}_i^{(1)}$,$\frac{\partial^+ f}{\partial b_i}=\bar{y}_i^{(2)}$,但它们却不相等,这就是说对临界值 $\hat{b}_i$ 式(4.71)不成立。这时宜补充定义如下:

$$\bar{y}_i=\begin{cases}\dfrac{\partial f}{\partial b_i} & b_i\neq\hat{b}_i\\[2ex] \dfrac{\partial^- f}{\partial b_i} & b_i=\hat{b}_i,\Delta b_i<0\\[2ex] \dfrac{\partial^+ f}{\partial b_i} & b_i=\hat{b}_i,\Delta b_i>0\end{cases}\tag{4.72}$$

其中 $\hat{b}_i$ 为资源 b_i 的临界值。

表面上看,式(4.72)在 $\hat{b}_i$ 处似有两个影子价格,但是联系具体问题时,不是考虑资源增加就是减少,两者必具其一也仅具其一,因而其影子价格仍是唯一的。

进一步而言,如何判断资源量是否为临界值呢?上述分析表明:这等价于判断对偶问题的解是否唯一。

容易证明,如果问题(4.4)的最优解 $\bar{\boldsymbol{x}}$ 是非退化的,即所有基变量均为正,则其对偶问题(4.9)最优解唯一,故只有当 $\bar{\boldsymbol{x}}$ 是退化的,即有 0 基变量时,对偶问题(4.9)才可能有多个最优解。在此基础上,可以给出对偶问题(4.9)有非唯一最优解的充要条件。最后,可得定理 4.9。

定理 4.9 设资源优化利用问题(4.4)与(4.9),有 $k\geqslant2$ 个对偶最优解

$$\bar{\boldsymbol{y}}^{(j)}=(\bar{y}_1^{(j)},\cdots,\bar{y}_m^{(j)}),\quad j=1,2,\cdots,k$$

对于任意 i,$1\leqslant i\leqslant m$ 令

$$\bar{y}_i^{+}=\min_{1\leqslant j\leqslant k}\{\bar{y}_i^{(j)}\}$$

$$\bar{y}_i^{-}=\max_{1\leqslant j\leqslant k}\{\bar{y}_i^{(j)}\}$$

则当 $\bar{y}_i^{-}>\bar{y}_i^{+}$ 时,第 i 种资源的投入量恰为临界值,此时资源增加时的影子价格为 $\frac{\partial^+ f}{\partial b_i}=\bar{y}_i^{+}$,资源减少时的影子价格为 $\frac{\partial^- f}{\partial b_i}=\bar{y}_i^{-}$。若 $\bar{y}_i^{-}=\bar{y}_i^{+}$,第 i 种资源的投入量不取临界值,其影子价格仍为 $\frac{\partial f}{\partial b_i}=\bar{y}_i^{-}=\bar{y}_i^{+}$。

证明(略)。

例 4.4 求解下列线性规划问题的影子价格

$$\max f=2x_1+3x_2$$

$$\text{s.t.}\begin{cases}2x_1+2x_2\leqslant 12\\ x_1+2x_2\leqslant 8\\ 4x_1\leqslant 16\\ 2x_2\leqslant 4\\ x_1,x_2\geqslant 0\end{cases}$$

解：可以求得它有4个对偶最优解：

$$\bar{\mathbf{y}}^{(1)}=\left(\frac{1}{2},1,0,0\right)^{\mathrm{T}},\quad \bar{\mathbf{y}}^{(2)}=\left(0,\frac{3}{2},\frac{1}{8},0\right)^{\mathrm{T}},$$

$$\bar{\mathbf{y}}^{(3)}=\left(0,0,\frac{1}{2},\frac{3}{2}\right)^{\mathrm{T}},\quad \bar{\mathbf{y}}^{(4)}=\left(1,0,0,\frac{1}{2}\right)^{\mathrm{T}}。$$

运用定理4.9，易知，四种资源减少时的影子价格分别是$1,\frac{3}{2},\frac{1}{2},\frac{3}{2}$，资源增加时的影子价格全是0。故此四种资源全是临界值。而对偶解$\bar{\mathbf{y}}^{(1)}$的两个非零分量$\frac{1}{2}$和1竟然不是影子价格，这在没有深入分析之前是很难理解和想象的。可见，正确认识临界资源的影子价格，把握质量的数量界限，并用它指导经济活动是必要的和有益的。

影子价格能为企业管理、经营决策和技术经济提供科学的定量分析依据，能更好地反映产品的价值，使资源配置向优化发展。企业可以根据资源总量计算出的最优生产方案即影子价格来制定采购方案。例如，B厂是A厂的合作厂家，A厂所需原材料由B厂提供，两个厂家在协商原材料的价格时，应该在B厂生产的原材料的单位成本与A厂原材料的影子价格之间考虑，才能使双方都能获利。此时就涉及一个产品生产计划的问题，那么如何解决这样的问题呢？下面我们将通过实例来阐述线性规划的影子价格在经济问题——产品计划中的运用。

例4.5 改革开放以来，我国经济大复苏，一些企业在竞争中独占优势，并得到了很好的发展，而另一些企业因规划失误、失去先机，逐渐衰落。为及时止损，某企业决定中止某条带来亏损利益生产线的运作，这便空出了许多设备，也就是空余了相当大的过剩生产能力。对于一个企业经营来说，任何事物都应产生价值带来利益，于是该企业决策部门考虑制定一个新的计划，使用闲置的生产设备分别生产三种畅销产品。按生产工艺要求，每件产品在各设备上所需的加工工时数、各设备在计划期内的有效工时数和生产每件产品的利润如表4.6所示，该企业销售部门预测这三种产品的销售潜力超过最大生产率。该企业生产管理部门应该如何安排生产计划才能获得最大利润呢？

表4.6 产品与设备、工时表

设备 \ 每件产品所需工时数 \ 产品	B1	B2	B3	计划期内有效工时数
A1	9	3	5	500
A2	5	4	0	350
A3	3	0	2	150
每件产品利润(百元)	40	10	15	

解：本例是在有效工时限定下求最大利润，即最优问题，但这是理想状态，设备在使用时是有损耗的，因此需考虑设备损耗。从三种设备的期待工时出发，设产品的生产计划为，同时三种设备生产所需工时不超过对应期待工时，这就构成了有效工时的线性关系。

本题的目标是合理安排生产计划并使总利润最大，设利润为 S，则目标函数为

$$\max S = 40x_1 + 10x_2 + 15x_3。$$

由表 4.6 可以看出设备有条件限制，且满足线性方程组：

$$\begin{cases} 9x_1 + 3x_2 + 5x_3 \leqslant 500 \\ 5x_1 + 4x_2 \leqslant 350 \\ 3x_1 + 2x_3 \leqslant 150 \end{cases}$$

考虑到 x_1, x_2, x_3 不可为负数，因此 $x_1 \geqslant 0, x_2 \geqslant 0, x_3 \geqslant 0$ 构成非负约束。于是可建立一个线性规划问题（Ⅰ），即设三种产品 B1，B2，B3 的生产计划为 x_1, x_2, x_3 则

$$\begin{cases} 9x_1 + 3x_2 + 5x_3 \leqslant 500 \\ 5x_1 + 4x_2 \leqslant 350 \\ 3x_1 + 2x_3 \leqslant 150 \\ x_1 \geqslant 0, x_2 \geqslant 0, x_3 \geqslant 0 \end{cases}$$

使产品利润目标函数 $\max S = 40x_1 + 10x_2 + 15x_3$ 成立。

若考虑线性规划的对偶原理，则有对偶问题的数学模型如下：

假设设备 A1，A2，A3 每工时估价为 y_1, y_2, y_3，则

$$\begin{cases} 9x_1 + 3x_2 + 5x_3 \leqslant 500 \\ 5x_1 + 4x_2 \leqslant 350 \\ 3x_1 + 2x_3 \leqslant 150 \\ x_1 \geqslant 0, x_2 \geqslant 0, x_3 \geqslant 0 \end{cases}$$

使估价利润函数 $\min Z = 500y_1 + 350y_2 + 150y_3$，即让总加工利润最少，产品的利润更大，这便形成了另一个线性规划问题（Ⅱ）

因此，线性规划问题（Ⅰ）的最优分配方案为，生产 B1 产品 50 个生产单位，生产 B2 产品 16.666 67 个生产单位，生产 $B3$ 产品 0 个生产单位，最优解即最大利润为 2 166.667。

线性规划问题（Ⅱ）的数学模型为 $\min Z = 500y_1 + 350y_2 + 150y_3$。其中，设备 A1，A2，A3，每工时的估价为 y_1, y_2, y_3。Z 为设备估价带来的最小利润。线性规划问题（Ⅱ）的最优分配方案为：设备 A1 的估价为 3.333 33，设备 A2 的估价为 0，设备 A3 的估价为 3.333 33，此时最优解即最小利润为 2 166.667。

线性规划理论主要涉及分析最优点的结构，寻找最优点、最优值，分析边际成本与效益并进行灵敏度分析等。本节讲述了原规划和对偶规划最优解的判别问题，以及原规划问题与对偶规划问题之间的关系。线性规划问题中资源的影子价格就是其对偶问题的最优解。

章末习题

1. 求线性规划问题

$$\min f=-3x_1-5x_2$$

$$\text{s.t.}\begin{cases}x_1\leqslant 4\\2x_2\leqslant 12\\3x_1+2x_2\leqslant 18\\x_1\geqslant 0,x_2\geqslant 0\end{cases}$$

的所有基及其对应的基本解。

2. 用单纯形法求解线性规划问题

$$\min f=-3x_1-5x_2$$

$$\text{s.t.}\begin{cases}x_1\leqslant 4\\2x_2\leqslant 12\\3x_1+2x_2\leqslant 18\\x_1\geqslant 0,x_2\geqslant 0\end{cases}$$

3. 给定原问题：

$$\min 4x_1+3x_2+x_3$$

$$\text{s.t.}\begin{cases}x_1-x_2+x_3\geqslant 1\\x_1+2x_2-3x_3\geqslant 2\\x_1,x_2,x_3\geqslant 0\end{cases}$$

已知对偶问题的最优解$(\omega_1,\omega_2)=\left(\frac{5}{3},\frac{7}{3}\right)$，利用对偶性质求原问题的最优解。

4. 给定下列线性规划问题：

$$\max 10x_1+7x_2+30x_3+2x_4$$

$$\text{s.t.}\begin{cases}x_1-6x_3+x_4\leqslant -2\\x_1+x_2+5x_3-x_4\leqslant -7\\x_2,x_3,x_4\leqslant 0\end{cases}$$

(1) 写出上述原问题的对偶问题。

(2) 利用对偶问题的最优解及对偶性质求原问题的最优解和目标函数的最优值。

5. 用对偶单纯形法解下列问题：

$$\min 4x_1+6x_2+18x_3$$

$$\text{s.t.}\begin{cases}x_1+3x_3\geqslant 3\\x_2+2x_3\geqslant 5\\x_1,x_2,x_3\geqslant 0\end{cases}$$

【在线测试题】扫描书背面的二维码，获取答题权限。

扫描此码　在线自测

第5章

非线性规划

学习目标

通过本章的学习，应该达到以下学习目标：

1. 掌握无约束优化问题最优性条件；
2. 了解无约束优化问题的下降法；
3. 了解等式约束优化问题及其乘子法；
4. 掌握不等式约束优化问题及其最优性条件；
5. 了解不等式约束优化问题的可行方向法；
6. 掌握二次规划模型。

关键概念

无约束优化问题 最优性条件 下降法 等式约束优化问题 乘子法 不等式约束优化问题 可行方向法 二次规划

5.1 无约束优化问题

无约束优化问题属于经典优化问题，并且它是某些约束优化方法的基础。

5.1.1 最优性条件

考虑无约束问题

$$\begin{cases} \min f(\boldsymbol{x}) \quad (f:\mathbf{R}^n \to \mathbf{R}) \\ \boldsymbol{x} \in \mathbf{R}^n \end{cases} \tag{5.1}$$

定义 5.1 下降方向。

对于问题(5.1)，设 $\bar{\boldsymbol{x}} \in \mathbf{R}^n$ 是任一给定点，$\boldsymbol{p}$ 为非零向量。若存在 $\delta>0$，使 $\forall \lambda \in (0,\delta)$，有 $f(\bar{\boldsymbol{x}}+\lambda \boldsymbol{p})<f(\bar{\boldsymbol{x}})$，则称 $\boldsymbol{p}$ 为 $f(\boldsymbol{x})$ 在 $\bar{\boldsymbol{x}}$ 点的下降方向。

定理 5.1 设 $f(\boldsymbol{x})$ 在 $\bar{\boldsymbol{x}} \in \mathbf{R}^n$ 上可微，若存在向量 $\boldsymbol{p} \in \mathbf{R}^n$，使得

$$\nabla f(\bar{\boldsymbol{x}})^{\mathrm{T}} \boldsymbol{p} < 0 \tag{5.2}$$

则 $\boldsymbol{p}$ 必为 $f(\boldsymbol{x})$ 在 $\bar{\boldsymbol{x}}$ 点的下降方向。

证明：由 Taylor 公式得

$$f(\bar{x}+\lambda \boldsymbol{p})=f(\bar{x})+\lambda \nabla f(\bar{x})^{\mathrm{T}} \boldsymbol{p}+o(\lambda\|\boldsymbol{p}\|) \tag{5.3}$$

若式(5.3)成立，则易知定理结论成立。

若$\nabla f(\bar{x}) \neq \mathbf{0}$，取 $\boldsymbol{p}=-f(\bar{x})$，式(5.3)自然成立，故知此时负梯度方向一定是下降方向。

定理 5.2　设 $f(\boldsymbol{x})$在点 $\boldsymbol{x}^{*} \in \mathbf{R}^{n}$ 处可微，若 $\boldsymbol{x}^{*}$ 是问题(5.1)的局部最优解，则必有$\nabla f(\boldsymbol{x}^{*})=\mathbf{0}$。

证明：用反证法。若$\nabla f(\boldsymbol{x}^{*}) \neq \mathbf{0}$，则在 $\boldsymbol{x}^{*}$ 点必存在下降方向$-\nabla f(\boldsymbol{x}^{*})$，从而与 $\boldsymbol{x}^{*}$ 是局部最优解的假设矛盾，故$\nabla f(\boldsymbol{x}^{*})=\mathbf{0}$。

定理 5.3(二阶必要条件)　设 $f(\boldsymbol{x})$在点 $\boldsymbol{x}^{*} \in \mathbf{R}^{n}$ 处二阶可微，若 $\boldsymbol{x}^{*}$ 是局部最优解，则$\nabla f(\boldsymbol{x}^{*})=\mathbf{0}$，且 Hesse 矩阵 $\boldsymbol{H}(\boldsymbol{x}^{*})$半正定。

证明：此时有

$$f(\boldsymbol{x}^{*}+\lambda \boldsymbol{p})=f(\boldsymbol{x}^{*})+\frac{1}{2} \lambda^{2} \boldsymbol{p}^{\mathrm{T}} \boldsymbol{H}(\boldsymbol{x}^{*}) \boldsymbol{p}+o(\lambda^{2}\|\boldsymbol{p}\|^{2}) \tag{5.4}$$

因 $\boldsymbol{x}^{*}$ 是局部最优解，故当λ 充分小时，$\boldsymbol{p}^{\mathrm{T}} \boldsymbol{H}(\boldsymbol{x}^{*}) \boldsymbol{p} \geqslant 0$，由 $\boldsymbol{p}$ 的任意性知，$\boldsymbol{H}(\boldsymbol{x}^{*})$半正定。

定理 5.4(二阶充分条件)　设 $f(\boldsymbol{x})$二阶可微，若$\nabla f(\boldsymbol{x}^{*})=\mathbf{0}$，$\nabla^{2} f(\boldsymbol{x}^{*})=\boldsymbol{H}(\boldsymbol{x}^{*})$正定，则 $\boldsymbol{x}^{*}$ 是问题(5.1)的严格局部最优解。

证明：由 $\boldsymbol{H}(\boldsymbol{x}^{*})$正定，故$\forall \boldsymbol{p}$，$\boldsymbol{p}^{\mathrm{T}} \boldsymbol{H}(\boldsymbol{x}^{*}) \boldsymbol{p}>0$，于是对充分小的$\lambda$ 必有

$$\frac{1}{2} \lambda^{2} \boldsymbol{p}^{\mathrm{T}} \boldsymbol{H}(\boldsymbol{x}^{*}) \boldsymbol{p}+o(\lambda^{2}\|\boldsymbol{p}\|^{2})>0 \tag{5.5}$$

又因$\nabla f(\boldsymbol{x}^{*})=\mathbf{0}$，从而由 Taylor 公式知，$f(\boldsymbol{x}^{*}+\lambda \boldsymbol{p})>f(\boldsymbol{x}^{*})$。

在使用上述最优性条件的过程中，人们普遍感到求得驻点 $\boldsymbol{x}^{*}$ 后，再计算 Hesse 矩阵并判断其是否正定有时相当麻烦，计算量也很大，更何况有时 Hesse 矩阵半正定或有些函数的极值恰好在梯度不存在的点处取得，则以上二阶充分条件便不能使用。

1986 年 Botsko 给出了 $f(\boldsymbol{x}^{*})$是问题(5.1)严格局部最优解的一阶充分条件：设 $B_{\delta}(\boldsymbol{x}^{*})$表示以点 $\boldsymbol{x}^{*}=(x_{1}^{*}, x_{2}^{*}, \cdots, x_{n}^{*})^{\mathrm{T}} \in \mathbf{R}^{n}$ 为中心以δ 为半径的开球，又已知 n 元函数 $f(\boldsymbol{x})(\boldsymbol{x} \in \mathbf{R}^{n})$在 $B_{\delta}(\boldsymbol{x}^{*})$内连续，且在 $B_{\delta}(\boldsymbol{x}^{*}) /\{\boldsymbol{x}^{*}\}$内可微，若$\forall \boldsymbol{x} \in B_{\delta}(\boldsymbol{x}^{*}) /\{\boldsymbol{x}^{*}\}$，都有$(\boldsymbol{x}-\boldsymbol{x}^{*})^{\mathrm{T}} \nabla f(\boldsymbol{x})>0$，则 $\boldsymbol{x}^{*}$ 是问题(5.1)的严格局部最优解。

上述一阶充分条件克服了以往的某些不足，是对原最优性条件的很好补充，但由于 $\boldsymbol{x}$ 的不确定性，这有时给检验该式是否成立带来一定的困难。以下几个改进结果，可使其发挥更大的作用。

(1) 设 $B_{\delta}(\boldsymbol{x}^{*})$表示以点 $\boldsymbol{x}^{*}=(x_{1}^{*}, x_{2}^{*}, \cdots, x_{n}^{*})^{\mathrm{T}} \in \mathbf{R}^{n}$ 为中心以δ 为半径的开球，n 元函数 $f(\boldsymbol{x})(\boldsymbol{x}=(x_{1}, x_{2}, \cdots, x_{n})^{\mathrm{T}} \in \mathbf{R}^{n})$在 $B_{\delta}(\boldsymbol{x}^{*})$内连续，且在 $B_{\delta}(\boldsymbol{x}^{*}) /\{\boldsymbol{x}^{*}\}$内可微，则 $\boldsymbol{x}^{*}$ 是问题(5.1)的局部最优解的必要条件是

$$(x_{i}-x_{i}^{*}) \frac{\partial f(\boldsymbol{x}^{(i)})}{\partial x_{i}} \geqslant 0, \quad i=1,2, \cdots, n \tag{5.6}$$

其中，$\boldsymbol{x}^{(i)}=(x_{1}^{*}, x_{2}^{*}, \cdots, x_{i-1}^{*}, x_{i}, x_{i+1}^{*}, \cdots, x_{n}^{*})^{\mathrm{T}}$，$i=1,2, \cdots, n$。

(2) 在(1)的假设条件下,若 $\forall \delta_1>0,\exists j,1\leqslant j\leqslant n$,满足 $\boldsymbol{x}^{(j)}\in B_{\delta_1}(\boldsymbol{x}^*)/\{\boldsymbol{x}^*\}$,且有

$$(x_j-x_j^*)\frac{\partial f(\boldsymbol{x}^{(j)})}{\partial x_j}<0 \tag{5.7}$$

则 $f(\boldsymbol{x}^*)$一定不是问题(5.1)的局部最优解。

容易看出,若把条件$(x_i-x_i^*)\dfrac{\partial f(\boldsymbol{x}^{(i)})}{\partial x_i}\geqslant 0,i=1,2,\cdots,n$ 式中的符号"$\geqslant$"换成"$>$",则它差不多还是 $\boldsymbol{x}^*$ 为问题(5.1)的局部最优解的充分条件。特别是当$\nabla f(\boldsymbol{x})$在 $\boldsymbol{x}^*$ 某邻域连续且$\nabla f(\boldsymbol{x}^*)\neq\boldsymbol{0}$(条件极值情形)时,此条件充分性一定成立。不过若$\nabla f(\boldsymbol{x}^*)=\boldsymbol{0}$,则还需增加以下条件:

(3) 在(1)的假设条件下,若$\forall$点 $\boldsymbol{x}\in B_\delta(\boldsymbol{x}^*)/\{\boldsymbol{x}^*\}$,有

$$(x_i-x_i^*)\frac{\partial f(\boldsymbol{x}^{(i)})}{\partial x_i}>0,\quad i=1,2,\cdots,n \tag{5.8}$$

及

$$\frac{\sum_{i=1}^{n}(x_i-x_i^*)\left(\dfrac{\partial f(\boldsymbol{x})}{\partial x_i}-\dfrac{\partial f(\boldsymbol{x}^{(i)})}{\partial x_i}\right)}{\sum_{i=1}^{n}(x_i-x_i^*)\dfrac{\partial f(\boldsymbol{x}^{(i)})}{\partial x_i}}>-1 \tag{5.9}$$

则 $\boldsymbol{x}^*$ 是问题(5.1)的严格局部最优解。

(4) 在(1)的假设条件下,若$\forall \delta_1>0,\exists k\neq j,1\leqslant k,j\leqslant n$,满足 $\boldsymbol{x}^{(k)},\boldsymbol{x}^{(j)}\in B_{\delta_1}(\boldsymbol{x}^*)/\{\boldsymbol{x}^*\}$,且对 k 式(5.7)成立,对 j 式(5.8)成立,则 $\boldsymbol{x}^*$ 一定不是 $f(\boldsymbol{x})$的极值点。

(5) 在(1)的假设条件下,若$\forall \delta_1>0,\exists k,1\leqslant k\leqslant n,\exists \bar{x}_k\neq\tilde{x}_k$,满足 $0<|\bar{x}_k-x_k^*|<\delta_1,0<|\tilde{x}_k-x^*|<\delta_1$,且对 $\bar{x}_k$ 式(5.7)成立,对 $\tilde{x}_k$ 式(5.8)成立,则 $\boldsymbol{x}^*$ 一定不是 $f(\boldsymbol{x})$的极值点。

例 5.1 判断四元函数 $f(\boldsymbol{x})=x_1^2-2x_2^2+x_3^2-x_4^2+4x_1x_2+2x_2x_3+6x_1x_3+2x_2x_4$ 的极值情况。

解:易解得唯一驻点 $\boldsymbol{x}^*=(0,0,0,0)$,但$\forall x_i\neq 0,i=1,2$,总有

$$x_1f_1'(x_1,0,0,0)=2x_1^2>0;$$

$$x_2f_2'(0,x_2,0,0)=-4x_2^2<0,$$

故由(4)知,点(0,0,0,0)不是极值点。因此,函数 $f(\boldsymbol{x})$无极值。

5.1.2 下降法

对于无约束问题(5.1)的求解思路,根据前述分析,可考虑求稳定点,即满足$\nabla f(\boldsymbol{x})=\boldsymbol{0}$的点。这可归结为求解非线性方程组,是一个相当复杂的问题,何况若 $f(\boldsymbol{x})$不可微,此方法便行不通,故通常都采用使目标函数逐次下降的搜索方法。

搜索方法是从某一初始点 $\boldsymbol{x}^0$ 出发,先选择一个下降方向 $\boldsymbol{s}^0$,然后,在 $\boldsymbol{s}^0$ 上找一点 $\boldsymbol{x}^1=\boldsymbol{x}^0+\lambda\boldsymbol{s}^0(\lambda>0)$,使 $f(\boldsymbol{x}^1)<f(\boldsymbol{x}^0)$,如此进行下去,得点列$\{\boldsymbol{x}^k\}$,满足

$$f(\boldsymbol{x}^0)>f(\boldsymbol{x}^1)>\cdots>f(\boldsymbol{x}^k)>\cdots,$$

设 $\boldsymbol{x}^k\to\boldsymbol{x}^*$,若在 $\boldsymbol{x}^*$ 处已无下降方向,则 $\boldsymbol{x}^*$ 即为局部极小值点。关于收敛速度,有如下

定义：

定义 5.2 对于收敛于最优解 $\boldsymbol{x}^*$ 的序列 $\{\boldsymbol{x}^k\}$，若存在与 k 无关的数 $\beta>0$ 和 $\alpha\geqslant 1$，当 k 从某个 k_0 开始后，有

$$\|\boldsymbol{x}^{k+1}-\boldsymbol{x}^*\|\leqslant\beta\|\boldsymbol{x}^k-\boldsymbol{x}^*\|^\alpha \tag{5.10}$$

则称序列 $\{\boldsymbol{x}^k\}$ 是 α 阶收敛的，当 $\alpha=1,\beta<1$ 时，称为线性收敛；$\alpha>1$，称为超线性收敛(等价地：$\|\boldsymbol{x}^{k+1}-\boldsymbol{x}^*\|\leqslant\beta_k\|\boldsymbol{x}^k-\boldsymbol{x}^*\|$，且 $\lim\limits_{k\to\infty}\beta_k=0$)。还有所谓二次收敛，它是指当一种算法用于具有对称正定矩阵的二次函数时，在有限步内可以获得它的极小点。一般来说，具有二次收敛的算法，往往有超线性收敛性，因而属于比较好的算法之列。

对于预先给定的精度要求 $\varepsilon>0$，作为计算结束的检验条件，可选择以下几种办法中的一种。

(1) $\|\boldsymbol{x}^{k+1}-\boldsymbol{x}^k\|<\varepsilon$，

(2) $|f(\boldsymbol{x}^{k+1})-f(\boldsymbol{x}^k)|<\varepsilon$，

(3) $\|\nabla f(\boldsymbol{x}^{k+1})\|<\varepsilon$，

(4) $|f(\boldsymbol{x}^{k+1})|\leqslant b$，其中 b 是一个可接受的目标值。

一般地，从 $\boldsymbol{x}^k$ 出发，沿着下降方向 $\boldsymbol{s}^k$(称为搜索方向)找一 $\boldsymbol{x}^{k+1}$，使

$$f(\boldsymbol{x}^{k+1})<f(\boldsymbol{x}^k),$$

则 $\boldsymbol{x}^{k+1}$ 可表示成

$$\boldsymbol{x}^{k+1}=\boldsymbol{x}^k+\lambda_k\boldsymbol{s}^k \tag{5.11}$$

其中 $\lambda_k>0$ 时，称其为步长，若 λ_k 的选取满足

$$f(\boldsymbol{x}^{k+1})=f(\boldsymbol{x}^k+\lambda_k\boldsymbol{s}^k)=\min_\lambda f(\boldsymbol{x}^k+\lambda\boldsymbol{s}^k)<f(\boldsymbol{x}^k) \tag{5.12}$$

则称搜索是精确的一维搜索，λ_k 为最优步长。一维搜索是优化方法的基础，它有如下重要性质：

定理 5.5 设 $f(\boldsymbol{x})$ 具有连续偏导数，而 $\boldsymbol{x}^{k+1}$ 是从 $\boldsymbol{x}^k$ 出发沿 $\boldsymbol{s}^k$ 方向进行精确一维搜索得到的，则

$$\nabla f(\boldsymbol{x}^{k+1})^{\mathrm{T}}\boldsymbol{s}^k=0 \tag{5.13}$$

证明：设 $\varphi(\lambda)=f(\boldsymbol{x}^k+\lambda\boldsymbol{s}^k)$，则 $\varphi'(\lambda)=\nabla f(\boldsymbol{x}^k+\lambda\boldsymbol{s}^k)^{\mathrm{T}}\boldsymbol{s}^k$，因 λ_k 是最优步长，即 $\varphi(\lambda_k)=\min\limits_\lambda\varphi(\lambda)$，故必有 $\varphi'(\lambda_k)=0$，又因 $\boldsymbol{x}^{k+1}=\boldsymbol{x}^k+\lambda_k\boldsymbol{s}^k$，故式(5.13)必成立。证毕。

一维搜索就是求一元函数 $\varphi(\lambda)$ 的极小值，但用求稳定点[即解(5.12)]的方法往往很困难，故常采用一些其他方法，如 Newton 法、抛物线法、三次样条插值法、对分法等；还有不使用导数的方法，如“成功—失败”法、分数法及 0.618 法等。

比如，Newton 法：欲求 $\varphi'(x)=0,x\in\mathbf{R}$。考虑用 $\varphi(x)$ 在初始点 x^0 的二阶 Taylor 展式近似代替它：

$$\varphi(x)\approx g(x)=\varphi(x^0)+\varphi'(x^0)(x-x^0)+\frac{1}{2}\varphi''(x^0)(x-x^0)^2 \tag{5.14}$$

由 $\varphi'(x)\approx g(x)=0$ 得

$$x=x^0-\frac{\varphi'(x^0)}{\varphi''(x^0)} \tag{5.15}$$

由此可得迭代公式

$$x^{k+1}=x^k+\frac{\varphi'(x^k)}{\varphi''(x^k)},\quad k=0,1,\cdots \tag{5.16}$$

此法亦称切线法，它是二阶收敛的，缺点是对初值 x^0 要求较高，在其附近二阶导数须不变号。

在一维搜索的基础上，对于搜索方向 $\boldsymbol{s}^k$ 选择的不同方式，就得到各种不同的方法。下面介绍几种常见的方法。

1. 最速下降法（梯度法）

取 $\boldsymbol{s}^k=-\nabla f(\boldsymbol{x}^k)$，则在精确一维搜索之下便有

$$\begin{cases} f(\boldsymbol{x}^k-\lambda_k\nabla f(\boldsymbol{x}^k))=\min\limits_{\lambda} f(\boldsymbol{x}^k-\lambda\nabla f(\boldsymbol{x}^k)) \\ \boldsymbol{x}^{k+1}=\boldsymbol{x}^k-\lambda_k\nabla f(\boldsymbol{x}^k) \end{cases} \tag{5.17}$$

它因目标函数局部下降最快而得名，对其有以下收敛结果：

定理 5.6 设 $f(\boldsymbol{x})$ 具连续一阶偏导数，给定 $\boldsymbol{x}^0\in\mathbf{R}^n$，$f(\boldsymbol{x}^0)=\alpha$，假定水平集 $s_\alpha=\{\boldsymbol{x}\mid f(\boldsymbol{x})\leqslant\alpha\}$ 有界，令 $\{\boldsymbol{x}^k\}$ 是由最速下降法产生的点列，则 $\{\boldsymbol{x}^k\}$ 的每一个聚点 $\boldsymbol{x}^*$ 满足 $\nabla f(\boldsymbol{x}^*)=\boldsymbol{0}$。

证明：显然 $f(\boldsymbol{x}^k)$ 严格下降，故有极限，记 $\lim\limits_{k\to\infty}f(\boldsymbol{x}^k)=f^*$，由 $f(\boldsymbol{x}^k)$ 的严格单调性知，对 $\{\boldsymbol{x}^k\}$ 的任一收敛子列 $\{\boldsymbol{x}^{k_i}\}$，亦有 $\lim\limits_{i\to\infty}f(\boldsymbol{x}^{k_i})=f^*$。设 $\boldsymbol{x}^{k_i}\to\boldsymbol{x}^*$，若 $\nabla f(\boldsymbol{x}^*)\neq\boldsymbol{0}$，则对适当小的 $\lambda>0$，有

$$f(\boldsymbol{x}^*-\lambda\nabla f(\boldsymbol{x}^*))<f(\boldsymbol{x}^*)=f^* \tag{5.18}$$

从而由连续性，必有充分接近 $\boldsymbol{x}^*$ 的 $\boldsymbol{x}^{\bar{k}_i}\in\{\boldsymbol{x}^{k_i}\}$，使

$$\begin{aligned} f(\boldsymbol{x}^{\bar{k}_{i+1}})&=f(\boldsymbol{x}^{\bar{k}_i}-\lambda_{\bar{k}_i}\nabla f(\boldsymbol{x}^{\bar{k}_i}))\leqslant f(\boldsymbol{x}^{\bar{k}_i}-\lambda\nabla f(\boldsymbol{x}^{\bar{k}_i}))<f(\boldsymbol{x}^*) \\ &=f^* \end{aligned} \tag{5.19}$$

但 $\boldsymbol{x}^{\bar{k}_{i+1}}\in\{\boldsymbol{x}^{k_i}\}\subseteq\{\boldsymbol{x}^k\}$，故必有 $f(\boldsymbol{x}^{\bar{k}_{i+1}})\geqslant f^*$，存在矛盾。因此，必有 $\nabla f(\boldsymbol{x}^*)=\boldsymbol{0}$。

由定理 5.5 知，$\nabla f(\boldsymbol{x}^{k+1})^{\mathrm{T}}\boldsymbol{s}^k=-\nabla f(\boldsymbol{x}^{k+1})^{\mathrm{T}}\nabla f(\boldsymbol{x}^k)=0$，即相继两次迭代中，搜索方向是正交的，这使得最速下降法通过极小点的路线是锯齿形的，并且越靠近极小点步长越小，收敛越慢。这说明，对局部来说下降最快的方向相对整体来说就不一定是下降最快的方向，可能会走许多弯路。

为了克服梯度正交的现象，人们曾采用缩小 λ_k（乘以 0.9）的做法，也常用 $\boldsymbol{s}^k=\boldsymbol{x}^k-\boldsymbol{x}^{k-2}$（称为加速步）来代替 $-\nabla f(\boldsymbol{x}^k)$ 的方向（称为平行切线法或 Partan 方法）。这种搜索方向的混合使用效果较好。

2. Newton 法

把求一元函数极值的 Newton 迭代公式(5.16)用于多元函数，即选择搜索方向为

$$\boldsymbol{s}^k=-[\nabla^2 f(\boldsymbol{x}^k)]^{-1}\nabla f(\boldsymbol{x}^k) \tag{5.20}$$

称为 Newton 方向，便有

$$\begin{cases} \boldsymbol{x}^{k+1} = \boldsymbol{x}^k - \lambda_k [\nabla^2 f(\boldsymbol{x}^k)]^{-1} \nabla f(\boldsymbol{x}^k) \\ f(\boldsymbol{x}^k + \lambda_k \boldsymbol{s}^k) = \min\limits_{\lambda} f(\boldsymbol{x}^k + \lambda \boldsymbol{s}^k) \end{cases} \tag{5.21}$$

此即 Newton 法的迭代公式。

若$\nabla^2 f(\boldsymbol{x})$正定，则可证 Newton 法产生的点列收敛到极小点。

3. 变尺度法

(1) 基本原理

最速下降法和 Newton 法可统一成

$$\boldsymbol{x}^{k+1} = \boldsymbol{x}^k - \lambda_k \boldsymbol{H}_k \nabla f(\boldsymbol{x}^k) \tag{5.22}$$

其中，$\boldsymbol{H}_k$ 是 n 阶对称矩阵，λ_k 是最优步长。当 $\boldsymbol{H}_k = \boldsymbol{I}$ 时，式(5.22)为最速下降法(5.17)。当 $\boldsymbol{H}_k = [\nabla^2 f(\boldsymbol{x}^k)]^{-1}$ 时，则得 Newton 法(5.21)。前者收敛太慢，后者要计算二阶导数和求逆，工作量太大，在变量较多或因次较高时，几乎不能应用。因此，如能做到 $\boldsymbol{H}_k$ 的选取既不需要计算二阶导数矩阵和求逆，又能逐步逼近$[\nabla^2 f(\boldsymbol{x})]^{-1}$，那么由式(5.22)确定的算法可能会收敛得快，而计算也简单，变尺度法就是由这样的考虑而构造出来的。

首先，希望算法具有下降性质，即

$$f(\boldsymbol{x}^{k+1}) < f(\boldsymbol{x}^k), \quad \forall k \tag{5.23}$$

由式(5.22)知，只要 $\boldsymbol{H}_k$ 对称正定即可。

其次，要求 $\boldsymbol{H}_k$ 间的迭代具有简单的递推形式，而避免求逆：

$$\boldsymbol{H}_{k+1} = \boldsymbol{H}_k + \Delta \boldsymbol{H}_k \tag{5.24}$$

其中 $\Delta \boldsymbol{H}_k$ 称为修正矩阵。

最后，要求 $\boldsymbol{H}_k \approx [\nabla^2 f(\boldsymbol{x}^k)]^{-1}$。为此，将 $f(\boldsymbol{x})$在 $\boldsymbol{x}^{k+1}$ 点展开，得

$$\begin{aligned} f(\boldsymbol{x}) = f(\boldsymbol{x}^{k+1}) + \nabla f(\boldsymbol{x}^{k+1})(\boldsymbol{x} - \boldsymbol{x}^{k+1}) + \\ \frac{1}{2}(\boldsymbol{x} - \boldsymbol{x}^{k+1})^{\mathrm{T}} \nabla^2 f(\boldsymbol{x}^{k+1})(\boldsymbol{x} - \boldsymbol{x}^{k+1}) \end{aligned} \tag{5.25}$$

两边求导，得

$$\nabla f(\boldsymbol{x}) \approx \nabla f(\boldsymbol{x}^{k+1}) + \nabla^2 f(\boldsymbol{x}^{k+1})(\boldsymbol{x} - \boldsymbol{x}^{k+1}) \tag{5.26}$$

令 $\boldsymbol{x} = \boldsymbol{x}^k$，得

$$\nabla^2 f(\boldsymbol{x}^{k+1})(\boldsymbol{x}^{k+1} - \boldsymbol{x}^k) \approx \nabla f(\boldsymbol{x}^{k+1}) - \nabla f(\boldsymbol{x}^k) \tag{5.27}$$

当$\nabla f(\boldsymbol{x}^{k+1})$正定时，有

$$[\nabla^2 f(\boldsymbol{x}^{k+1})]^{-1}[\nabla f(\boldsymbol{x}^{k+1}) - \nabla f(\boldsymbol{x}^k)] = \boldsymbol{x}^{k+1} - \boldsymbol{x}^k \tag{5.28}$$

因此，若令

$$\boldsymbol{H}_{k+1}[\nabla f(\boldsymbol{x}^{k+1}) - \nabla f(\boldsymbol{x}^k)] = \boldsymbol{x}^{k+1} - \boldsymbol{x}^k \tag{5.29}$$

那么，$\boldsymbol{H}_k$ 就可以很好地近似于$[\nabla^2 f(\boldsymbol{x}^k)]^{-1}$，式(5.29)称为拟 Newton 条件(Quasi-Newton condition)。

若令

$$\boldsymbol{y}_k = \nabla f(\boldsymbol{x}^{k+1}) - \nabla f(\boldsymbol{x}^k), \quad \boldsymbol{s}_k = \boldsymbol{x}^{k+1} - \boldsymbol{x}^k \tag{5.30}$$

则式(5.29)可简记为

$$\boldsymbol{H}_{k+1} \boldsymbol{y}_k = \boldsymbol{s}_k \tag{5.31}$$

将 $\boldsymbol{H}_{k+1}=\boldsymbol{H}_k+\Delta\boldsymbol{H}_k$ 代入式(5.31),可得

$$\nabla\boldsymbol{H}_k\boldsymbol{y}_k=\boldsymbol{s}_k-\boldsymbol{H}_k\boldsymbol{y}_k \tag{5.32}$$

满足上式条件的$\nabla\boldsymbol{H}_k$ 有无穷多,因此由拟 Newton 条件式(5.29)确定的是一族算法。

(2) 秩 1 修正算法

显然,修正矩阵 $\Delta\boldsymbol{H}_k$ 简单化是考虑问题的出发点之一,其简单程度可用秩的多少来衡量,故先想到秩 1 修正。通过式(5.32)易见,若向量$\boldsymbol{v}^{\mathrm{T}}$ 使$\boldsymbol{v}^{\mathrm{T}}\boldsymbol{y}_k\neq 0$,可得

$$\nabla\boldsymbol{H}_k=\frac{(\boldsymbol{s}_k-\boldsymbol{H}_k\boldsymbol{y}_k)\boldsymbol{v}^{\mathrm{T}}}{\boldsymbol{v}^{\mathrm{T}}\boldsymbol{y}_k} \tag{5.33}$$

修正(5.33)是秩 1 修正。容易验证,对其拟 Newton 条件式(5.29)成立。由于 $\boldsymbol{H}_{k+1}$ 与矩阵$\nabla^2 f(\boldsymbol{x}^{k+1})$的逆近似,故此类修正又称为单秩逆修正。

可取$\boldsymbol{v}=\boldsymbol{s}_k\boldsymbol{y}_k$ 及$(\boldsymbol{s}_k-\boldsymbol{H}_k\boldsymbol{y}_k)$(对称)等,但效果均不佳。如果选择

$$\boldsymbol{v}=\|\boldsymbol{y}_k\|_\infty\boldsymbol{e}_i \tag{5.34}$$

其中,$\boldsymbol{e}_i=(0,0,\cdots,1,0,\cdots,0)$,$\|\boldsymbol{y}_k\|_\infty$是 $\boldsymbol{y}_k$ 绝对值最大分量的绝对值,则不仅效果奇佳,而且计算更简单(这时$|\boldsymbol{v}^{\mathrm{T}}\boldsymbol{y}_k|=\|\boldsymbol{y}_k\|_\infty^2$),同时可证,由此引出的算法具超线性收敛性。

如果,令 $\boldsymbol{B}_{k+1}=\boldsymbol{H}_{k+1}^{-1}$,则有

$$\boldsymbol{B}_{k+1}\boldsymbol{s}_k=\boldsymbol{y}_k \tag{5.35}$$

$$\Delta\boldsymbol{B}_{k+1}\boldsymbol{s}_k=\boldsymbol{y}_k-\boldsymbol{B}_k\boldsymbol{s}_k \tag{5.36}$$

称为正修正,若令

$$\Delta\boldsymbol{B}_k=\frac{(\boldsymbol{y}_k-\boldsymbol{B}_k\boldsymbol{s}_k)\boldsymbol{v}^{\mathrm{T}}}{\boldsymbol{v}^{\mathrm{T}}\boldsymbol{s}_k},\quad \boldsymbol{v}^{\mathrm{T}}\boldsymbol{s}_k\neq 0 \tag{5.37}$$

则得秩 1 正修正。特别地,如令$\boldsymbol{v}=\boldsymbol{s}_k$,则得著名的 Broyden 秩 1 修正:

$$\Delta\boldsymbol{B}_k=\frac{(\boldsymbol{y}_k-\boldsymbol{B}_k\boldsymbol{s}_k)\boldsymbol{s}_k^{\mathrm{T}}}{\boldsymbol{s}_k^{\mathrm{T}}\boldsymbol{s}_k} \tag{5.38}$$

此修正对于解非线性方程组很有效。

(3) 秩 2 修正算法

① DFP 算法(由 Davidon Fletcher 和 Powell 提出的)。设想 $\Delta\boldsymbol{H}_k=\lambda_k\boldsymbol{u}\boldsymbol{u}^{\mathrm{T}}+\mu_k\boldsymbol{v}\boldsymbol{v}^{\mathrm{T}}$,并将其代入式(5.33),得

$$\lambda_k\boldsymbol{u}(\boldsymbol{u}^{\mathrm{T}}\boldsymbol{y}_k)+\mu_k\boldsymbol{v}(\boldsymbol{v}^{\mathrm{T}}\boldsymbol{y}_k)=\boldsymbol{s}_k-\boldsymbol{H}_k\boldsymbol{y}_k \tag{5.39}$$

令 $\boldsymbol{u}=\boldsymbol{s}_k$,$\boldsymbol{v}=\boldsymbol{H}_k\boldsymbol{y}_k$,则得

$$\lambda_k=\frac{1}{\boldsymbol{s}_k^{\mathrm{T}}\boldsymbol{y}_k},\quad \mu_k=\frac{-1}{(\boldsymbol{H}_k\boldsymbol{y}_k)^{\mathrm{T}}\boldsymbol{y}_k} \tag{5.40}$$

所以有

$$\boldsymbol{H}_{k+1}=\boldsymbol{H}_k+\frac{\boldsymbol{s}_k\boldsymbol{s}_k^{\mathrm{T}}}{\boldsymbol{s}_k^{\mathrm{T}}\boldsymbol{y}_k}-\frac{\boldsymbol{H}_k\boldsymbol{y}_k\boldsymbol{y}_k^{\mathrm{T}}\boldsymbol{H}_k}{\boldsymbol{y}_k^{\mathrm{T}}\boldsymbol{H}_k\boldsymbol{y}_k} \tag{5.41}$$

这就是 DFP 变尺度法的计算公式。

② BFGS 算法,它是由 Broyden Fletcher Goldfarb 和 Shanno 等人于 1970 年给出的,公式如下:

$$H_{k+1}=H_k+\frac{(s_k-H_ky_k)s_k^{\mathrm{T}}+s_k(s_k-H_ky_k)^{\mathrm{T}}}{s_k^{\mathrm{T}}y_k}-\frac{y_k^{\mathrm{T}}(s_k-H_ky_k)s_ks_k^{\mathrm{T}}}{(s_k^{\mathrm{T}}y_k)^2} \tag{5.42}$$

式(5.41)与式(5.42)关系密切,若将式(5.41)中的 s_k 与 y_k 互换,并将 H_k 换成 B_k,就得式(5.42)的正修正 $B_{k+1}=H_{k+1}^{-1}$:

$$B_{k+1}=B_k+\frac{y_ky_k^{\mathrm{T}}}{s_k^{\mathrm{T}}y_k}-\frac{B_ks_ks_k^{\mathrm{T}}B_k}{s_k^{\mathrm{T}}B_ks_k} \tag{5.43}$$

反之,亦然。

可以证明,式(5.41)与式(5.42)都满足拟 Newton 方程且具有正定性的传递性,由它们产生的点列超线性收敛,特别是 BFGS 算法比 DFP 算法更具有数值稳定性和存储量少的特点,即使对精确度不高的不精确一维搜索,也能证明它是超线性收敛的,因此,得到广泛应用。

③ 强拟 Newton 算法,由拟 Newton 条件(5.29)的推导可知,如果 $x^{k-1},\cdots,x^{k-t}$ 与 x^{k+1} 也很接近的话,则在式(5.28)中,令 $x=x^j$,$j=k,k-1,k-t$,便成立

$$[\nabla^2 f(x^{k+1})]^{-1}[\nabla f(x^{k+1})-\nabla f(x^j)]=x^{k+1}-x^j,\quad j=k,\cdots,k-t \tag{5.44}$$

如果令 H_{k+1} 满足

$$H_{k+1}[\nabla f(x^{k+1})-\nabla f(x^j)]=x^{k+1}-x^j,\quad j=k,\cdots,k-t \tag{5.45}$$

则 H_{k+1} 与 $[\nabla^2 f(x^{k+1})]^{-1}$ 将有更好的接近度,而已往构造的 H_k,例如,DFP 算法(5.42),BFGS 算法(5.43),对于非二次函数一般不满足式(5.45)。易证式(5.45)等价于

$$H_{k+1}y_j=s_j,\quad j=k,\cdots,k-t \tag{5.46}$$

当 $t\geqslant 1$ 时,称式(5.45)或式(5.46)为强拟 Newton 条件。满足强拟 Newton 条件的 H_{k+1} 一般不再有对称性和正定性,规模也随 t 的增大而增大。关键在于如何求解式(5.46)。

注意式(5.46)可写成

$$H_{k+1}A_{k+1}=B_{k+1},\quad k=0,1,\cdots \tag{5.47}$$

式中

$$A_{k+1}=(y_{k-t},\cdots,y_{k-1},y_k)=(a_{ij})_{n\times(t+1)} \tag{5.48}$$

$$B_{k+1}=(s_{k-t},\cdots,s_{k-1},s_k)=(b_{ij})_{n\times(t+1)} \tag{5.49}$$

均为已知的 $n\times(t+1)$ 阶矩阵,$H_{k+1}=(h_{ij})_{n\times n}$ 为所求 n 阶矩阵,将式(5.47)转置得

$$A_{k+1}^{\mathrm{T}}H_{k+1}^{\mathrm{T}}=B_{k+1}^{\mathrm{T}} \tag{5.50}$$

令 H_{k+1}^{T} 的每一列均是未知变量,可见式(5.50)实际上是具相同系数矩阵 A_{k+1}^{T} 的 n 个不同的方程组,于是可得表 5.1。

表 5.1 具相同系数矩阵的不同方程组

h_{i1}	h_{i2}	…	h_{in}	u_0	u_1	…	u_t				
a_{10}	a_{20}	…	a_{n0}	1	0	…	0	b_{10}	b_{20}	…	b_{n0}
a_{11}	a_{21}	…	a_{n1}	0	1	…	0	b_{11}	b_{21}	…	b_{n1}
…	…	…	…	…	…	…	…	…	…	…	…
a_{1t}	a_{2t}	…	a_{nt}	0	0	…	1	b_{1t}	b_{2t}	…	b_{nt}

这里 $u_i(i=0,1,\cdots,t)$是人工变量(作用后叙)。对于表 5.1,按照通常的 Gauss 消元,一举可求出 n 个方程组的基本解,表 5.1 中竖线右边第 i 列恰为 H_{k+1}^{T} 之第 i 列 $h_{i1},\cdots,h_{in}$

$(i=1,2,\cdots,n)$里基变量的值(其余变量均取0值),从而可得 $\boldsymbol{H}_{k+1}^{\mathrm{T}}$。求 $\boldsymbol{H}_{k+1}^{\mathrm{T}}$ 的计算量为 $O(t^2 n)$,若 t 较小,即 $t \ll n$,则计算量只有 $O(n)$。

t 值的选取有相当的灵活性,但适当与否至关重要,它的大小取决于 $\boldsymbol{x}^k$ 之间的接近程度。若保持 t 不变,则迭代中增加一个拟 Newton 条件(相当 n 个约束条件)的同时,需去掉另一个,这相当于在表 5.1 中增加一行,再减掉一行;不过在减掉一行之前,为消除其影响,应以原来该行所加人工变量一列中任一非零元素为主元,实行一次 Gauss 消元,然后将该主元所在行换成要增加的一行,再于该行选一主元实行一次 Gauss 消元,即可得一新的迭代矩阵。可见,即使 t 很大,充其量 $t=n-1$,计算量只有 $O(n^2)$,并且也不必像 DFP 等算法那样,迭代 n 步后,须令 $\boldsymbol{H}_0=\boldsymbol{H}_{n+1}=\boldsymbol{I}$,再重新开始,对 $\boldsymbol{H}_k$,$f(\boldsymbol{x})$的要求也放宽了许多,如 $\boldsymbol{H}_k$,$\nabla^2 f(\boldsymbol{x})$的对称正定性等。

由于 $\boldsymbol{H}_k$ 未必对称正定,故迭代程序应为

$$\begin{cases}\boldsymbol{x}^{k+1}=\boldsymbol{x}^k+\lambda_k \boldsymbol{s}^k \\ \lambda_k: \min f(\boldsymbol{x}^k+\lambda \boldsymbol{s}^k) \\ \boldsymbol{s}^k=-\boldsymbol{H}_k^{\mathrm{T}} \nabla f(\boldsymbol{x}^k)\end{cases} \tag{5.51}$$

当 $t=n-1$ 时,(5.49)中的 $\boldsymbol{A}_{k+1}$,$\boldsymbol{B}_{k+1}$ 都是 n 阶矩阵,若初始矩阵 $\boldsymbol{A}_0=(\boldsymbol{y}_0,\boldsymbol{y}_1,\cdots,\boldsymbol{y}_{n-1})$非奇异,则迭代具有非奇异传递性,$\boldsymbol{H}_{k+1}$ 具递推性质,算法(5.51)具二次收敛性和超线性收敛性。注意:此时 $\boldsymbol{H}_{k+1}=\boldsymbol{A}_k^{-1}\boldsymbol{B}_k$,由于对 $\boldsymbol{B}_k$ 未提出任何要求,因此,即使 $\boldsymbol{B}_k$ 出现降秩现象,导致 $\boldsymbol{H}_k$ 奇异对收敛性也无影响。

例 5.2 求解问题 $\min\limits_{\boldsymbol{x}\in\mathbf{R}^2}(x_1-2)^4+(x_1-2x_2)^2$。

解:取初始点 $\boldsymbol{x}^0=(0.00,3.00)^{\mathrm{T}}$,梯度模允许误差 $\varepsilon=0.01$

$$\nabla f(\boldsymbol{x}^0)=(-44.00,24.00)^{\mathrm{T}} \quad \|\nabla f(\boldsymbol{x}^0)\|=50.12>\varepsilon$$

取 $\boldsymbol{H}_0=\begin{pmatrix}1 & 0\\ 0 & 1\end{pmatrix}$,$\boldsymbol{s}^0=-\boldsymbol{H}_0^{\mathrm{T}}\nabla f(\boldsymbol{x}^0)$。

经一维搜索,可得 $\lambda_0=0.062$,于是得

$$\boldsymbol{x}^1=\boldsymbol{x}^0+\lambda_0\boldsymbol{s}^0=(2.70,1.51)^{\mathrm{T}}$$

$$\nabla f(\boldsymbol{x}^1)=(0.73,1.28)^{\mathrm{T}} \quad \|\nabla f(\boldsymbol{x}^1)\|=1.47>\varepsilon$$

$$\boldsymbol{y}_0=(44.73,-22.72)^{\mathrm{T}} \quad \boldsymbol{s}_0=(2.70,-1.49)^{\mathrm{T}}$$

据表 5.1 有类似表 5.2,具体形式如下:

表 5.2 求解具有相同系数矩阵的方程组

h_{i1}	h_{i2}	u_0		
44.73	−22.72	1	2.70	−1.49
−1.97	1	0.044	−0.118 84	0.065 58

从而得 $h_{11}=0$,$h_{12}=-0.118\,84$,$h_{21}=0$,$h_{22}=0.065\,58$。

于是

$$\boldsymbol{H}_1^{\mathrm{T}}=\begin{pmatrix}0 & -0.118\,84\\ 0 & 0.065\,58\end{pmatrix}$$

$$s^1 = -H_1^{\mathrm{T}} \nabla f(x^1) = \begin{pmatrix} 0 \\ 0.0028 \end{pmatrix}$$

再经一维搜索，得 $\lambda_1 = -57.143, s_1 = (0. -0.16)^{\mathrm{T}}$

$$x^2 = (2.70, 1.35)^{\mathrm{T}} \quad \nabla f(x^2) = (1.372, 0)^{\mathrm{T}}$$

$$\| \nabla f(x^2) \| = 1.372 > \varepsilon \quad y_1 = (0.642, -1.28)^{\mathrm{T}}$$

于是表 5.2 有形式(略去了人工变量)如表 5.3 所示：

表 5.3 求解具有相同系数矩阵的方程组推导后

44.73	−22.72	2.70	−1.49
0.642	−1.28	0	−0.16
1	0	0.081 0	0.040 5
0	1	0.040 6	0.145 3

从而得

$$H_2^{\mathrm{T}} = \begin{pmatrix} 0.081\,0 & 0.040\,5 \\ 0.040\,6 & 0.145\,3 \end{pmatrix} \quad (接近对称)$$

$$s^2 = -(0.111\,13, 0.055\,70)^{\mathrm{T}} \quad \lambda_2 = 6.18$$

$$x^3 = x^2 + \lambda_2 s^2 = (2.013\,2, 1.005\,8)^{\mathrm{T}}$$

$$\| \nabla f(x^3) \| = 0.006 < \varepsilon$$

$$| f(x^3) | = 5 \times 10^{-6}$$

x^3 已满足要求，它比用 DFP 算法迭代 7 步的结果(2.115,1.058)还好。

本节首先研究了无约束优化问题的最优解所满足的必要条件和充分条件，这些条件很重要，并为各种算法的推导和分析提供了必要的理论基础。通常采用使目标函数逐次下降的搜索方法求解无约束问题，其中包含两个关键步骤：得到一个迭代点；选择搜索方向。搜索方向不同，形成的最优化方法也不同。然后，介绍了最速下降法(梯度法)、Newton 法、变尺度法几种常用的下降法。其中，变尺度法既避免了计算二阶导数矩阵及其求逆过程，又比最速下降法的收敛速度快，特别对高维问题具有显著的优越性，是求解无约束问题最有效的方法之一。

5.2 等式约束优化问题

5.2.1 最优性条件

考虑具有等式约束的最优化问题：

$$\begin{cases} \min\ f(x) \\ \text{s.t.}\ \ h_j(x) = 0 \quad j = 1, \cdots, l \end{cases} \tag{5.52}$$

其中：$f: \mathbf{R}^n \to \mathbf{R}, h_j: \mathbf{R}^n \to \mathbf{R}$。这类问题的求解方法在数学分析中已解决，即 Lagrange 乘数法，先进行简要复述。

定理 5.7(一阶必要条件) 设 f、h_j，$j = 1, \cdots, l$ 在可行点 x^* 的某个邻域 $0(x^*, \delta)$ 可

微，向量组$\nabla h_j(\boldsymbol{x}^*)$，$j=1,\cdots,l$ 线性无关，若 $\boldsymbol{x}^*$ 是式(5.52)的局部最优解，则存在实数 λ_j^*，$j=1,\cdots,l$ 使得

$$\nabla f(\boldsymbol{x}^*)+\sum_{j=1}^{l}\lambda_j^*\nabla h_j(\boldsymbol{x}^*)=\boldsymbol{0} \tag{5.53}$$

定义$(n+l)$元函数

$$L(\boldsymbol{x},\boldsymbol{\lambda})=f(\boldsymbol{x})+\boldsymbol{\lambda}^{\mathrm{T}}\boldsymbol{h}(\boldsymbol{x}) \tag{5.54}$$

称为 Lagrange 函数，其中$\boldsymbol{\lambda}=(\lambda_1,\cdots,\lambda_l)^{\mathrm{T}}$ 称为 Lagrange 乘子，$\boldsymbol{h}(\boldsymbol{x})=(h_1(\boldsymbol{x}),\cdots,h_l(\boldsymbol{x}))^{\mathrm{T}}$。可以证明式(5.53)成立。这只需考虑函数 $L(\boldsymbol{x},\boldsymbol{\lambda})$在无约束条件下取极值的必要条件。

$$\nabla_x L(\boldsymbol{x},\boldsymbol{\lambda})=\nabla f(\boldsymbol{x})+\sum_{j=1}^{l}\lambda_j\nabla h_j(\boldsymbol{x}) \tag{5.55}$$

$$\nabla_\lambda L(\boldsymbol{x},\boldsymbol{\lambda})=\boldsymbol{h}(\boldsymbol{x})=(h_1(\boldsymbol{x}),\cdots,h_l(\boldsymbol{x}))^{\mathrm{T}} \tag{5.56}$$

由$\nabla L(\boldsymbol{x}^*,\boldsymbol{\lambda}^*)=\boldsymbol{0}$，立得式(5.53)且有

$$h_j(\boldsymbol{x})=0,\quad j=1,\cdots,l \tag{5.57}$$

它表明 $\boldsymbol{x}^*$ 必须满足(5.52)的约束条件。

联立式(5.53)、式(5.54)所得的解被称为 Lagrange 函数的稳定点。

定理 5.8(二阶充分条件) 设 $\boldsymbol{x}^*$ 是式(5.52)的可行解，$f,h_j,j=1,\cdots,l$ 二次可微，若存在向量$\boldsymbol{\lambda}^*\in\mathbf{R}^l$，使$\nabla L(\boldsymbol{x}^*,\boldsymbol{\lambda}^*)=\boldsymbol{0}$，且 $L(\boldsymbol{x},\boldsymbol{\lambda})$的 Hesse 矩阵 $\boldsymbol{H}(\boldsymbol{x}^*,\boldsymbol{\lambda}^*)$正定，则 $\boldsymbol{x}^*$ 是式(5.52)的严格局部最优解。

定理的证明只要注意到对任意可行解 $\boldsymbol{x}$，有 $L(\boldsymbol{x},\boldsymbol{\lambda})=f(\boldsymbol{x})$，故由定理 5.4 可知

$$L(\boldsymbol{x},\boldsymbol{\lambda})>L(\boldsymbol{x}^*,\boldsymbol{\lambda}^*)=f(\boldsymbol{x}^*) \tag{5.58}$$

故当 $\boldsymbol{x}$ 为可行解时上式亦成立。

5.2.2 乘子法

定理 5.7 与定理 5.8 给出了 Lagrange 乘子$\boldsymbol{\lambda}^*$的存在性，但如何寻找并未真正解决这一问题，这里介绍的乘子法恰好给出了一个方法。为此引入增广 Lagrange 函数：

$$\begin{aligned}\varphi(\boldsymbol{x},\boldsymbol{\lambda})&=L(\boldsymbol{x},\boldsymbol{\lambda})+\frac{M}{2}\sum_{j=1}^{l}(h_j(\boldsymbol{x}))^2\\&=f(\boldsymbol{x})+\sum_{j=1}^{l}\lambda_j h_j(\boldsymbol{x})+\frac{M}{2}\sum_{j=1}^{l}(h_j(\boldsymbol{x}))^2\end{aligned} \tag{5.59}$$

其中，$\lambda_1,\cdots,\lambda_l$ 为 Lagrange 乘子，M 为较大正数，由定理 5.7 对于局部最优解 $\boldsymbol{x}^*$ 存在 $\boldsymbol{\lambda}^*\in\mathbf{R}^l$，使$(\boldsymbol{x}^*,\boldsymbol{\lambda}^*)$为 $L(\boldsymbol{x},\boldsymbol{\lambda})$的稳定点，即$\nabla_x L(\boldsymbol{x}^*,\boldsymbol{\lambda}^*)=\boldsymbol{0}$，而附加项 $\frac{M}{2}\sum_{j=1}^{l}(h_j(\boldsymbol{x}))^2$ 在 $\boldsymbol{x}^*$ 点的梯度为 $\boldsymbol{0}$。因此，亦有$\nabla\varphi_x(\boldsymbol{x}^*,\boldsymbol{\lambda}^*)=\boldsymbol{0}$，这样 $\boldsymbol{x}^*$ 将是 $\varphi(\boldsymbol{x},\boldsymbol{\lambda}^*)$的极小点，而求解问题(5.56)，便可转化为对$\boldsymbol{\lambda}^*$求 $\varphi(\boldsymbol{x},\boldsymbol{\lambda}^*)$的无约束极小了。那么如何求$\boldsymbol{\lambda}^*$呢？

设对$\boldsymbol{\lambda}^k\in\mathbf{R}^l$，求解 $\min\varphi(\boldsymbol{x},\boldsymbol{\lambda}^k)$得 $\boldsymbol{x}^k$，则

$$\nabla\varphi_x(\boldsymbol{x}^k,\boldsymbol{\lambda}^k)=\nabla f(\boldsymbol{x}^k)+\sum_{j=1}^{l}\lambda_j^k\nabla h_j(\boldsymbol{x}^k)+M\sum_{j=1}^{l}h_j(\boldsymbol{x}^k)\nabla h_j(\boldsymbol{x}^k)=\boldsymbol{0} \tag{5.60}$$

即

$$\nabla f(\boldsymbol{x}^k)+\sum_{j=1}^{l}(\lambda_j^k+Mh_j(\boldsymbol{x}^k))\nabla h_j(\boldsymbol{x}^k)=\boldsymbol{0} \tag{5.61}$$

与式(5.2)相比,自然令

$$\lambda_j^{k+1}=\lambda_j^k+Mh_j(\boldsymbol{x}^k),\quad j=1,\cdots,l \tag{5.62}$$

来调整$\boldsymbol{\lambda}^k$。那么迭代到什么时候才可以结束呢?定理5.9为我们提供了依据。

定理5.9　设$\varphi(\boldsymbol{x},\boldsymbol{\lambda})$由式(5.61)定义,$\boldsymbol{x}^k$是无约束优化问题:

$$\min\varphi(\boldsymbol{x},\boldsymbol{\lambda}^k) \tag{5.63}$$

的最优解,则$\boldsymbol{x}^k$是式(5.1)的最优解,$\lambda_1^k,\cdots,\lambda_l^k$为其相应的Lagrange乘子的充要条件是

$$h_j(\boldsymbol{x}^k)=0,\quad j=1,\cdots,l \tag{5.64}$$

证明:若$\boldsymbol{x}^k$是式(5.1)的最优解,则显然有$h_j(\boldsymbol{x}^k)=0,j=1,\cdots,l$。反之,若$\boldsymbol{x}^k$是式(5.61)的最优解,且$h_j(\boldsymbol{x}^k)=0,j=1,\cdots,l$,则$\forall\boldsymbol{x}$都有

$$\varphi(\boldsymbol{x},\boldsymbol{\lambda}^k)\geqslant\varphi(\boldsymbol{x}^k,\boldsymbol{\lambda}^k)=f(\boldsymbol{x}^k) \tag{5.65}$$

特别当$\boldsymbol{x}$是式(5.1)的可行解时,有

$$f(\boldsymbol{x})=\varphi(\boldsymbol{x},\boldsymbol{\lambda}^k)\geqslant f(\boldsymbol{x}^k) \tag{5.66}$$

故$\boldsymbol{x}^k$是式(5.1)的最优解,即$\boldsymbol{x}^k=\boldsymbol{x}^*$,同时应有

$$\nabla\varphi_x(\boldsymbol{x}^k,\boldsymbol{\lambda}^k)=\nabla f(\boldsymbol{x}^*)+\sum_{j=1}^{l}\lambda_j^k\nabla h_j(\boldsymbol{x}^*)=\boldsymbol{0} \tag{5.67}$$

这证明$\boldsymbol{\lambda}^k$是与$\boldsymbol{x}^k=\boldsymbol{x}^*$对应的Lagrange乘子。

迭代应以$\|\boldsymbol{h}(\boldsymbol{x}^k)\|<\varepsilon$结束。若$\boldsymbol{\lambda}^k$收敛慢,可适当增大$M$,即将式(5.60)中的$M$换成$M_k=\alpha M_{k-1},\alpha\geqslant1$。这样,用上述乘子法去求解式(5.1)的迭代的步骤如下:

(1) 给定初始点$\boldsymbol{x}^0$,初始乘子向量$\boldsymbol{\lambda}^1$(可取$\boldsymbol{\lambda}=\boldsymbol{0}$),计算精度$\varepsilon>0$,取$M_1>0,\alpha\in[2,10]$,令$k=1$。

(2) 以$\boldsymbol{x}^{k-1}$为初始点,求解$\min\varphi(\boldsymbol{x},\boldsymbol{\lambda}^k)$得解$\boldsymbol{x}^k$,其中$\min\varphi(\boldsymbol{x},\boldsymbol{\lambda})$由式(5.59)确定。

(3) 若$\|\boldsymbol{h}(\boldsymbol{x}^k)\|<\varepsilon$,计算结束,取$\boldsymbol{x}^k$为式(5.1)的最优解;否则,令$M_k=\alpha M_{k-1}$,转到第(4)步。

(4) 计算

$$\lambda_j^{k+1}=\lambda_j^k+M_kh_j(\boldsymbol{x}^k),\quad j=1,\cdots,l$$

令$k=k+1$,返回第(1)步。

上述方法是Hestenes于1969年提出来的,故称为Hestenes乘子法。几乎同时,Powell也提出一种乘子法,该方法定义的增广目标函数为

$$F(\boldsymbol{x},\boldsymbol{\sigma},\boldsymbol{\alpha})=f(\boldsymbol{x})+\sum_{j=1}^{l}\sigma_j[h_j(\boldsymbol{x})+\alpha_j]^2 \tag{5.68}$$

如果在上式中取$\sigma_j=\dfrac{M}{2}$和$\alpha_j=\dfrac{\lambda_j}{M}$,则$F(\boldsymbol{x},\boldsymbol{\sigma},\boldsymbol{\alpha})$只比$\varphi(\boldsymbol{x},\boldsymbol{\lambda})$多出一个与$\boldsymbol{x}$无关的项,故两者本质是一致的。

在一定条件下,可证迭代程序至少是线性收敛的。实际计算表明,随着罚参数M_k的增大乘子法产生的点列比罚函数法$F(\boldsymbol{x},M)=f(\boldsymbol{x})+M\sum_{j=1}^{l}[h_j(\boldsymbol{x})]^2$产生的点列更快地接

近 $\boldsymbol{x}^*$，因而乘子法一般可避免因罚参数过于增大带来的数值困难。

例 5.3 考察 $\min\left\{\frac{1}{2}x_1^2+\frac{1}{6}x_2^2 \mid x_1+x_2=1\right\}$ 依次用罚函数和乘子法建立 $\boldsymbol{x}^*=(0.25,0.75)^{\mathrm{T}}$ 的迭代点列 $\boldsymbol{x}^{\bar{k}}$ 和 $\boldsymbol{x}^k$。

解：采用罚函数法，由 $\min\limits_{x} F(\boldsymbol{x},M_k)=\frac{1}{2}x_1^2+\frac{1}{6}x_2^2+\frac{M_k}{2}(x_1+x_2-1)^2$，用解析法可求得无约束最优解为 $\boldsymbol{x}^{\bar{k}}=\left(\frac{M_k}{1+4M_k},\frac{3M_k}{1+4M_k}\right)^{\mathrm{T}}$。

采用 Hestenes 乘子法，则由

$$\min_{x}\varphi(\boldsymbol{x},\lambda)=\frac{1}{2}x_1^2+\frac{1}{6}x_2^2+\frac{M_k}{2}(x_1+x_2-1)^2+\lambda^k(x_1+x_2-1) \quad (5.69)$$

可得 $\boldsymbol{x}^k=\left(\frac{M_k-\lambda^k}{1+4M_k},\frac{3(M_k-\lambda^k)}{1+4M_k}\right)^{\mathrm{T}}$。

其中，$\lambda^{k+1}=\lambda^k+M_k(x_1^k+x_2^k-1)$。

选取 $M_k=0.1\times 2^k$，$\lambda^0=0$，所得结果见表 5.4：

表 5.4 罚函数法与乘子法求解迭代

k	$\boldsymbol{x}^{\bar{k}}$	（罚函数法）	$\boldsymbol{x}^k$	（乘子法）
0	(0.071 4,	0.214 2)	(0.071 4,	0.214 2)
1	(0.111 1,	0.333 3)	(0.150 7,	0.452 3)
2	(0.153 8,	0.461 5)	(0.211 0,	0.635 5)
3	(0.190 4,	0.571 4)	(0.240 9,	0.722 7)
4	(0.216 2,	0.648 6)	(0.248 7,	0.746 3)
5	(0.231 8,	0.695 9)	(0.249 9,	0.749 7)
6	(0.240 6,	0.721 8)	(0.249 9,	0.749 9)
⋮	⋮		⋮	
15	(0.249 9,	0.749 9)		

从表 5.4 中可见 $\boldsymbol{x}^k$ 接近 $\boldsymbol{x}^*$ 比 $\boldsymbol{x}^{\bar{k}}$ 接近 $\boldsymbol{x}^*$ 的速度快得多，用乘子法迭代 6 次就达到了罚函数法迭代 15 次的结果。这里罚参数在罚函数中要增大到 $M_{15}=3\,276.8$，而在乘之法中只要增大到 $M_6=6.4$，相比之下乘子法不需要过份地增大罚参数，从而改进了罚函数法。

1973 年，Rockfellar 将乘子法推广到解不等式约束的优化问题：

$$\begin{cases}\min f(\boldsymbol{x}) \\ \text{s.t. } g_i(\boldsymbol{x})\leqslant 0, \quad i=1,\cdots,m\end{cases} \quad (5.70)$$

其中，$f, g_i(i=1,\cdots,m)$：$\mathbf{R}^n\to\mathbf{R}$

求解它的办法是引入松弛变量 $y_i(i=1,\cdots m)$ 将不等式约束化为等式约束：

$$g_i(\boldsymbol{x})+y_i^2=0, \quad i=1,\cdots,m \quad (5.71)$$

然后，再利用前面讲述的等式约束最优化问题的结果。这时式(5.69)具有形式

$$\min\varphi(\boldsymbol{x},\boldsymbol{\lambda}^k,\boldsymbol{y})=f(\boldsymbol{x})+\sum_{i=1}^{m}\left[\lambda_i^k(g_i(\boldsymbol{x})+y_i^2)+\frac{M}{2}(g_i(\boldsymbol{x})+y_i^2)^2\right] \quad (5.72)$$

而式(5.62)变成

$$\lambda_j^{k+1}=\lambda_j^k+M_k(g_i(\boldsymbol{x}^k)+y_i^2),\quad i=1,\cdots,m \tag{5.73}$$

其中,$M_k>0, M_k\to+\infty$

设法消去松弛变量 $\boldsymbol{y}$,不难证明[只须令$\nabla_y\phi(\boldsymbol{x},\boldsymbol{\lambda}^k,\boldsymbol{y})=\boldsymbol{0}$]式(5.72)右端的和式中的各项,当 y_i 满足下式时取最小值:

$$g_i(\boldsymbol{x})+y_i^2=\begin{cases}-\lambda_i^k/M, & \text{当 } Mg_i(\boldsymbol{x})+\lambda_i^k\leqslant 0\\ g_i(\boldsymbol{x}), & \text{当 } Mg_i(\boldsymbol{x})+\lambda_i^k>0\end{cases} \tag{5.74}$$

代入式(5.72)得

$$\min\varphi=f(\boldsymbol{x})+\frac{1}{2M}\sum_{i=1}^m\{\max[0,\lambda_i^k+Mg_i(\boldsymbol{x})]^2-(\lambda_i^k)^2\} \tag{5.75}$$

代入式(5.73)得

$$\lambda_i^{k+1}=\max\{0,\lambda_i^k+M_kg_i(\boldsymbol{x}^k)\},\quad i=1,\cdots,m \tag{5.76}$$

而结束准则可采用

$$\sum_{i=1}^m(g_i(\boldsymbol{x}^k)+y_i^2)^2=\sum_{i=1}^m\left[\max\left(g_i(\boldsymbol{x}^k),-\frac{\lambda_i^k}{M}\right)\right]^2<\varepsilon^2 \tag{5.77}$$

对于一般非线性优化问题,可类似地推出相应结果。

有人采用异于式(5.62)的乘子迭代公式:

$$\boldsymbol{\lambda}^{k+1}=\boldsymbol{\lambda}^k+Mh(\boldsymbol{x}^k)+\frac{\boldsymbol{\lambda}^k-\boldsymbol{\lambda}^{k-1}}{h(\boldsymbol{x}^k)-h(\boldsymbol{x}^{k-1})}h(\boldsymbol{x}^k) \tag{5.78}$$

在加速迭代收敛方面取得了很好的计算结果。还有把乘子表示成 $\boldsymbol{x}$ 的函数的,如 Polak 乘子法这里就不介绍了。

本节研究了等式约束的最优化问题。解决约束最优化问题的基本思想是:根据约束的特点构造某种“惩罚”项,把它加到目标函数中去,使约束问题的求解转化为无约束问题的求解。等式约束问题一般使用乘子法求解。在给出 Lagrange 乘子$\boldsymbol{\lambda}^*$的存在性后,引入增广 Lagrange 函数,介绍了如何寻找$\boldsymbol{\lambda}^*$的方法。乘子法是罚函数法的一种改进。

5.3 不等式约束优化问题

5.3.1 最优性条件

考虑不等式约束的优化问题(5.70)。

定义 5.3 设 $C\subset\mathbf{R}^n$ 是非空集合,若 $\forall\boldsymbol{x}\in C$ 及 $\lambda\geqslant0$,有 $\lambda\boldsymbol{x}\in C$,则称集合 C 为以原点为顶点的锥。如果锥 C 又是凸集,则称 C 为凸锥。

定义 5.4 设 $S\subset\mathbf{R}^n$ 非空,是可行解集,点 $\bar{\boldsymbol{x}}\in S$ 闭包,若对某 $\boldsymbol{P}\in\mathbf{R}^n$,$\boldsymbol{P}\neq\boldsymbol{0}$,存在数 $\delta>0$,使 $\forall\lambda\in(0,\delta)$,均有 $\bar{\boldsymbol{x}}+\lambda\boldsymbol{P}\in S$,则称 $\boldsymbol{P}$ 为点 $\bar{\boldsymbol{x}}$ 处的可行方向。

用 D 表示在 S 中从 $\bar{\boldsymbol{x}}$ 出发的所有可行方向向量的集合,即

$$D=\{\boldsymbol{P}\mid\boldsymbol{P}\neq\boldsymbol{0}\text{ 且存在 }\delta>0,\forall\lambda\in(0,\delta)\text{ 有}\bar{\boldsymbol{x}}+\lambda\boldsymbol{P}\in S\}$$

称为在点 $\bar{\boldsymbol{x}}$ 处的可行方向锥。

若记 $F_0=\{\boldsymbol{P}\mid\nabla f(\bar{x})^{\mathrm{T}}\boldsymbol{P}<0\}$，则对局部最优解来说，必有

$$F_0\cap D=\varnothing \tag{5.79}$$

这是因为在最优点 $\boldsymbol{x}^*$，不可能存在下降的可行方向，反之若于某点 $\boldsymbol{x}^*$ 已不存在下降的可行方向，则此点一定是局部最优解。

定义 5.5 若式(5.70)的一个可行点 $\bar{x}$ 使某个不等式约束 $g_i\leqslant 0$ 变成等式即 $g_i(\bar{x})=0$，则该约束称为关于 $\bar{x}$ 的起作用约束(紧约束)，否则，即 $g_i(\bar{x})<0$ 则称之为不起作用约束(松约束)。

用集合 $I=\{i\mid g_i(\bar{x})=0,\bar{x}\in S\}$ 表示在可行点 $\bar{x}$ 的紧约束指标集。

定理 5.10 设 $\boldsymbol{x}^*$ 是式(5.70)的可行点，f 和 $g_i(i\in I)$ 在 $\boldsymbol{x}^*$ 可微，$g_i(i\notin I)$ 在 $\boldsymbol{x}^*$ 连续，如果 $\boldsymbol{x}^*$ 是局部最优解，则

$$F_0\cap G_0=\varnothing \tag{5.80}$$

其中，$G_0=\{\boldsymbol{P}\mid\nabla g_i(\boldsymbol{x}^*)^{\mathrm{T}}\boldsymbol{P}<0,\forall i\in I\}$，称 G_0 为 S 在点 $\boldsymbol{x}^*$ 处的局部约束方向锥(或内方向锥)。

证明：(略)

条件(5.79)和条件(5.80)均为几何最优性条件，在实际计算中并不好用，下面由之引出经常使用的代数最优性条件。

定理 5.11 Fritz-John 必要条件 设 $\boldsymbol{x}^*$ 是式(5.70)的可行解，$f,g_i(i\in I)$ 在 $\boldsymbol{x}^*$ 可微，$g_i(i\notin I)$ 在 $\boldsymbol{x}^*$ 连续，如果 $\boldsymbol{x}^*$ 是局部最优解，则存在不全为 0 的数 u_0 和 $u_i(i\in I)$，使得

$$\begin{cases}u_0\nabla f(\boldsymbol{x}^*)+\sum\limits_{i\in I}u_i\nabla g_i(\boldsymbol{x}^*)=\boldsymbol{0}\\u_0,u_i\geqslant 0,\quad\forall i\in I\end{cases} \tag{5.81}$$

通常称式(5.81)为 Fritz-John 必要条件，满足式(5.81)的点称为 Fritz-John 点，如果 $g_i(i\notin I)$ 在 $\boldsymbol{x}^*$ 也可微，则有

$$\begin{cases}u_0\nabla f(\boldsymbol{x}^*)+\sum\limits_{i=1}^{m}u_i\nabla g_i(\boldsymbol{x}^*)=\boldsymbol{0}\\u_ig_i(\boldsymbol{x}^*)=0,\quad i=1,\cdots,m\\u_0,u_i\geqslant 0,\quad i=1,\cdots,m\end{cases} \tag{5.82}$$

证明：因 $\boldsymbol{x}^*$ 是式(5.70)的局部最优解，由定理 5.10 知 $F_0\cap G_0=\varnothing$，即不存在向量 $\boldsymbol{P}\in\mathbf{R}^n$ 使得$\nabla f(\boldsymbol{x}^*)^{\mathrm{T}}\boldsymbol{P}<0$ 和$\nabla g_i(\boldsymbol{x}^*)^{\mathrm{T}}\boldsymbol{P}<0(\forall\in i)$同时成立，若 $I=\{i_1,i_2,\cdots,i_k\}$，且记

$$\boldsymbol{A}^{\mathrm{T}}=(\nabla f(\boldsymbol{x}^*),\nabla g_{i_1}(\boldsymbol{x}^*),\cdots,\nabla g_{i_k}(\boldsymbol{x}^*))$$

于是 $\boldsymbol{AP}<\boldsymbol{0}$ 无解。根据 Gordan 定理存在非零向量 $\boldsymbol{y}\geqslant\boldsymbol{0}$，使 $\boldsymbol{A}^{\mathrm{T}}\boldsymbol{y}=\boldsymbol{0}$ 记 $\boldsymbol{y}=(u_0,u_{i_1},\cdots,u_{i_k})$，则有

$$u_0\nabla f(\boldsymbol{x}^*)+\sum_{i\in I}u_i\nabla g_i(\boldsymbol{x}^*)=\boldsymbol{0},\quad u_0\geqslant 0,u_i\geqslant 0,i\in I,\text{且不全为 }0 \tag{5.83}$$

这就证明了式(5.81)。

如果 $g_i(i\notin I)$ 也可微，只要令 $u_i=0,(i\notin I)$ 就有改进的 Fritz-John 条件(5.82)。式(5.82)中的第二式又称为互补松弛条件。

在 Fritz-John 条件中，当 $u_0=0$ 时，目标函数梯度 $\nabla f(\boldsymbol{x}^*)$ 消失，这不利于寻找最优点。例如，以下问题

$$\begin{cases}\min -x_1\\ \text{s.t. } x_2-(1-x_1)^3\leqslant 0\\ -x_2\leqslant 0\end{cases}\tag{5.84}$$

在最优点 $\boldsymbol{x}^*=(1,0)^{\mathrm{T}}$ 处 $I=\{1,2\}$，由 Fritz-John 条件，有

$$u_0\begin{pmatrix}-1\\0\end{pmatrix}+u_1\begin{pmatrix}0\\1\end{pmatrix}+u_2\begin{pmatrix}0\\-1\end{pmatrix}=\begin{pmatrix}0\\0\end{pmatrix}$$

成立，仅当 $u_0=0$（此时可以取 $u_1=u_2=\alpha>0$，α 任意）。为了保证 $u_0>0$，需要再加一些约束条件，这样一些附加约束条件通常称为约束规格，约束规格可以不同，以下定理中所加约束规格是最自然的和容易想到的。

定理 5.12 Kuhn-Tucker(K-T)必要条件 设 $\boldsymbol{x}^*$ 是问题(5.70)的可行解，$f,g_i(i\in I)$ 在 $\boldsymbol{x}^*$ 可微，$g_i(i\notin I)$ 在 $\boldsymbol{x}^*$ 连续，再假设 $\nabla g_i(\boldsymbol{x}^*)(i\in I)$ 线性无关，如果 $\boldsymbol{x}^*$ 是局部最优解，则存在 $u_i\geqslant 0(i\in I)$ 使得

$$\nabla f(\boldsymbol{x}^*)+\sum_i u_i\nabla g_i(\boldsymbol{x}^*)=\boldsymbol{0}\tag{5.85}$$

通常称式(5.85)为 Kuhn-Tucker 条件，简称 K-T 条件，满足这个条件的点称为 K-T 点，如果再假定 $g_i(i\notin I)$ 在 $\boldsymbol{x}^*$ 也可微，则上述 K-T 条件可写成

$$\begin{cases}\nabla f(\boldsymbol{x}^*)+\sum\limits_{i=1}^{m}u_i\nabla g_i(\boldsymbol{x}^*)=\boldsymbol{0}\\ u_ig_i(\boldsymbol{x}^*)=0,\quad i=1,\cdots,m\\ u_i\geqslant 0,\quad i=1,\cdots,m\end{cases}\tag{5.86}$$

证明：由定理 5.11 知，存在 $u_0,\bar{u}_i(i\in I)$ 使

$$\begin{cases}u_0\nabla f(\boldsymbol{x}^*)+\sum\limits_{i\in I}\bar{u}_ig_i(\boldsymbol{x}^*)=\boldsymbol{0}\\ u_0,u_i\geqslant 0,\quad \forall i\in I\end{cases}\tag{5.87}$$

由于 $\nabla g_i(\boldsymbol{x}^*)(i\in I)$ 线性无关，故必 $u_0\neq 0$，从而 $u_0>0$，以 u_0 除上式并令 $u_i=\bar{u}_i/u_0$，则 $u_i\geqslant 0$，这说明式(5.87)成立。

如果 $g_i(i\notin I)$ 也可微，只要令 $u_i=0,i\notin I$ 就有改进的 K-T 条件(5.86)。u_i 称为拉格朗日乘子，条件(5.86)中的第二式称为互补松弛条件。

K-T 条件有明显的几何意义：对于任意一组 $u_i\geqslant 0(i\in I)$，向量 $\sum\limits_{i\in I}u_i\nabla g_i(\boldsymbol{x}^*)$ 属于起作用约束函数梯度向量 $\nabla g_i(\boldsymbol{x}^*)(i\in I)$ 所形成的锥，由式(5.85)知

$$-\nabla f(\boldsymbol{x}^*)=\sum_{i\in I}u_i\nabla g_i(\boldsymbol{x}^*)\tag{5.88}$$

即目标函数的负梯度向量 $-\nabla f(\boldsymbol{x}^*)$ 属于这个锥。

若 $f(\boldsymbol{x})$ 是凸函数，则 K-T 条件还是充分的。

定理 5.13 Kuhn-Tucker(K-T)充分条件 若 $f,g_i,i=1,\cdots,m$ 是可微凸函数，可行点 $\boldsymbol{x}^*$ 满足 K-T 条件，则 $\boldsymbol{x}^*$ 是问题(5.70)的全局最优解。

证明：令 $S=\{x|g_i(\boldsymbol{x})\leqslant 0,i=1,\cdots,m\}$，因为 $g_i,i=1,\cdots,m$ 为凸函数，所以 S 为凸集，$\forall \boldsymbol{x}\in S$，由 f 的凸性，有

$$f(\boldsymbol{x})\geqslant f(\boldsymbol{x}^*)+\nabla f(\boldsymbol{x}^*)^{\mathrm{T}}(\boldsymbol{x}-\boldsymbol{x}^*) \tag{5.89}$$

由于在点 $\boldsymbol{x}^*$ 满足 K-T 条件，则有 $u_i\geqslant 0(i\in I)$，使得

$$f(\boldsymbol{x})\geqslant f(\boldsymbol{x}^*)-\sum_{i\in I}u_i\nabla g_i(\boldsymbol{x}^*)^{\mathrm{T}}(\boldsymbol{x}-\boldsymbol{x}^*) \tag{5.90}$$

又由于 $g_i(\boldsymbol{x})$是凸函数，故又有

$$g_i(\boldsymbol{x})\geqslant g_i(\boldsymbol{x}^*)+\nabla g_i(\boldsymbol{x}^*)^{\mathrm{T}}(\boldsymbol{x}-\boldsymbol{x}^*),\quad \forall \boldsymbol{x}\in S \tag{5.91}$$

因当 $i\in I$ 时，$g_i(\boldsymbol{x}^*)=0$，$g_i(\boldsymbol{x})\leqslant 0$，从而 $g_i(\boldsymbol{x})\leqslant g_i(\boldsymbol{x}^*)$，进而$\nabla g_i(\boldsymbol{x}^*)^{\mathrm{T}}(\boldsymbol{x}-\boldsymbol{x}^*)\leqslant 0$，故 $f(\boldsymbol{x})\geqslant f(\boldsymbol{x}^*)$，$\forall \boldsymbol{x}\in S$。
即 x^* 是全局最优解。

定理 5.13 的条件可以减弱，利用伪凸和拟凸的概念，仿定理 5.13 的证明有以下结果。

定理 5.14 若 f 是伪凸函数，$g_i(i=1,\cdots,m)$是可微拟凸函数，可行点 $\boldsymbol{x}^*$ 满足 K-T 条件，则 $\boldsymbol{x}^*$ 是式(5.70)的全局最优解。

定理条件还可以减弱为 f 在 $\boldsymbol{x}^*$ 点伪凸，$g_i(i=1,\cdots,m)$在点 $\boldsymbol{x}^*$ 可微拟凸，则相应的结论成立。

对于既有等式约束又有不等式约束的一般数学规划问题(5.92)：

$$\begin{cases}\min f(\boldsymbol{x})\\ \text{s.t. } g_i(x)\leqslant 0,\quad i=1,\cdots,m\\ \quad\ h_j(x)=0,\quad j=1,\cdots,l\end{cases} \tag{5.92}$$

只需令 $L(\boldsymbol{x},\lambda)=f(\boldsymbol{x})+\sum_{j=1}^{l}\lambda_j h_j(\boldsymbol{x})$，然后考虑

$$\begin{aligned}&\min L(\boldsymbol{x},\lambda)\\ &\text{s.t. } g_i(\boldsymbol{x})\leqslant 0,\quad i=1,\cdots m\end{aligned} \tag{5.93}$$

便会得到与定理 5.11、定理 5.12 相应的结果，下面仅叙述相应的 K-T 条件。

定理 5.15 Kuhn-Tucker(K-T)必要条件 设 $\boldsymbol{x}^*$ 是问题(5.92)的可行解，$f,g_i(i=1,\cdots,m),h_j(j=1,\cdots,l)$可微，再假设$\nabla g_i(\boldsymbol{x}^*)(i\in I)$和$\nabla h_j(\boldsymbol{x}^*)$，$j=1,\cdots,l$ 线性无关，则存在 $u_i\geqslant 0(i=1,\cdots,m)$及 $\lambda_j(j=1,\cdots,l)$，使得

$$\begin{cases}\nabla f(\boldsymbol{x}^*)+\sum_{i=1}^{m}u_i\nabla g_i(\boldsymbol{x}^*)+\sum_{j=1}^{l}\lambda_j\nabla h_j(\boldsymbol{x}^*)=\boldsymbol{0}\\ u_i g_i(\boldsymbol{x}^*)=0,\quad i=1,\cdots,m\end{cases} \tag{5.94}$$

若问题是凸规划，则亦可证 K-T 条件是充分的。

5.3.2 算法介绍——可行方向法

最早的可行方向法是 1960 年由 G. Zoutendijk 提出的，现在可行方向法已发展成求解约束优化问题的一类重要方法，其基本思想是：在给定一个可行点 $\boldsymbol{x}^k$ 之后，用某种办法确定一个改进的可行方向 $\boldsymbol{S}^k$，然后沿 $\boldsymbol{S}^k$ 求解一个有约束的线搜索问题，得极小点 λ_k，令 $\boldsymbol{x}^{k+1}=\boldsymbol{x}^k+\lambda_k\boldsymbol{S}^k$。若 $\boldsymbol{x}^{k+1}$ 仍不是最优解，则重复上述步骤。各种不同的可行方向法的主

要区别在于：选择可行方向 $\boldsymbol{S}^k$ 的策略不同，大体可分为三类：

(1) 用求解一个线性规划问题来确定 $\boldsymbol{S}^k$，如 Frank-Wolfe 法、Zoutendijk 方法等。

(2) 利用投影矩阵直接来构造一个改进可行方向 $\boldsymbol{S}^k$，如 Rosen 投影梯度法。

(3) 利用既约梯度直接构造出一个改进的可行方向 $\boldsymbol{S}^k$，如 Wolfe 约梯度法及其各种改进方法。

下面介绍其中的几种方法。

1. Frank-Wolfe 方法

考虑非线性规划问题

$$\begin{cases}\min f(\boldsymbol{x}) \\ \text{s.t.}\ \boldsymbol{Ax} \leqslant \boldsymbol{b} \\ \quad\ \ \boldsymbol{Bx} = \boldsymbol{d}\end{cases} \tag{5.95}$$

其中，$\boldsymbol{A}$ 和 $\boldsymbol{B}$ 分别是 $m\times n$ 和 $l\times n$ 阶矩阵，且 $\boldsymbol{B}$ 是行满秩的。

$\boldsymbol{b}$ 和 $\boldsymbol{d}$ 分别是 m 和 l 维列向量，令 $S=\{\boldsymbol{x}\mid \boldsymbol{Ax}\leqslant\boldsymbol{b},\boldsymbol{Bx}=\boldsymbol{d},\boldsymbol{x}\in\mathbf{R}^n\}$ 表示可行域，假定 $f(\boldsymbol{x})$ 在包含 S 的某个开集 D 上是连续可微的函数。

任取一初始可行点 $\boldsymbol{x}^0\in S$，在 $\boldsymbol{x}^0$ 处以 $f(\boldsymbol{x})$ 的一阶泰勒(Taylor)展开式作为 $f(\boldsymbol{x})$ 的线性逼近函数：

$$F(\boldsymbol{x})=f(\boldsymbol{x}^0)+\nabla f(\boldsymbol{x}^0)^{\mathrm{T}}(\boldsymbol{x}-\boldsymbol{x}^0) \tag{5.96}$$

求线性规划问题

$$\min_{x\in S} F(\boldsymbol{x}) \tag{5.97}$$

的解，显然等价于求解线性规划问题：

$$\min_{x\in S} \nabla f(\boldsymbol{x}^0)^{\mathrm{T}}\boldsymbol{x} \tag{5.98}$$

为了保证式(5.98)有有限解，假设对于任意可行点 $\boldsymbol{x}^0\in S$，线性函数 $\nabla f(\boldsymbol{x}^0)^{\mathrm{T}}\boldsymbol{x}$ 在 S 上有下界。令式(5.98)的最优解为 $\boldsymbol{y}^0$，下面分两种情形讨论。

(1) 若 $\nabla f(\boldsymbol{x}^0)^{\mathrm{T}}(\boldsymbol{y}^0-\boldsymbol{x}^0)=0$，即 $\boldsymbol{x}^0$ 也是式(5.98)的最优解，则迭代停止。

(2) 若 $\nabla f(\boldsymbol{x}^0)^{\mathrm{T}}(\boldsymbol{y}^0-\boldsymbol{x}^0)\neq 0$，此时必有 $\nabla f(\boldsymbol{x}^0)^{\mathrm{T}}(\boldsymbol{y}^0-\boldsymbol{x}^0)<0$。

则由定理 5.1，$(\boldsymbol{y}^0-\boldsymbol{x}^0)$ 是 $f(\boldsymbol{x})$ 在 $\boldsymbol{x}^0$ 点的下降方向，又因 $\boldsymbol{y}^0\in S$，$\boldsymbol{x}^0\in S$，且 S 为凸集，故 $\boldsymbol{x}^0+\lambda(\boldsymbol{y}^0-\boldsymbol{x}^0)\in S(0<\lambda<1)$，从而 $\boldsymbol{y}^0-\boldsymbol{x}^0$ 是可行方向。因此，从 $\boldsymbol{x}^0$ 出发，沿此方向进行一维搜索，即求

$$\min_{0<\lambda<1} f(\boldsymbol{x}^0+\lambda(\boldsymbol{y}^0-\boldsymbol{x}^0)) \tag{5.99}$$

的最优解 λ_0，令 $\boldsymbol{x}^1=\boldsymbol{x}^0+\lambda_0(\boldsymbol{y}^0-\boldsymbol{x}^0)$，则 $\boldsymbol{x}^1$ 是 $\boldsymbol{x}^0$ 与 $\boldsymbol{y}$ 连线上 $f(\boldsymbol{x})$ 的最小值，且 $\boldsymbol{x}^1\in S$，当 λ 足够小时有

$$\begin{aligned} f(\boldsymbol{x}^1) &\leqslant f(\boldsymbol{x}^0+\lambda(\boldsymbol{y}^0-\boldsymbol{x}^0)) \\ &= f(\boldsymbol{x}^0)+\lambda\nabla f(\boldsymbol{x}^0)^{\mathrm{T}}(\boldsymbol{y}^0-\boldsymbol{x}^0)+o(\lambda\|\boldsymbol{y}^0-\boldsymbol{x}^0\|)<f(\boldsymbol{x}^0)\end{aligned} \tag{5.100}$$

得到 $\boldsymbol{x}^1$ 之后，再于 $\boldsymbol{x}^1$ 处线性逼近 $f(\boldsymbol{x})$，重复上述步骤。

注意：式(5.98)是线性的，K-T 条件中不含 $\boldsymbol{x}$，但是不同的 $\boldsymbol{x}$ 因松紧性不同，存在差异，即只有最优解 $\boldsymbol{x}^k$ 才与式(5.97)有相同的 K-T 条件。

关于 F-W 方法的收敛判别准则，有如下定理：

定理 5.16 若式(5.98)的最优解 $\boldsymbol{y}^k$ 满足 $\nabla f(\boldsymbol{x}^k)^{\mathrm{T}}(\boldsymbol{y}^k-\boldsymbol{x}^k)=0$，则 $\boldsymbol{x}^k$ 是原问题(5.97)的 K-T 点。

证明：显然，此时 $\boldsymbol{x}^k$ 是式(5.98)的最优解，从而也必是式(5.98)的 K-T 点，由式(5.98)与式(5.97)有相同的 K-T 条件，立即可知 $\boldsymbol{x}^k$ 是式(5.97)的一个 K-T 点。证毕。

F-W 方法虽然收敛较慢，但由于迭代求解的每一线性子规划(5.98)都具有相同约束条件(即可行域相同)，因此可用灵敏度分析的手段处理一系列子规划问题(相当于目标函数系数变化⇒检验数变化)，这样效果还是较好的。

例 5.4 用 Frank-Wolfe 法求解下列问题

$$\begin{cases}\min f(x)=2x_1^2+2x_2^2-2x_1x_2-4x_1-6x_2\\ \text{s. t. } x_1+x_2\leqslant 2\\ \quad x_1+5x_2\leqslant 5\\ \quad x_1,x_2\geqslant 0\end{cases}$$

要求取初始可行点 $\boldsymbol{x}^{(0)}=(0,0)^{\mathrm{T}}$。

解：$\nabla f(\boldsymbol{x})=\begin{bmatrix}4x_1-2x_2-4\\4x_1-2x_2-6\end{bmatrix}$，$\nabla f(\boldsymbol{x}^{(0)})=(-4,-6)^{\mathrm{T}}$，

第一次迭代：

解近似线性规划问题

$$\begin{cases}\min \nabla f(\boldsymbol{x}^{(0)})^{\mathrm{T}}\boldsymbol{x}=-4x_1-6x_2\\ \text{s. t. } x_1+x_2\leqslant 2\\ \quad x_1+5x_2\leqslant 5\\ \quad x_1,x_2\geqslant 0\end{cases}$$

得最优解 $\boldsymbol{y}^{(0)}=\left(\frac{5}{4},\frac{3}{4}\right)^{\mathrm{T}}$，因 $\nabla f(\boldsymbol{x}^{(0)})^{\mathrm{T}}(\boldsymbol{y}^{(0)}-\boldsymbol{x}^{(0)})=-\frac{19}{2}\neq 0$，故 $\boldsymbol{d}_0=\boldsymbol{y}^{(0)}-\boldsymbol{x}^{(0)}=\left(\frac{5}{4},\frac{3}{4}\right)^{\mathrm{T}}$ 为可行下降方向。

求解 $\min\limits_{0\leqslant\lambda\leqslant 1} f(\boldsymbol{x}^{(0)}+\lambda\boldsymbol{d}_0)=\frac{19}{8}\lambda^2-\frac{19}{2}\lambda$，得最优解 $\lambda_0=1$。于是，下一迭代点为

$$\boldsymbol{x}^{(1)}=\boldsymbol{x}^{(0)}+\lambda_0\boldsymbol{d}_0=\left(\frac{5}{4},\frac{3}{4}\right)^{\mathrm{T}}$$

第二次迭代：

$\nabla f(x^{(1)})=\left(-\frac{1}{2},-\frac{11}{2}\right)^{\mathrm{T}}$，解近似线性规划问题

$$\begin{cases}\min \nabla f(\boldsymbol{x}^{(1)})^{\mathrm{T}}\boldsymbol{x}=-\frac{1}{2}x_1-\frac{11}{2}x_2\\ \text{s. t. } x_1+x_2\leqslant 2\\ \quad x_1+5x_2\leqslant 5\\ \quad x_1,x_2\geqslant 0\end{cases}$$

得最优解 $\boldsymbol{y}^{(1)}=(0,1)^{\mathrm{T}}$，因 $\nabla f(\boldsymbol{x}^{(1)})^{\mathrm{T}}(\boldsymbol{y}^{(1)}-\boldsymbol{x}^{(1)})=-\frac{3}{4}\neq 0$，故 $\boldsymbol{d}_1=\boldsymbol{y}^{(1)}-\boldsymbol{x}^{(1)}=$

$\left(-\frac{5}{4},\frac{1}{4}\right)^{\mathrm{T}}$ 为可行下降方向。

求解 $\min\limits_{0\leqslant\lambda\leqslant 1} f(\boldsymbol{x}^{(1)}+\lambda\boldsymbol{d}_1)=\frac{31}{8}\lambda^2-\frac{3}{4}\lambda-\frac{57}{8}$，得最优解 $\lambda_1=\frac{3}{31}$。于是，下一迭代点为

$$\boldsymbol{x}^{(2)}=\boldsymbol{x}^{(1)}+\lambda_1\boldsymbol{d}_1=\left(\frac{35}{31},\frac{24}{31}\right)^{\mathrm{T}}$$

第三次迭代：

$\nabla f(\boldsymbol{x}^{(2)})=\left(-\frac{32}{31},-\frac{160}{31}\right)^{\mathrm{T}}$，解近似线性规划问题

$$\begin{cases}\min \nabla f(\boldsymbol{x}^{(2)})^{\mathrm{T}}x=-\frac{32}{31}x_1-\frac{160}{31}x_2\\ \text{s. t. } x_1+x_2\leqslant 2\\ \quad x_1+5x_2\leqslant 5\\ \quad x_1,x_2\geqslant 0\end{cases}$$

得最优解 $\boldsymbol{y}^{(2)}=\left(\tau,1-\frac{\tau}{5}\right)^{\mathrm{T}}\left(0\leqslant\tau\leqslant\frac{5}{4}\right)$（不唯一）

因 $\nabla f(\boldsymbol{x}^{(2)})^{\mathrm{T}}(\boldsymbol{y}^{(2)}-\boldsymbol{x}^{(2)})=0$，停止迭代，得 $\boldsymbol{x}^{(2)}=\left(\frac{35}{31},\frac{24}{31}\right)^{\mathrm{T}}$ 为问题的 F-T 点，也是最优点。

2. Zoutendijk可行方向法

对于问题(5.97)先介绍一个确定下降可行方向的充要条件：

定理 5.17 设 $\boldsymbol{x}$ 是式(5.97)的可行解，在 $\boldsymbol{x}$ 点有 $\boldsymbol{A}_1\boldsymbol{x}^0=\boldsymbol{b}_1$，$\boldsymbol{A}_2\boldsymbol{x}^0<\boldsymbol{b}_2$，其中 $\boldsymbol{A}=\begin{pmatrix}A_1\\A_2\end{pmatrix}$，$\boldsymbol{b}=\begin{pmatrix}b_1\\b_2\end{pmatrix}$，则非 0 向量 $\boldsymbol{S}^0$ 是点 $\boldsymbol{x}$ 处的可行方向的充要条件如下：

$$\boldsymbol{A}_1\boldsymbol{S}^0\leqslant\boldsymbol{0},\quad \boldsymbol{B}\boldsymbol{S}^0=\boldsymbol{0} \tag{5.101}$$

证明：(简单从略)

由定理 5.1 知，为使 $\boldsymbol{S}^0$ 又是下降方向，这需满足

$$\nabla f(\boldsymbol{x}^0)^{\mathrm{T}}\boldsymbol{S}^0<0 \tag{5.102}$$

因此，在一点 $\boldsymbol{x}^0$ 的下降方向可通过解下列线性规划问题来求得

$$\begin{cases}\min \nabla f(\boldsymbol{x}^0)\boldsymbol{S}\\ \text{s. t. } \boldsymbol{A}_1\boldsymbol{S}\leqslant\boldsymbol{0}\\ \quad \boldsymbol{B}\boldsymbol{S}=\boldsymbol{0}\\ \quad -1\leqslant S_j\leqslant 1,\quad j=1,\cdots,n\end{cases} \tag{5.103}$$

这里加约束 $-1\leqslant s_j\leqslant 1(j=1,\cdots,n)$ 是为了获得一个有限解，因若存在 $\bar{\boldsymbol{S}}$ 满足式(5.101)和式(5.102)，则对任意 $\lambda>0$，$\lambda\bar{\boldsymbol{S}}$ 亦满足这些条件，进而导致式(5.102)目标函数无下界，无法确定有限解 $\boldsymbol{S}$。

在问题(5.103)中，由于 $\boldsymbol{S}=\boldsymbol{0}$ 是可行解，故最优解必定小于或等于 $\boldsymbol{0}$；若最优解小于 $\boldsymbol{0}$，则最优解即为下降可行方向；若最优解等于 $\boldsymbol{0}$，则以下定理保证 $\boldsymbol{x}^0$ 是 K-T 点。

定理 5.18 在问题(5.99)中,设 $\boldsymbol{x}^0$ 是可行解,且 $\boldsymbol{A}_1\boldsymbol{x}^0=\boldsymbol{b}_1,\boldsymbol{A}_2\boldsymbol{x}^0<\boldsymbol{b}_2$,其中,$\boldsymbol{A}=\begin{pmatrix}\boldsymbol{A}_1\\ \boldsymbol{A}_2\end{pmatrix},\boldsymbol{b}=\begin{pmatrix}\boldsymbol{b}_1\\ \boldsymbol{b}_2\end{pmatrix}$,则 $\boldsymbol{x}^0$ 为 K-T 点的充要条件是问题(5.103)的目标函数等于 0。

证明:注意到问题(5.99)是线性约束问题,依定义,$\boldsymbol{x}^0$ 为 K-T 点等价于存在向量 $\boldsymbol{u}\geqslant\boldsymbol{0}$ 和 $\boldsymbol{v}$,使得

$$\nabla f(\boldsymbol{x}^0)+\boldsymbol{A}_1^{\mathrm{T}}\boldsymbol{u}+\boldsymbol{B}^{\mathrm{T}}\boldsymbol{v}=\boldsymbol{0} \tag{5.104}$$

令向量 $\boldsymbol{v}=\boldsymbol{p}-\boldsymbol{q}$,其中 $\boldsymbol{p}\geqslant\boldsymbol{0},\boldsymbol{q}\geqslant\boldsymbol{0}$,于是

$$(\boldsymbol{A}_1^{\mathrm{T}},\quad \boldsymbol{B}^{\mathrm{T}},\quad -\boldsymbol{B}^{\mathrm{T}})\begin{pmatrix}\boldsymbol{u}\\ \boldsymbol{p}\\ \boldsymbol{q}\end{pmatrix}=-\nabla f(\boldsymbol{x}^0),\quad \begin{pmatrix}\boldsymbol{u}\\ \boldsymbol{p}\\ \boldsymbol{q}\end{pmatrix}\geqslant\boldsymbol{0} \tag{5.105}$$

依据 Farkas 定理,这个系统有解的充要条件是 $\begin{pmatrix}\boldsymbol{A}_1\\ \boldsymbol{B}\\ -\boldsymbol{B}\end{pmatrix}\boldsymbol{S}\leqslant\boldsymbol{0},-\nabla f(\boldsymbol{x}^0)^{\mathrm{T}}\boldsymbol{S}>0$,无解,即 $\boldsymbol{A}_1\boldsymbol{S}\leqslant\boldsymbol{0},\boldsymbol{B}\boldsymbol{S}=\boldsymbol{0},\nabla f(\boldsymbol{x}^0)^{\mathrm{T}}\boldsymbol{S}<0$ 无解,这等价于问题(5.103)的最优目标函数值等于 0,所以 $\boldsymbol{x}^0$ 是 K-T 点的充要条件是问题(5.103)的最优值为 0。证毕。

求得第 k 步迭代的下降可行方向 $\boldsymbol{S}^k$ 后,其最优步长 λ_k 应满足

$$\begin{gathered}\min_{\lambda} f(\boldsymbol{x}^k+\lambda\boldsymbol{S}^k)\\ \boldsymbol{A}(\boldsymbol{x}^k+\lambda\boldsymbol{S}^k)\leqslant\boldsymbol{b}\\ \boldsymbol{B}(\boldsymbol{x}^k+\lambda\boldsymbol{S}^k)=\boldsymbol{d}\end{gathered} \tag{5.106}$$

由此出发不难推出(定理 5.17)步长 λ_k 可由如下有约束的一维搜索求得

$$\begin{gathered}\min f(\boldsymbol{x}^k+\lambda\boldsymbol{S}^k)\\ 0\leqslant\lambda\leqslant\lambda_{\max}\end{gathered} \tag{5.107}$$

其中

$$\begin{cases}\lambda_{\max}=\begin{cases}\min\left\{\dfrac{u_i}{v_i}\middle| v_i>0\right\} & ,\text{当}\ \boldsymbol{v}\leqslant\boldsymbol{0}\\ +\infty, & \text{当}\ \boldsymbol{v}\leqslant\boldsymbol{0}\end{cases}\\ \boldsymbol{u}=\boldsymbol{b}_2-\boldsymbol{A}_2\boldsymbol{x}^k>\boldsymbol{0}\\ \boldsymbol{v}=\boldsymbol{A}_2\boldsymbol{S}^k\end{cases} \tag{5.108}$$

对于非线性约束(5.70),我们知道,如果

$$\nabla f(\boldsymbol{x}^0)^{\mathrm{T}}\boldsymbol{S}<0,\quad \nabla g_i(\boldsymbol{x}^0)^{\mathrm{T}}\boldsymbol{S}<0,\quad \forall i\in I=\{i\mid g_i(\boldsymbol{x}^0)=0\} \tag{5.109}$$

则 $\boldsymbol{S}$ 是下降可行方向。

为求满足式(5.109)的 $\boldsymbol{S}$,可解如下线性规划问题

$$\begin{cases}\min z\\ \text{s. t. } \nabla f(\boldsymbol{x}^k)^{\mathrm{T}}\boldsymbol{S}-z\leqslant 0\\ \qquad \nabla g_i(\boldsymbol{x}^k)^{\mathrm{T}}\boldsymbol{S}-z\leqslant -g_i(\boldsymbol{x}^k),\quad i=1,\cdots,m\\ \qquad -1\leqslant S_j\leqslant 1,\quad j=1,\cdots,m\end{cases} \tag{5.110}$$

式(5.110)是由 Zoutendijk 首先提出，后来由 Topkis 和 Veino 等加以修正的可行方向法，可证由这种算法产生的点列的任一聚点都是 Fritz-John 点。然后，再验证式(5.8)成立，即知其为最优解。其特点是在确定移动方向时，起作用约束与不起作用约束的条件都被利用了，因而即使在达到不起作用约束边界时，移动方向也不会发生突然的变化。

例 5.5　用 Zoutendijk 可行方向法解下列问题

$$\begin{cases}\min x_1^2+x_2^2-2x_1-4x_2+6\\ \text{s.t.}\ -2x_1+x_2+1\geqslant 0\\ \quad -x_1-x_2+2\geqslant 0\\ \quad x_1,x_2\geqslant 0\end{cases}$$

解：取初始可行点 $\boldsymbol{x}^{(0)}=(0,0)^{\mathrm{T}}$

第一次迭代，$\nabla f(\boldsymbol{x}^{(0)})=(-2,-4)^{\mathrm{T}}$，在 $\boldsymbol{x}^{(0)}$ 处，起作用约束和不起作用约束的系数矩阵及右端分别为

$$\boldsymbol{A}_1=\begin{bmatrix}1&0\\0&1\end{bmatrix},\quad \boldsymbol{A}_2=\begin{bmatrix}-2&1\\-1&-1\end{bmatrix},\quad \boldsymbol{b}_1=\begin{bmatrix}0\\0\end{bmatrix},\quad \boldsymbol{b}_2=\begin{bmatrix}-1\\-2\end{bmatrix}.$$

先求在 $\boldsymbol{x}^{(0)}$ 处的下降可行方向，解线性规划问题

$$\begin{cases}\min \nabla f(\boldsymbol{x}^{(0)})^{\mathrm{T}}\boldsymbol{d}\\ \text{s.t.}\ \boldsymbol{A}_1\boldsymbol{d}\geqslant \boldsymbol{0}\\ |d_j|\leqslant 1,\quad j=1,2\end{cases}$$

即

$$\begin{cases}\min -2d_1-4d_2\\ \text{s.t.}\ d_1,d_2\geqslant 0\\ \quad -1\leqslant d_1\leqslant 1\\ \quad -1\leqslant d_2\leqslant 1\end{cases}$$

由单纯形方法求得最优解

$$\boldsymbol{d}^{(0)}=\begin{bmatrix}1\\1\end{bmatrix}$$

再求步长 λ_0：

$$\hat{\boldsymbol{d}}=\boldsymbol{A}_2\boldsymbol{d}^{(0)}=\begin{bmatrix}-2&1\\-1&-1\end{bmatrix}\begin{bmatrix}1\\1\end{bmatrix}=\begin{bmatrix}-1\\-2\end{bmatrix}$$

$$\hat{\boldsymbol{b}}=\boldsymbol{b}_2-\boldsymbol{A}_2\boldsymbol{x}^{(0)}=\begin{bmatrix}-1\\-2\end{bmatrix}-\begin{bmatrix}-2&1\\-1&-1\end{bmatrix}\begin{bmatrix}0\\0\end{bmatrix}=\begin{bmatrix}-1\\-2\end{bmatrix}$$

$$\lambda_{\max}=\min\left\{\frac{-1}{-1},\frac{-2}{-2}\right\}=1$$

解一维搜索问题

$$\begin{aligned}&\min f(\boldsymbol{x}^{(0)}+\lambda\boldsymbol{d}^{(0)})\overset{\text{def}}{=}2\lambda^2-6\lambda+6\\&\text{s.t.}\ 0\leqslant\lambda\leqslant 1\end{aligned}$$

得到

$$\lambda_0 = 1$$

令

$$\boldsymbol{x}^{(1)} = \boldsymbol{x}^{(0)} + \lambda_0 \boldsymbol{d}^{(0)} = \begin{bmatrix} 1 \\ 1 \end{bmatrix}$$

第二次迭代

$$\nabla f(\boldsymbol{x}^{(1)}) = (0, -2)^{\mathrm{T}}$$

$$\boldsymbol{A}_1 = \begin{bmatrix} -2 & 1 \\ -1 & -1 \end{bmatrix}, \quad \boldsymbol{A}_2 = \begin{bmatrix} 1 & 0 \\ 0 & 1 \end{bmatrix}, \quad \boldsymbol{b}_1 = \begin{bmatrix} -1 \\ -2 \end{bmatrix}, \quad \boldsymbol{b}_2 = \begin{bmatrix} 0 \\ 0 \end{bmatrix}.$$

解线性规划问题

$$\begin{cases} \min -2d_2 \\ \text{s. t. } -2d_1 + d_2 \geqslant 0 \\ \quad -d_1 - d_2 \geqslant 0 \\ \quad -1 \leqslant d_1 \leqslant 1 \\ \quad -1 \leqslant d_2 \leqslant 1 \end{cases}$$

用单纯形法求得最优解

$$\boldsymbol{d}^{(1)} = \begin{bmatrix} -1 \\ 1 \end{bmatrix}$$

再沿 $\boldsymbol{d}^{(1)}$ 搜索，求步长 λ_1：

$$\hat{\boldsymbol{b}} = \boldsymbol{b}_2 - \boldsymbol{A}_2 \boldsymbol{x}^{(1)} = \begin{bmatrix} 0 \\ 0 \end{bmatrix} - \begin{bmatrix} 1 & 0 \\ 0 & 1 \end{bmatrix} \begin{bmatrix} 1 \\ 1 \end{bmatrix} = \begin{bmatrix} -1 \\ -1 \end{bmatrix}$$

$$\hat{\boldsymbol{d}} = \boldsymbol{A}_2 \boldsymbol{d}^{(1)} = \begin{bmatrix} 1 & 0 \\ 0 & 1 \end{bmatrix} \begin{bmatrix} -1 \\ 1 \end{bmatrix} = \begin{bmatrix} -1 \\ 1 \end{bmatrix}$$

得到 $\lambda_{\max} = 1$。

求解问题

$$\min f(\boldsymbol{x}^{(1)} + \lambda \boldsymbol{d}^{(1)}) \stackrel{\text{def}}{=} 2\lambda^2 - 2\lambda + 2$$
$$\text{s. t. } 0 \leqslant \lambda \leqslant 1$$

得到

$$\lambda_1 = \frac{1}{2}$$

令

$$\boldsymbol{x}^{(2)} = \boldsymbol{x}^{(1)} + \lambda_1 \boldsymbol{d}^{(1)} = \begin{bmatrix} 1 \\ 1 \end{bmatrix} + \frac{1}{2} \begin{bmatrix} -1 \\ 1 \end{bmatrix} = \begin{bmatrix} \frac{1}{2} \\ \frac{3}{2} \end{bmatrix}$$

第三次迭代

$$\nabla f(\boldsymbol{x}^{(2)}) = (-1, -1)^{\mathrm{T}}$$

$$\boldsymbol{A}_1 = (-1, -1), \quad \boldsymbol{A}_2 = \begin{bmatrix} -2 & 1 \\ 1 & 0 \\ 0 & 1 \end{bmatrix}, \quad \boldsymbol{b}_1 = (-2), \quad \boldsymbol{b}_2 = \begin{bmatrix} -1 \\ 0 \\ 0 \end{bmatrix}.$$

解线性规划问题

$$\begin{cases}\min -d_1-d_2\\ \text{s.t.}\ -d_1-d_2\geqslant 0\\ \quad -1\leqslant d_1\leqslant 1\\ \quad -1\leqslant d_2\leqslant 1\end{cases}$$

用单纯形法求得最优解

$$\boldsymbol{d}^{(2)}=\begin{bmatrix}0\\0\end{bmatrix}$$

则 $\boldsymbol{x}^{(2)}=\left(\frac{1}{2},\frac{3}{2}\right)^{\mathrm{T}}$ 是 K-T 点。由于此例是凸规划，因此 $\boldsymbol{x}^{(2)}$ 是最优解，目标函数值的最优值

$$f_{\min}=f(\boldsymbol{x}^{(2)})=\frac{3}{2}$$

3. Rosen 投影梯度法

这是 Rosen 在 1960 年针对线性约束的优化问题(5.95)首先提出来的，后来他又将该法推广到非线性约束情况，现已成为求解非线性规划的一类重要的有效方法。

梯度投影法的基本思想是：当迭代点 $\boldsymbol{x}^k$ 在可行域内部时，取 $\boldsymbol{S}^k=-\nabla f(\boldsymbol{x}^k)$ 为迭代方向，当作无约束情形处理，当点 $\boldsymbol{x}^k$ 在可行域边界上而且负梯度指向可行域的外界时，就改变方向沿梯度在边界上的投影搜索，使之成为可行方向，下边就问题(5.95)进行讨论。

设 $\boldsymbol{x}$ 是问题(5.95)的一个可行解，且使 $\boldsymbol{A}_1\boldsymbol{x}=\boldsymbol{b}_1,\boldsymbol{A}_2\boldsymbol{x}<\boldsymbol{b}_2$，这里 $\boldsymbol{A}=\begin{pmatrix}\boldsymbol{A}_1\\\boldsymbol{A}_2\end{pmatrix},\boldsymbol{b}=\begin{pmatrix}\boldsymbol{b}_1\\\boldsymbol{b}_2\end{pmatrix}$，设 $f(\boldsymbol{x})$ 在 $\boldsymbol{x}$ 点可微，$\boldsymbol{M}=\begin{pmatrix}\boldsymbol{A}_1\\\boldsymbol{B}\end{pmatrix}$ 行满秩，则由前文可知，

$$\boldsymbol{P}=\boldsymbol{I}-\boldsymbol{M}^{\mathrm{T}}(\boldsymbol{M}\boldsymbol{M}^{\mathrm{T}})^{-1}\boldsymbol{M}\tag{5.111}$$

是对零空间的投影矩阵($\boldsymbol{P}\boldsymbol{M}^{\mathrm{T}}=\boldsymbol{0}$)。这样，若 $\boldsymbol{S}=-\boldsymbol{P}\,\nabla f(\boldsymbol{x})\neq\boldsymbol{0}$，则 $\boldsymbol{S}$ 是下降可行方向。事实上，$\nabla f(\boldsymbol{x})^{\mathrm{T}}\boldsymbol{S}=-\nabla f(\boldsymbol{x})^{\mathrm{T}}\boldsymbol{P}\,\nabla f(\boldsymbol{x})=-\|\boldsymbol{P}\,\nabla f(\boldsymbol{x})\|^2<0(\boldsymbol{P}^{\mathrm{T}}\boldsymbol{P}=\boldsymbol{P})$，故 $\boldsymbol{S}$ 是下降方向。又因

$$\boldsymbol{M}\boldsymbol{S}=-\boldsymbol{M}\boldsymbol{P}\,\nabla f(\boldsymbol{x})=-(\boldsymbol{M}-\boldsymbol{M}\boldsymbol{M}^{\mathrm{T}}(\boldsymbol{M}\boldsymbol{M}^{\mathrm{T}})^{-1}\boldsymbol{M})\,\nabla f(\boldsymbol{x})=\boldsymbol{0}\tag{5.112}$$

即 $\boldsymbol{A}_1\boldsymbol{S}=\boldsymbol{0},\boldsymbol{B}\boldsymbol{S}=\boldsymbol{0}$，由定理 5.17 知，$\boldsymbol{S}$ 又是可行方向。

定理 5.19 设 $\boldsymbol{x}$ 是问题(5.95)的一个可行解，分解 $\boldsymbol{A}=\begin{pmatrix}\boldsymbol{A}_1\\\boldsymbol{A}_2\end{pmatrix},\boldsymbol{b}=\begin{pmatrix}\boldsymbol{b}_1\\\boldsymbol{b}_2\end{pmatrix}$，使得 $\boldsymbol{A}_1\boldsymbol{x}=\boldsymbol{b}_1,\boldsymbol{A}_2\boldsymbol{x}<\boldsymbol{b}_2$，若 $\boldsymbol{M}=\begin{pmatrix}\boldsymbol{A}_1\\\boldsymbol{B}\end{pmatrix}$ 行满秩，$\boldsymbol{P}=\boldsymbol{I}-\boldsymbol{M}^{\mathrm{T}}(\boldsymbol{M}\boldsymbol{M}^{\mathrm{T}})^{-1}\boldsymbol{M}$，$f$ 在 $\boldsymbol{x}$ 可微，且 $\boldsymbol{P}\,\nabla f(\boldsymbol{x})=\boldsymbol{0}$，令 $\boldsymbol{\omega}=-(\boldsymbol{M}\boldsymbol{M}^{\mathrm{T}})^{-1}\boldsymbol{M}\,\nabla f(\boldsymbol{x})$，相应地分解 $\boldsymbol{\omega}=\begin{pmatrix}\boldsymbol{u}\\\boldsymbol{v}\end{pmatrix}$

① 若 $\boldsymbol{u}\geqslant\boldsymbol{0}$，则 $\boldsymbol{x}$ 是一个 K-T 点。

② 若 $\boldsymbol{u}\geqslant\boldsymbol{0}$，且 $\boldsymbol{u}\neq\boldsymbol{0}$，令 u_j 是 $\boldsymbol{u}$ 的一个负分量，置 $\hat{\boldsymbol{M}}=\begin{pmatrix}\hat{\boldsymbol{A}}_1\\ \boldsymbol{B}\end{pmatrix}$，其中 $\hat{\boldsymbol{A}}_1$ 是由 $\boldsymbol{A}_1$ 中去掉第 j 行后得到的矩阵，令 $\hat{\boldsymbol{P}}=\boldsymbol{I}-\hat{\boldsymbol{M}}^{\mathrm{T}}(\hat{\boldsymbol{M}}\hat{\boldsymbol{M}}^{\mathrm{T}})^{-1}\hat{\boldsymbol{M}}$，$\boldsymbol{S}=-\hat{\boldsymbol{P}}\nabla f(\boldsymbol{x})$，则 $\boldsymbol{S}$ 是一个改进的可行方向。

证明：① 因 $\boldsymbol{P}\nabla f(\boldsymbol{x})=\nabla f(\boldsymbol{x})+\boldsymbol{M}^{\mathrm{T}}\boldsymbol{\omega}=\boldsymbol{0}$，即

$$\boldsymbol{P}\nabla f(\boldsymbol{x})=\nabla f(\boldsymbol{x})+\boldsymbol{A}_1^{\mathrm{T}}\boldsymbol{u}+\boldsymbol{B}^{\mathrm{T}}\boldsymbol{v}=\boldsymbol{0} \tag{5.113}$$

所以若 $\boldsymbol{u}\geqslant\boldsymbol{0}$，则由 K-T 条件知 $\boldsymbol{x}$ 为一个 K-T 点。

② 首先，证明 $\hat{\boldsymbol{P}}\nabla f(\boldsymbol{x})\neq\boldsymbol{0}$（用反证法）。

设 $\hat{\boldsymbol{P}}\nabla f(\boldsymbol{x})=\boldsymbol{0}$，并令 $\hat{\boldsymbol{\omega}}=-(\hat{\boldsymbol{M}}\hat{\boldsymbol{M}}^{\mathrm{T}})^{-1}\hat{\boldsymbol{M}}\nabla f(\boldsymbol{x})$，可得 $\hat{\boldsymbol{P}}\nabla f(\boldsymbol{x})=\nabla f(\boldsymbol{x})+\hat{\boldsymbol{M}}^{\mathrm{T}}\hat{\boldsymbol{\omega}}=\boldsymbol{0}$，由于 $\boldsymbol{A}_1^{\mathrm{T}}\boldsymbol{u}+\boldsymbol{B}^{\mathrm{T}}\boldsymbol{v}=\boldsymbol{M\omega}$ 可写成 $\hat{\boldsymbol{M}}^{\mathrm{T}}\bar{\boldsymbol{\omega}}+u_j\boldsymbol{a}_j^{\mathrm{T}}$，

这里 $\boldsymbol{a}_j^{\mathrm{T}}$ 是 $\boldsymbol{A}_1^{\mathrm{T}}$ 的第 j 列，$\bar{\boldsymbol{\omega}}$ 是 $\boldsymbol{\omega}$ 去掉第 j 个分量 u_j 后的向量，

于是由式(5.113)可得

$$\boldsymbol{P}\nabla f(\boldsymbol{x})=\nabla f(\boldsymbol{x})+\hat{\boldsymbol{M}}^{\mathrm{T}}\bar{\boldsymbol{\omega}}+u_j\boldsymbol{a}_j^{\mathrm{T}}=\boldsymbol{0} \tag{5.114}$$

从而

$$\hat{\boldsymbol{P}}\nabla f(\boldsymbol{x})-\boldsymbol{P}\nabla f(\boldsymbol{x})=\hat{\boldsymbol{M}}^{\mathrm{T}}(\hat{\boldsymbol{\omega}}-\bar{\boldsymbol{\omega}})-u_j\boldsymbol{a}_j^{\mathrm{T}}=\boldsymbol{0} \tag{5.115}$$

而 $u_j<0$。上式说明 $\boldsymbol{M}$ 的所有行向量线性相关，从而与 $\boldsymbol{M}$ 行满秩的假设相矛盾。这就证明了 $\hat{\boldsymbol{P}}\nabla f(\boldsymbol{x})\neq\boldsymbol{0}$。又易见 $\hat{\boldsymbol{P}}$ 是投影矩阵，因此由

$$\nabla f(\boldsymbol{x})^{\mathrm{T}}\boldsymbol{S}=-\nabla f(\boldsymbol{x})^{\mathrm{T}}\hat{\boldsymbol{P}}\nabla f(\boldsymbol{x})=-\|\hat{\boldsymbol{P}}\nabla f(\boldsymbol{x})\|^2<0,$$

可知 $\boldsymbol{S}=-\hat{\boldsymbol{P}}\nabla f(\boldsymbol{x})$ 是一个下降方向。下面再证 $\boldsymbol{S}$ 是一个可行方向。首先，注意到 $\hat{\boldsymbol{M}}\hat{\boldsymbol{P}}=\boldsymbol{0}$，因此

$$\begin{pmatrix}\hat{\boldsymbol{A}}_1\\ \boldsymbol{B}\end{pmatrix}\boldsymbol{S}=\hat{\boldsymbol{M}}\boldsymbol{S}=-\hat{\boldsymbol{M}}\hat{\boldsymbol{P}}\nabla f(\boldsymbol{x})=\boldsymbol{0},$$

可见要证 $\boldsymbol{S}$ 是可行方向，只要证 $\boldsymbol{a}_j\boldsymbol{S}\leqslant\boldsymbol{0}$ 就够了。

用 $\boldsymbol{a}_j\hat{\boldsymbol{P}}$ 乘式(5.113)，并注意到 $\hat{\boldsymbol{P}}\hat{\boldsymbol{M}}^{\mathrm{T}}=\boldsymbol{0}$，就有

$$\boldsymbol{a}_j\hat{\boldsymbol{P}}\nabla f(\boldsymbol{x})+\boldsymbol{a}_j\hat{\boldsymbol{P}}\hat{\boldsymbol{M}}^{\mathrm{T}}\bar{\boldsymbol{\omega}}+\boldsymbol{a}_j\hat{\boldsymbol{P}}u_j\boldsymbol{a}_j^{\mathrm{T}}=-\boldsymbol{a}_j\boldsymbol{S}+u_j\boldsymbol{a}_j\hat{\boldsymbol{P}}\boldsymbol{a}_j^{\mathrm{T}}=\boldsymbol{0} \tag{5.116}$$

由于 $\hat{\boldsymbol{P}}$ 是半正定的，而 $u_j<0$，所以上式成立意味着 $\boldsymbol{a}_j\boldsymbol{S}\leqslant\boldsymbol{0}$，即 $\boldsymbol{S}$ 为可行方向。证毕。

从 $\boldsymbol{x}^k$ 出发沿 $\boldsymbol{S}^k$ 进行一维搜索时，步长 $\lambda_{\max}$ 的确定与 Zoutendijk 方法的相同。

例 5.6 用 Rosen 梯度投影法求解下列问题

$$\begin{cases}\min f(\boldsymbol{x})\overset{\text{def}}{=}2x_1^2+2x_2^2-2x_1x_2-4x_1-6x_2\\ \text{s.t.}\ -x_1-x_2\geqslant-2\\ \quad -x_1-5x_2\geqslant-5\\ \quad x_1,x_2\geqslant 0\end{cases}$$

解：取初始可行点 $\boldsymbol{x}^{(0)}=(0,0)^{\mathrm{T}}$，在点 $\boldsymbol{x}$ 处的梯度为

$$\nabla f(\boldsymbol{x})=\begin{bmatrix}4x_1-2x_2-4\\4x_2-2x_1-6\end{bmatrix}$$

第一次迭代，在点 $\boldsymbol{x}^{(0)}$ 的梯度为

$$\nabla f(\boldsymbol{x}^{(0)})=\begin{bmatrix}-4\\-6\end{bmatrix}$$

在 $\boldsymbol{x}^{(0)}$ 处起作用约束指标集 $I=\{3,4\}$，即 $x_1\geqslant 0$ 和 $x_2\geqslant 0$ 是在 $\boldsymbol{x}^{(0)}=(0,0)$ 处的起作用约束，因此将约束系数矩阵 $\boldsymbol{A}$ 和右端 $\boldsymbol{b}$ 分解为

$$\boldsymbol{A}_1=\begin{bmatrix}1&0\\0&1\end{bmatrix},\quad \boldsymbol{A}_2=\begin{bmatrix}-1&-1\\-1&-5\end{bmatrix},\quad \boldsymbol{b}_1=\begin{bmatrix}0\\0\end{bmatrix},\quad \boldsymbol{b}_2=\begin{bmatrix}-2\\-5\end{bmatrix}.$$

投影矩阵

$$\boldsymbol{P}=\boldsymbol{I}-\boldsymbol{A}_1^{\mathrm{T}}(\boldsymbol{A}_1\boldsymbol{A}_1^{\mathrm{T}})^{-1}\boldsymbol{A}_1=\begin{bmatrix}1&0\\0&1\end{bmatrix}-\begin{bmatrix}1&0\\0&1\end{bmatrix}\left[\begin{bmatrix}1&0\\0&1\end{bmatrix}\begin{bmatrix}1&0\\0&1\end{bmatrix}\right]^{-1}\begin{bmatrix}1&0\\0&1\end{bmatrix}=\begin{bmatrix}0&0\\0&0\end{bmatrix}$$

令

$$\boldsymbol{d}^{(0)}=-\boldsymbol{P}\,\nabla f(\boldsymbol{x}^{(0)})=\begin{bmatrix}0\\0\end{bmatrix}$$

$$\boldsymbol{W}=(\boldsymbol{A}_1\boldsymbol{A}_1^{\mathrm{T}})^{-1}\boldsymbol{A}_1\,\nabla f(\boldsymbol{x}^{(0)})=\begin{bmatrix}-4\\-6\end{bmatrix}=\begin{bmatrix}u_1\\u_2\end{bmatrix}$$

修正 $\boldsymbol{A}_1$，去掉 $\boldsymbol{A}_1$ 中对应 $u_2=-6$ 的行，即第 2 行，得到

$$\hat{\boldsymbol{A}}_1=(1,0)$$

再求投影矩阵 $\hat{\boldsymbol{P}}$：

$$\hat{\boldsymbol{P}}=I-\hat{\boldsymbol{A}}_1^{\mathrm{T}}(\hat{\boldsymbol{A}}_1\hat{\boldsymbol{A}}_1^{\mathrm{T}})^{-1}\hat{\boldsymbol{A}}_1=\begin{bmatrix}1&0\\0&1\end{bmatrix}-\begin{bmatrix}1\\0\end{bmatrix}\left[(1,0)\begin{bmatrix}1\\0\end{bmatrix}\right]^{-1}(1,0)=\begin{bmatrix}0&0\\0&1\end{bmatrix}$$

令

$$\hat{\boldsymbol{d}}^{(0)}=-\hat{\boldsymbol{P}}\,\nabla f(\boldsymbol{x}^{(0)})=-\begin{bmatrix}0&0\\0&1\end{bmatrix}\begin{bmatrix}-4\\-6\end{bmatrix}=\begin{bmatrix}0\\6\end{bmatrix}$$

求步长 λ_0：

$$\begin{gathered}\min f(\boldsymbol{x}^{(0)}+\lambda\hat{\boldsymbol{d}}^{(0)})\\ \text{s. t. } 0\leqslant\lambda\leqslant\lambda_{\max}\end{gathered}$$

由于

$$\hat{\boldsymbol{b}}=\boldsymbol{b}_2-\boldsymbol{A}_2\boldsymbol{x}^{(0)}=\begin{bmatrix}-2\\-5\end{bmatrix}-\begin{bmatrix}-1&-1\\-1&-5\end{bmatrix}\begin{bmatrix}0\\0\end{bmatrix}=\begin{bmatrix}-2\\-5\end{bmatrix}$$

$$\hat{\boldsymbol{d}}=\boldsymbol{A}_2\hat{\boldsymbol{d}}^{(0)}=\begin{bmatrix}-1&-1\\-1&-5\end{bmatrix}\begin{bmatrix}0\\6\end{bmatrix}=\begin{bmatrix}-6\\-30\end{bmatrix}$$

因此

$$\lambda_{\max}=\min\left\{\frac{-2}{-6},\frac{-5}{-30}\right\}=\frac{1}{6}$$

这样

$$\min 72\lambda^2-36\lambda$$

$$\text{s. t. } 0 \leqslant \lambda \leqslant \frac{1}{6}$$

解得 $\lambda_0 = \frac{1}{6}$.

令

$$\boldsymbol{x}^{(1)} = \boldsymbol{x}^{(0)} + \lambda_0 \hat{\boldsymbol{d}}^{(0)} = \begin{bmatrix} 0 \\ 1 \end{bmatrix}$$

第二次迭代,在点 $\boldsymbol{x}^{(1)}$,起作用约束指标集 $I = \{2,3\}$,梯度

$$\nabla f(\boldsymbol{x}^{(1)}) = \begin{bmatrix} 0 \\ 1 \end{bmatrix}$$

$\boldsymbol{A}$ 和 $\boldsymbol{b}$ 分解成

$$\boldsymbol{A}_1 = \begin{bmatrix} -1 & -5 \\ 1 & 0 \end{bmatrix}, \quad \boldsymbol{A}_2 = \begin{bmatrix} -1 & -1 \\ 0 & 1 \end{bmatrix}, \quad \boldsymbol{b}_1 = \begin{bmatrix} -5 \\ 0 \end{bmatrix}, \quad \boldsymbol{b}_2 = \begin{bmatrix} -2 \\ 0 \end{bmatrix}.$$

投影矩阵

$$\boldsymbol{P} = \boldsymbol{I} - \boldsymbol{A}_1^{\mathrm{T}} (\boldsymbol{A}_1 \boldsymbol{A}_1^{\mathrm{T}})^{-1} \boldsymbol{A}_1 = \begin{bmatrix} 1 & 0 \\ 0 & 1 \end{bmatrix} - \begin{bmatrix} -1 & 1 \\ -5 & 0 \end{bmatrix} \begin{bmatrix} 26 & -1 \\ -1 & 1 \end{bmatrix}^{-1} \begin{bmatrix} -1 & -5 \\ 1 & 0 \end{bmatrix} = \begin{bmatrix} 0 & 0 \\ 0 & 0 \end{bmatrix}$$

这样,方向

$$\boldsymbol{d}^{(1)} = -\boldsymbol{P} \, \nabla f(\boldsymbol{x}^{(1)}) = \begin{bmatrix} 0 \\ 0 \end{bmatrix}$$

$$\boldsymbol{W} = (\boldsymbol{A}_1 \boldsymbol{A}_1^{\mathrm{T}})^{-1} \boldsymbol{A}_1 \, \nabla f(\boldsymbol{x}^{(1)}) = \begin{bmatrix} \dfrac{2}{5} \\ -\dfrac{28}{5} \end{bmatrix} = \begin{bmatrix} u_1 \\ u_2 \end{bmatrix}$$

从 $\boldsymbol{A}_1$ 中去掉 $u_2 = -\frac{28}{5}$ 所对应的第 2 行,可得到

$$\hat{\boldsymbol{A}}_1 = (-1, -5)$$

令

$$\hat{\boldsymbol{P}} = \boldsymbol{I} - \hat{\boldsymbol{A}}_1^{\mathrm{T}} (\hat{\boldsymbol{A}}_1 \hat{\boldsymbol{A}}_1^{\mathrm{T}})^{-1} \hat{\boldsymbol{A}}_1 = \begin{bmatrix} 1 & 0 \\ 0 & 1 \end{bmatrix} - \begin{bmatrix} -1 \\ -5 \end{bmatrix} \left[(-1, -5) \begin{bmatrix} -1 \\ -5 \end{bmatrix} \right]^{-1} (-1, -5)$$

$$= \begin{bmatrix} \dfrac{25}{26} & -\dfrac{5}{26} \\ -\dfrac{5}{26} & \dfrac{1}{26} \end{bmatrix}$$

$$\hat{\boldsymbol{d}}^{(1)} = -\hat{\boldsymbol{P}} \, \nabla f(\boldsymbol{x}^{(1)}) = \frac{14}{13} \begin{bmatrix} 5 \\ -1 \end{bmatrix}$$

不妨去掉前面的系数,去搜索方向

$$\boldsymbol{d}^{(1)} = \begin{bmatrix} 5 \\ -1 \end{bmatrix}$$

这时，有

$$\hat{\boldsymbol{b}}=\boldsymbol{b}_2-\boldsymbol{A}_2\boldsymbol{x}^{(1)}=\begin{bmatrix}-2\\0\end{bmatrix}-\begin{bmatrix}-1&-1\\0&1\end{bmatrix}\begin{bmatrix}0\\1\end{bmatrix}=\begin{bmatrix}-1\\-1\end{bmatrix}$$

$$\hat{\boldsymbol{d}}=\boldsymbol{A}_2\hat{\boldsymbol{d}}^{(1)}=\begin{bmatrix}-1&-1\\0&1\end{bmatrix}\begin{bmatrix}5\\-1\end{bmatrix}=\begin{bmatrix}-4\\-1\end{bmatrix}$$

$$\lambda_{\max}=\min\left\{\frac{-1}{-4},\frac{-1}{-1}\right\}=\frac{1}{4}$$

$$\boldsymbol{x}^{(1)}+\lambda\hat{\boldsymbol{d}}^{(1)}=\begin{bmatrix}0\\1\end{bmatrix}+\lambda\begin{bmatrix}5\\-1\end{bmatrix}=\begin{bmatrix}5\lambda\\1-\lambda\end{bmatrix}$$

$$f(\boldsymbol{x}^{(1)}+\lambda\hat{\boldsymbol{d}}^{(1)})=62\lambda^2-28\lambda-4$$

求解问题

$$\min 62\lambda^2-28\lambda-4$$
$$\text{s.t. } 0\leqslant\lambda\leqslant\frac{1}{4}$$

得到 $\lambda_1=\dfrac{7}{31}$.

令

$$\boldsymbol{x}^{(2)}=\boldsymbol{x}^{(1)}+\lambda_1\hat{\boldsymbol{d}}^{(1)}=\begin{bmatrix}\dfrac{35}{31}\\[2mm]\dfrac{24}{31}\end{bmatrix}$$

第三次迭代，在点 $\boldsymbol{x}^{(2)}$ 处起作用约束指标集 $I=\{2\}$，梯度

$$\nabla f(\boldsymbol{x}^{(2)})=\begin{bmatrix}-\dfrac{32}{31}\\[2mm]-\dfrac{160}{31}\end{bmatrix}$$

将 $\boldsymbol{A}$ 和 $\boldsymbol{b}$ 分解为

$$\boldsymbol{A}_1=(-1,-5),\quad \boldsymbol{A}_2=\begin{bmatrix}-1&-1\\1&0\\0&1\end{bmatrix},\quad \boldsymbol{b}_1=(-5),\quad \boldsymbol{b}_2=\begin{bmatrix}-2\\0\\0\end{bmatrix}.$$

投影矩阵

$$\boldsymbol{P}=\boldsymbol{I}-\boldsymbol{A}_1^{\mathrm{T}}(\boldsymbol{A}_1\boldsymbol{A}_1^{\mathrm{T}})^{-1}\boldsymbol{A}_1=\frac{1}{26}\begin{bmatrix}25&-5\\-5&1\end{bmatrix}$$

$$\boldsymbol{d}^{(2)}=-\boldsymbol{P}\,\nabla f(\boldsymbol{x}^{(2)})=\begin{bmatrix}0\\0\end{bmatrix}$$

$$\boldsymbol{W}=(\boldsymbol{A}_1\boldsymbol{A}_1^{\mathrm{T}})^{-1}\boldsymbol{A}_1\,\nabla f(\boldsymbol{x}^{(2)})=\frac{32}{31}>0$$

则

$$x^{(2)}=\begin{bmatrix}\dfrac{35}{31}\\[2mm]\dfrac{24}{31}\end{bmatrix}$$

为 K-T 点。由于本例为凸规划，$x^{(2)}$是全局最优解。

5.3.3 二次规划算法

1. 一般模型

若非线性规划的目标函数为自变量 x 的二次函数，约束条件又是线性的，就称这种规划为二次规划。二次规划是非线性规划中比较简单的一类，它较容易求解。由于许多方面的问题都可以抽象成二次规划的模型，而且它和线性规划又有直接联系，因此我们专门提出来简要进行说明。

二次规划的数学模型可表示如下：

$$\begin{cases}\min f=\dfrac{1}{2}\boldsymbol{x}^{\mathrm{T}}\boldsymbol{c}\boldsymbol{x}+\boldsymbol{p}^{\mathrm{T}}\boldsymbol{x}\\ \text{s. t. } \boldsymbol{A}\boldsymbol{x}=\boldsymbol{b}\\ \quad \boldsymbol{x}\geqslant \boldsymbol{0}\end{cases}\tag{5.117}$$

式中秩 $\boldsymbol{A}=m\leqslant n,\boldsymbol{c}=(c_{ij})_{n\times n}$。

显然二次规划问题的可行集为凸集。如果二次型的矩阵 $\boldsymbol{c}$ 是半正定的，则 $f(\boldsymbol{x})$是凸函数，因此问题(5.117)变成凸规划问题，从而其局部极值即为全局极值，并且 K-T 条件不仅是取极小值的必要条件而且是充要条件。

对于问题(5.117)，K-T 条件具有如下形式：

$$\begin{cases}-\boldsymbol{c}\boldsymbol{x}+\boldsymbol{A}^{\mathrm{T}}\boldsymbol{v}+\boldsymbol{u}=\boldsymbol{P} \quad (\text{若 } \boldsymbol{P} \text{ 的分量有负的，则以}(-1)\text{ 乘其所对应的行})\\ \boldsymbol{A}\boldsymbol{x}=\boldsymbol{b},\quad \boldsymbol{x}\geqslant \boldsymbol{0}\\ \boldsymbol{u}^{\mathrm{T}}\boldsymbol{x}=0,\quad \boldsymbol{u}\geqslant \boldsymbol{0}\end{cases}\tag{5.118}$$

式(5.118)中第三式是非线性的，如果 u_j 与 x_j 不得同时为基变量，则此式必然满足。因此，只需求出式(5.118)中前两式的一个可行解，并注意到 u_j 与 x_j 只能有一个为基变量而 v 无符号限制即可。

例 5.7 求解二次规划

$$\begin{cases}\min f=x_1^2+x_2^2\\ \text{s. t. } 3x_1+4x_2\geqslant 13\\ \quad x_1,x_2\geqslant 0\end{cases}$$

解：容易求得 $f(\boldsymbol{x})=\dfrac{1}{2}\boldsymbol{x}^{\mathrm{T}}\boldsymbol{c}\boldsymbol{x}$，其中

$$\boldsymbol{C}=\begin{pmatrix}2&0&0\\0&8&0\\0&0&0\end{pmatrix}\quad \boldsymbol{P}=\begin{pmatrix}0\\0\\0\end{pmatrix}$$

$$\boldsymbol{A}=(3,4,-1)\quad \boldsymbol{b}=13$$

代入式(5.118)中前两式并用改型算法求可行解(见表5.5)：

表 5.5 求可行解

x_1	x_2	x_3	v	u_1	u_2	u_3	
−2	0	0	3	1	0	0	0
0	−8	0	4	0	1	0	0
0	0	0	−1	0	0	1	0
3	4	−1	0	0	0	0	13
1	0	0	0	−1/2	0	−3/2	0
0	1	0	0	0	−1/8	−1/2	0
0	0	0	1	0	0	−1	0
0	0	−1	0	3/2	1/2	13/2	13
1	0	−3/13	0	−2/13	3/26	0	3
0	1	−1/13	0	3/26	−9/104	0	1
0	0	−2/13	1	3/13	1/13	0	2
0	0	−2/13	0	3/13	1/13	1	2

$$\boldsymbol{x}^*=(3,1,0)\ f^*=13$$

2. 具有箱形约束的凸二次规划的一种简易解法

考虑下面的被称为箱形约束的凸二次规划问题

$$\min f(\boldsymbol{x})=\frac{1}{2}\boldsymbol{x}^{\mathrm{T}}\boldsymbol{A}\boldsymbol{x}+\boldsymbol{b}^{\mathrm{T}}\boldsymbol{x} \qquad (5.119)$$
$$\text{s.t. } \boldsymbol{c}\leqslant\boldsymbol{x}\leqslant\boldsymbol{d}$$

这里，$\boldsymbol{A}=[a_{ij}]_{n\times n}$是$n$阶对称半正定矩阵，$\boldsymbol{b},\boldsymbol{c},\boldsymbol{d}$是$n$维常向量，$\boldsymbol{c}<\boldsymbol{d}$。

对问题(5.119)的应用，已有相关研究进行很好的叙述，并就$f(\boldsymbol{x})$严格凸的情形给出了一种算法，主要依据下述由K-T条件得到的定理：

定理 5.20 可行解$\boldsymbol{x}^*$是问题(5.119)最优解的充要条件是，对$i=1,2,\cdots,n$

$$\nabla f_j(\boldsymbol{x}^*)\geqslant 0,\quad 当\ x_j^*=c_i \qquad (5.120)$$

$$\nabla f_j(\boldsymbol{x}^*)\leqslant 0,\quad 当\ x_j^*=d_j \qquad (5.121)$$

$$\nabla f_j(\boldsymbol{x}^*)=0,\quad 当\ c_j<x_j^*<d_j \qquad (5.122)$$

这里$\nabla f_j(\boldsymbol{x}^*)$是梯度$\nabla f(\boldsymbol{x}^*)=\boldsymbol{A}\boldsymbol{x}^*+\boldsymbol{b}$的第$j$个分量。

我们给出一种简易算法，并证明了算法的收敛性。

现将此X_算法叙述如下：

步骤1：任取一个可行解$\boldsymbol{x}^0$，如箱形约束的一个顶点$\boldsymbol{x}^0=\boldsymbol{c}$或$\boldsymbol{d}$，转步骤2。

步骤2：检验当前的$\boldsymbol{x}^k(k=0,1,2,\cdots)$是否满足式(5.120)至式(5.122)：若满足，则$\boldsymbol{x}^k$即为最优解，可结束；否则，在梯度分量$\nabla f_j(\boldsymbol{x}^k)$不满足式(5.120)至式(5.122)中选择一分量指标i，比如取i满足

$$\max_j\{|\nabla f_j(x^k)|;\quad \nabla f_j(x^k)\ 不满足式(5.120)至式(5.122)\}=|\nabla f_i(\boldsymbol{x}^k)|$$

令$\boldsymbol{x}=(x_1^k,\cdots,x_{i-1}^k,x_i,x_{i+1}^k,\cdots,x_n^k)$，并求解关于分量$x_i$的一元方程

$$\nabla f_i(\boldsymbol{x})=(\boldsymbol{A}\boldsymbol{x}+\boldsymbol{b})_i=0 \tag{5.123}$$

转步骤 3。

步骤 3：若式(5.123)无解，即 $a_{ii}=0$，则当$\nabla f_i(\boldsymbol{x})>0$ 时取 $x_i=c_i$；当$\nabla f_i(\boldsymbol{x})<0$ 时，取 $x_i=d_i$，令 $\boldsymbol{x}^{k+1}=\boldsymbol{x}$，返回步骤 2。

若式(5.123)有解，且解得的 x_i 满足 $c_i\leqslant x_i\leqslant d_i$，则令 $\boldsymbol{x}^{k+1}=\boldsymbol{x}$，返回步骤 2；若解得的 $x_i<c_i$，则令 $\boldsymbol{x}^{k+1}=(x_1^k,\cdots,x_{i-1}^k,c_i,x_{i+1}^k,\cdots,x_n^k)$，返回步骤 2；若 $x_i>d_i$，则令 $\boldsymbol{x}^{k+1}=(x_1^k,\cdots,x_{i-1}^k,d_i,x_{i+1}^k,\cdots,x_n^k)$，返回步骤 2。

X_算法的收敛性分析

定理 5.21 对于由 X_算法得到的可行点列$\{\boldsymbol{x}^k\}$，相应数列$\{f(\boldsymbol{x}^k)\}$关于 k 是单调下降的。

证明：由于对凸集 S 上的可微凸函数 $f(\boldsymbol{x})$恒成立

$$f(\boldsymbol{x}^2)\geqslant f(\boldsymbol{x}^1)+\nabla f(\boldsymbol{x}^1)^{\mathrm{T}}(\boldsymbol{x}^2-\boldsymbol{x}^1) \quad \forall \boldsymbol{x}^1,\boldsymbol{x}^2\in S \tag{5.124}$$

设 $D=\{\boldsymbol{x}\mid \boldsymbol{c}\leqslant\boldsymbol{x}\leqslant\boldsymbol{d}\}$，则 D 是闭凸集，故对点列$\{\boldsymbol{x}^k\}\subset D$，亦有

$$f(\boldsymbol{x}^k)\geqslant f(\boldsymbol{x}^{k+1})+\nabla f(\boldsymbol{x}^{k+1})^{\mathrm{T}}(\boldsymbol{x}^k-\boldsymbol{x}^{k+1}),\quad k=0,1,\cdots \tag{5.125}$$

注意 $\boldsymbol{x}^{k+1}$ 与 $\boldsymbol{x}^k$ 仅第 i 个分量不同，于是有

$$\nabla f(\boldsymbol{x}^{k+1})^{\mathrm{T}}(\boldsymbol{x}^k-\boldsymbol{x}^{k+1})=\nabla f_i(\boldsymbol{x}^{k+1})(x_i^k-x_i^{k+1}) \tag{5.126}$$

若式(5.123)无解，则由 x_i^{k+1} 的选择知，必有式(5.125)大于 **0**；若式(5.123)有解 x_i，且满足 $c_i\leqslant x_i\leqslant d_i$，则因取 $\boldsymbol{x}^{k+1}=\boldsymbol{x}$，满足式(5.123)，故此时式(5.125)为 **0**。若 $x_i<c_i$，则知 $x_i^{k+1}=c_i$，从而 $x_i^k-x_i^{k+1}>0$，这时由式(5.123)知

$$\nabla f_i(\boldsymbol{x}^{k+1})=\nabla f_i(\boldsymbol{x})+a_{ii}(x_i^{k+1}-x_i)=a_{ii}(c_i-x_i)>0 \tag{5.127}$$

[由于 $\boldsymbol{A}$ 半正定，故 $a_{ii}\geqslant 0$，则式(5.123)有解。于是必有 $a_{ii}>0$]因此，亦有式(5.125)大于 0。若 $x_i>d_i$，则知 $x_i^{k+1}=d_i$，从而 $x_i^k-x_i^{k+1}<0$，这时由式(5.123)知

$$\nabla f_i(\boldsymbol{x}^{k+1})=\nabla f_i(\boldsymbol{x})+a_{ii}(x_i^{k+1}-x_i)=a_{ii}(d_i-x_i)<0 \tag{5.128}$$

所以仍有式(5.125)大于 0。

总之，不论哪种情形，均有式(5.125)大于或等于 0，再由式(5.124)，则必有

$$f(\boldsymbol{x}^k)\geqslant f(\boldsymbol{x}^{k+1}),\quad k=0,1,2,\cdots \tag{5.129}$$

证毕。

定理 5.22 对于由 X_算法得到的点列$\{\boldsymbol{x}^k\}$，其任一聚点均是式(5.119)的全局最优解。

证明：注意到 $f(\boldsymbol{x})$是有界闭集 D 上的连续可微函数，故 $f(\boldsymbol{x})$于 D 上有界，从而$\{f(\boldsymbol{x}^k)\}$亦然，由定理 5.21 可知，$f(\boldsymbol{x}^k)$关于 k 是单调下降的，故有极限。于是可设

$$\lim_{k\to\infty} f(\boldsymbol{x}^k)=f^* \tag{5.130}$$

又因$\{\boldsymbol{x}^k\}\subset D$ 亦是有界点集，故有收敛子列$\{\boldsymbol{x}^{k_j}\}$，设 $\boldsymbol{x}^{k_j}\to\boldsymbol{x}^*\ (j\to\infty)$，则因 D 是闭集，故 $\boldsymbol{x}^*\in D$。由$\nabla f(\boldsymbol{x})$的连续性，有

$$\lim_{j\to\infty}\nabla f(\boldsymbol{x}^{k_j})=\nabla f(\boldsymbol{x}^*) \tag{5.131}$$

若 $\boldsymbol{x}^*$ 的某分量 x_i^*，满足 $c_i < x_i^* < d_i$，则因 $\boldsymbol{x}^{k_j} \to \boldsymbol{x}^*(j\to\infty)$，故对充分大的 j，亦有

$$c_i < x_i^{k_j} < d_i \tag{5.132}$$

据此可知由 X _算法构造的收敛子列 $\{\boldsymbol{x}^{k_j}\}$，有子列 $\{\boldsymbol{x}^{k_\ell}\}$，满足式(5.123)，即

$$\nabla f_i(\boldsymbol{x}^{k_\ell}) = 0 \tag{5.133}$$

从而

$$\lim_{\ell\to\infty} \nabla f_i(\boldsymbol{x}^{k_\ell}) = 0 \tag{5.134}$$

因 $\boldsymbol{x}^{k_\ell} \to \boldsymbol{x}^*(\ell\to\infty)$，故由 $\nabla f(\boldsymbol{x}^*)$ 的连续性，必有

$$\nabla f_i(\boldsymbol{x}^*) = \lim_{\ell\to\infty} \nabla f_i(\boldsymbol{x}^{k_\ell}) = 0 \tag{5.135}$$

即式(5.122)成立。同理由式(5.126)、式(5.127)成立可推得式(5.120)、式(5.121)成立。由定理 5.20 知，$\boldsymbol{x}^*$ 是式(5.119)的全局最优解。证毕。

例 5.8 设问题(5.119)的条件如下：

$$\boldsymbol{A} = \begin{pmatrix} 1 & -1 & -1 & -1 \\ -1 & 2 & 1 & 0 \\ -1 & 1 & 2 & 0 \\ -1 & 0 & 0 & 4 \end{pmatrix} \quad \boldsymbol{b} = \begin{pmatrix} 1 \\ 1 \\ -1 \\ 2 \end{pmatrix} \quad \boldsymbol{c} = \begin{pmatrix} 0 \\ -1 \\ -2 \\ -10 \end{pmatrix} \quad \boldsymbol{d} = \begin{pmatrix} 1 \\ 1 \\ 2 \\ 1 \end{pmatrix}$$

求最优解。

解：取 $\boldsymbol{x}^0 = \boldsymbol{d} = (1,1,2,1)^{\mathrm{T}}$

$$\nabla f(\boldsymbol{x}^0) = \boldsymbol{A}\boldsymbol{x}^0 + \boldsymbol{b} = (-2,4,3,5)^{\mathrm{T}}$$

x_2^0, x_3^0, x_4^0 均不满足最优性条件(5.121)，其第 4 个分量绝对值最大，故对 x_4^0 进行修正，即令 $\boldsymbol{x} = (1,1,2,x_4)^{\mathrm{T}}$，求解

$$\nabla f_4(\boldsymbol{x}) = (\boldsymbol{A}\boldsymbol{x} + \boldsymbol{b})_4 = 0$$

得 $x_4 = -\dfrac{1}{4}$；因 $c_4 < x_4 < d_4$，故令 $\boldsymbol{x}^1 = \boldsymbol{x} = \left(1,1,2,-\dfrac{1}{4}\right)^{\mathrm{T}}$，算得

$$\nabla f(\boldsymbol{x}^1) = \left(-\frac{5}{4},4,3,0\right)^{\mathrm{T}},$$

令 $\boldsymbol{x} = \left(-\dfrac{5}{4}, x_2, 3, 0\right)^{\mathrm{T}}$，求解

$$\nabla f_2(\boldsymbol{x}) = 0,$$

得 $x_2 = -1$，从而 $\boldsymbol{x}^2 = \left(1,-1,2,-\dfrac{1}{4}\right)^{\mathrm{T}}$，算得

$$\nabla f(\boldsymbol{x}^2) = \left(\frac{5}{4},0,1,0\right)^{\mathrm{T}},$$

令 $\boldsymbol{x} = (x_1,0,1,0)^{\mathrm{T}}$，求解

$$\nabla f_1(\boldsymbol{x}^2) = 0,$$

得 $x_1 = -\dfrac{1}{4} < c_1$，

令 $\boldsymbol{x}^3=\left(0,-1,2,-\frac{1}{4}\right)^{\mathrm{T}}$，算得

$$\nabla f(\boldsymbol{x}^3)=\left(\frac{1}{4},1,2,1\right)^{\mathrm{T}},$$

令 $\boldsymbol{x}=\left(0,-1,x_3,-\frac{1}{4}\right)^{\mathrm{T}}$，求解

$$\nabla f_3(\boldsymbol{x}^3)=0,$$

得 $x_3=1$，令 $\boldsymbol{x}^4=\left(0,-1,1,-\frac{1}{4}\right)^{\mathrm{T}}$，算得

$$\nabla f(\boldsymbol{x}^3)=\left(\frac{5}{4},0,0,1\right)^{\mathrm{T}},$$

令 $\boldsymbol{x}=(0,-1,1,x_4)^{\mathrm{T}}$，求解

$$\nabla f_4(\boldsymbol{x})=0,$$

得 $x_4=-\frac{1}{2}$，

令 $x^5=\left(0,-1,1,-\frac{1}{2}\right)^{\mathrm{T}}$，算得

$$\nabla f(\boldsymbol{x}^5)=\left(\frac{3}{2},0,0,0\right)^{\mathrm{T}},$$

已满足式(5.119)至式(5.121)，故

$$\boldsymbol{x}^*=\boldsymbol{x}^5=\left(0,-1,1,-\frac{1}{2}\right)^{\mathrm{T}}。$$

不等式约束包括起作用约束和不起作用约束，在讨论不等式约束优化问题中包括Fritz-John 必要条件、K-T 必要条件和 K-T 充分条件等定理。

求解约束优化问题的一类重要方法就是可行方向法，此类方法大体可分为：用求解一个线性规划问题来确定可行方向，利用投影矩阵直接来构造一个改进可行方向和利用既约梯度直接构造出一个改进的可行方向，书中具体介绍了 Frank-Wolfe 方法，Zoutendijk 方法和 Rosen 投影梯度法。关于非线性规划在此主要介绍了二次规划这类比较常见的算法。

章末习题

1. 试以 $\boldsymbol{x}^{(0)}=(0,0)^{\mathrm{T}}$ 为初始点，使用：(1)最速下降法(迭代 4 次)；(2)Newton 法；(3)变尺度法。求解无约束极值问题

$$\min f(\boldsymbol{x})=2x_1^2+2x_1x_2+x_2^2+x_1-x_2.$$

2. 对于以下约束优化问题

$$\min\{x_1+x_2 \mid x_1^2+x_2^2=2\},$$

依次用罚函数法和乘子法求最优解 $\boldsymbol{x}^*$ 的近似值 $\boldsymbol{x}^k$ 和 $\boldsymbol{x}^{\bar{k}}$。(取罚因子 $\mu_k=1$，Lagrange 乘子的近似值 $\lambda^k=-0.4$。)

3. 用 Zoutendijk 方法从初始点 $\boldsymbol{x}^{(0)}=(0,0)^{\mathrm{T}}$ 求解下列问题

$$\begin{cases}\min 2x_1^2+2x_2^2-2x_1x_2-4x_1-6x_2 \\ \text{s.t. } x_1+x_2\leqslant 2 \\ \quad x_1+5x_2\leqslant 5 \\ \quad -x_1\leqslant 0 \\ \quad -x_2\leqslant 0\end{cases}$$

4. 用梯度投影法从初始点 $\boldsymbol{x}^{(0)}=(0,2)^{\mathrm{T}}$ 求解下列问题

$$\begin{cases}\min f(x_1,x_2)=(x_1-3)^2 \\ \text{s.t. } x_1+x_2\leqslant 3 \\ \quad 0\leqslant x_1\leqslant 2 \\ \quad 0\leqslant x_2\leqslant 2\end{cases}$$

5. 用可行方向法求解下列问题,设初始点 $\boldsymbol{x}^{(0)}=(1,1.5)^{\mathrm{T}}$

$$\begin{cases}\min f(x_1,x_2)=(x_1-3)^2 \\ \text{s.t. } x_1+x_2\leqslant 3 \\ \quad 0\leqslant x_1\leqslant 2 \\ \quad 0\leqslant x_2\leqslant 2\end{cases}$$

【在线测试题】扫描书背面的二维码,获取答题权限。

扫描此码 在线自测

第6章

数学规划在经济中的应用

学习目标

通过本章的学习，应该达到以下学习目标：

1. 熟悉规划问题解的全优性分析及应用；
2. 掌握资源节省利用问题与证券投资优化组合问题；
3. 掌握效用最大化问题及效用函数；
4. 灵活运用静态比较分析；
5. 灵活运用凸函数和凸规划。

关键概念

全优性分析及应用　资源节省利用问题　证券投资优化组合问题　效用最大化问题　效用函数　消费者偏好　静态比较分析　生产函数　成本最小化模型

6.1　数学规划解的全优性分析及其应用

6.1.1　数学规划问题的一般表述

效用最大化问题及其对偶问题支出最小化问题所揭示的需求函数相同等性质，具有一般性，下面进行简要分析。

假定 $\boldsymbol{x}^*$ 是规划问题

$$\begin{cases}\max f(\boldsymbol{x}) \\ \text{s.t. } g_i(\boldsymbol{x}) \leqslant b_i, \quad i=1,\cdots,m \\ \quad h_j(\boldsymbol{x})=0, \quad j=1,\cdots,l\end{cases} \tag{6.1}$$

的最优解，其最优值为 $f^*=f(\boldsymbol{x}^*)$，现在研究问题(6.1)与如下对偶问题(6.2)的关系。

$$\begin{cases}\min g_k(\boldsymbol{x}) \\ \text{s.t. } g_i(\boldsymbol{x}) \leqslant b_i, \quad i=1,\cdots,k-1,k+1,\cdots,m \\ \quad h_j(\boldsymbol{x})=0, \quad j=1,\cdots,l \\ \quad f(\boldsymbol{x}) \geqslant f^*\end{cases} \tag{6.2}$$

如果把式(6.1)看作 m 种资源的最优利用问题，那么式(6.2)所提出的问题是：在目标函数不小于最优值的前提下，能否使其中某种短缺资源有更小的消耗量？对此研究的结果表明，上述想法一般不能实现，也就是说在通常条件下，问题(6.1)的最优解不仅使目标函数达到其最优值，而且使各种消耗也达到其最小值。这揭示了规划问题的解具有全优的性质，这一性质不仅有理论意义而且具有实际意义。

6.1.2　最优解的理论分析

定理 6.1　设 $\boldsymbol{x}^*$ 是问题(6.1)的任一最优解。若于 $\boldsymbol{x}^*$ 的 Kuhn-Tucker(K-T)条件中，$\nabla g_k(\boldsymbol{x}^*)$的系数 $\lambda_k \neq 0$，则对问题(6.2)的任一最优解 $\bar{\boldsymbol{x}}$，均有 $g_k(\bar{\boldsymbol{x}})=g_k(\boldsymbol{x}^*)$。

证明：因假定于问题(6.1)的最优解 $\boldsymbol{x}^*$ 的 K-T 条件中$\nabla g_k(\boldsymbol{x}^*)$的系数，即拉格朗日(Lagrange)乘子 $\lambda_k \neq 0$，故对 $\boldsymbol{x}^*$，约束 $g_k(\boldsymbol{x}) \leqslant b_k$ 是紧约束，从而有 $g_k(\boldsymbol{x}^*)=b_k$。又易见 $\boldsymbol{x}^*$ 是问题(6.2)的一个可行解，而 $\bar{\boldsymbol{x}}$ 是式(6.2)的最优解，故应有

$$g_k(\bar{\boldsymbol{x}}) \leqslant g_k(\boldsymbol{x}^*)=b_k \tag{6.3}$$

于是 $\bar{\boldsymbol{x}}$ 亦是问题(6.1)的可行解，从而 $f(\bar{\boldsymbol{x}}) \leqslant f(\boldsymbol{x}^*)$，又由问题(6.2)的约束条件知 $f(\bar{\boldsymbol{x}}) \geqslant f^*=f(\boldsymbol{x}^*)$，故 $f(\bar{\boldsymbol{x}})=f(\boldsymbol{x}^*)$，即为问题(6.2)的最优解，亦是问题(6.1)的最优解，从而由假设知，$\bar{\boldsymbol{x}}$ 关于问题(6.1)的 K-T 条件中$\nabla g_k(\bar{\boldsymbol{x}})$的系数 λ_k 亦不为 0，这意味着约束(6.3)亦是关于 $\bar{\boldsymbol{x}}$ 的紧约束，故亦有 $g_k(\bar{\boldsymbol{x}})=b_k$，$g_k(\bar{\boldsymbol{x}})=g_k(\boldsymbol{x}^*)$。

推论 6.1　在定理 6.1 的假设下，问题(6.1)与问题(6.2)有相同的最优解，从而等价。

推论 6.2　欲 $g_k(\bar{\boldsymbol{x}})<g_k(\boldsymbol{x}^*)$，则 $\boldsymbol{x}^*$ 关于问题(6.1)的 K-T 条件中$\nabla g_k(\boldsymbol{x}^*)$的系数必须为 0。

若问题(6.1)的解唯一，则因问题(6.2)的解必是问题(6.1)的解，故此时问题(6.1)与问题(6.2)必然等价。

6.1.3　数学规划最优解的应用

1. 资源节省利用问题

如果把问题(6.1)看作是资源优化利用问题，则拉格朗日乘子 λ_k 即为第 k 种资源的影子价格。因此，以上分析表明，只有影子价格为 0 的资源才有可能节省。

某种资源是否可能节省，可先用推论 6.2 加以判断，这只需解一个线性方程组。若问题(6.1)是线性的，则以上过程可以简化：先看最优单纯表中，与松弛变量 x_j 对应的检验数是否有为 0 的，若无，则不能节省；若有，则对 0 检验数所在列 j 选一主元β_{ij}；若主元所在 i 行的常数项 α_i 不为 0(为 0 则仍不能节省)，则以之实行一次高斯(Gauss)消元，即得另一最优解 $\boldsymbol{x}^{**}$；对此最优解，第 j 种资源可节省。

$$x_j^{**}=\alpha_i/\beta_{ij} \tag{6.4}$$

例 6.1　如下线性规划表示资源利用问题

$$\begin{cases}\max z=2x_1+3x_2\\ \text{s. t. } 2x_1+2x_2 \leqslant 12\\ \quad 4x_1 \leqslant 16\\ \quad 5x_2 \leqslant 15\\ \quad x_1,x_2 \geqslant 0\end{cases}$$

求解其最优生产方案及相应资源的影子价格。

解：求解该线性规划问题的最优生产方案是：$x_1^*=x_2^*=3$，即两种产品各生产 3 个单位，最大获利 $z^*=15$。其对偶问题的影子价格是 $y_1^*=1, y_2^*=0, y_3^*=\frac{1}{5}$，即三种资源的影子价格分别是 $1,0,\frac{1}{5}$。

现在令第一种资源增加 1 个单位，变为 13，其他参数不变。用图解法可以求出新的最优解为：$x_1^*=3.5, x_2^*=3$，即最优生产方案发生了变化，最大获利变为 $z^*=16$，比原来增加了 1 个单位。可以看出，增加 1 个单位第一种资源所引起的目标函数最优值的改变量正是第一种资源的影子价格。

令第二种资源增加 1 个单位，变为 17，其他参数不变。用图解法可以求出其最优解不变，即最优生产方案不发生变化，最大获利仍是 15。因此，增加 1 个单位第二种资源所引起的目标函数最优值的改变量也是第二种资源的影子价格。

令第三种资源增加 1 个单位，变为 16，其他参数不变。用图解法可以求出新的最优解为：$x_1^*=2.8, x_2^*=3.2$，即最优生产方案发生了变化，最大获利变为 15.2，比原来增加了 0.2 个单位。可以看出，第三种资源投入量增加 1 个单位所引起的最大利润值的增加值为 0.2。

函数最优值的改变量也是第三种资源的影子价格。在上例中，第 i 种资源的影子价格的经济意义是增加 1 个单位第 i 种资源所引起的目标函数最优值的改变量。

2. 证券投资的优化组合问题

由于问题(6.1)与问题(6.2)的实质区别在于目标函数和一个约束条件的函数互换位置，故利用其所揭示的等价性，往往能给问题的求解带来方便，如若问题中 f 是二次函数，约束是线性的，如欲求解式(6.2)，这时因为问题(6.1)变成二次规划问题，它可化成线性规划问题求解，因此求解式(6.1)比直接求解式(6.2)要容易。

这方面的一个实际例子存在于证券投资的优化组合中。

设有 n 种证券，已知投资第 i 种证券的收益率为 e_i，投资的风险矩阵为 $\boldsymbol{C}$，若假定投资于第 i 种证券的比例 $x_i\left(x_i\geqslant 0, \sum_{i=1}^{n} x_i=1\right)$，则总收益为 $E(\boldsymbol{x})=\sum_{i=1}^{n} e_i x_i=\boldsymbol{e}^{\mathrm{T}}\boldsymbol{x}$，这里 $\boldsymbol{e}=(e_1,\cdots,e_n)^{\mathrm{T}}$。而风险则可用二次函数 $\boldsymbol{x}^{\mathrm{T}}\boldsymbol{C}\boldsymbol{x}$ 来度量。于是，证券投资的最优组合归结为对投资比例 $\boldsymbol{x}$ 的选择，即求解下述双目标规划问题：

$$\begin{cases}\max \boldsymbol{e}^{\mathrm{T}}\boldsymbol{x} \\ \min \boldsymbol{x}^{\mathrm{T}}\boldsymbol{C}\boldsymbol{x} \\ \text{s.t.} \sum_{i=1}^{n} x_i=1 \\ \quad x_i\geqslant 0, \quad i=1,\cdots,n\end{cases} \tag{6.5}$$

满足式(6.5)的最优解一般很难找到，通常都代之以寻求有效解，即总效益不低于某个值 E_j 时风险最小的可行解，或者风险不高于某个值 D_j 时，总收益最大的可行解。用式子表示如下：

$$\begin{cases}\min \boldsymbol{x}^{\mathrm{T}}\boldsymbol{C}\boldsymbol{x} \\ \text{s. t. } \boldsymbol{e}^{\mathrm{T}}\boldsymbol{x} \geqslant E_j \\ \sum_{i=1}^{n} x_i = 1 \\ x_i \geqslant 0, \quad i=1,\cdots,n\end{cases} \tag{6.6}$$

或者

$$\begin{cases}\max \boldsymbol{e}^{\mathrm{T}}\boldsymbol{x} \\ \text{s. t. } \boldsymbol{x}^{\mathrm{T}}\boldsymbol{C}\boldsymbol{x} \leqslant D_j \\ \sum_{i=1}^{n} x_i = 1 \\ x_i \geqslant 0, \quad i=1,\cdots,n\end{cases} \tag{6.7}$$

这样,给出一系列 E_j(或 D_j)的值,就可以求解一系列的式(6.6)(或式(6.7))而得到有效边界,以便供投资者选择。

首先,要解决的是式(6.6)与式(6.7)的等价问题。这虽然在经验上是显然的,但理论上只给出风险矩阵 $\boldsymbol{C}$ 正定时的结果(此时 $f=\boldsymbol{x}^{\mathrm{T}}\boldsymbol{C}\boldsymbol{x}$ 严格凸,故式(6.6)有唯一解),但一般说来,只有 $\boldsymbol{x}^{\mathrm{T}}\boldsymbol{C}\boldsymbol{x}\geqslant 0$,也就是说只能得到 $\boldsymbol{C}$ 是半正定的,这时须对式(6.6)与式(6.7)建立如同式(6.1)与式(6.2)一样的联系,则因 $\boldsymbol{C}$ 半正定,故式(6.6)与式(6.7)均是凸规划问题,从而 K-T 条件是充要的。进一步可证约束

$$\begin{aligned}\boldsymbol{e}^{\mathrm{T}}\boldsymbol{x} &\geqslant E_j \\ \boldsymbol{x}^{\mathrm{T}}\boldsymbol{C}\boldsymbol{x} &\leqslant D_j\end{aligned} \tag{6.8}$$

均为紧约束,即定理 6.1 的条件满足,故式(6.6)与式(6.7)等价。于是只需通过求解式(6.6)获得有效边界,问题的求解便得以简化。

数学规划问题的解具有全优性质,当原研究问题有最优解时,对偶问题也存在最优解,且两问题的最优目标函数值相等。数学规划解的全优性在经济问题中同样适用,在资源的节省利用和证券投资的优化等实际问题中可以运用规划问题的解的全优性质简化问题的分析。

6.2　效用最大化问题

一个理性消费者在其收入为 m 时,总要选择效用最大化的消费方案。设商品 i 的价格为 $p_i>0(i=1,\cdots,n)$,记 $\boldsymbol{P}=(p_1,p_2,\cdots,p_n)^{\mathrm{T}}$,$\boldsymbol{P}$ 被称为价格向量。当收入为 $m(m\geqslant 0)$ 时,消费者可选择的消费方案的集合 B,被称为预算集(budget set)或可行消费集,即

$$B=\{\boldsymbol{x} \mid \boldsymbol{P}^{\mathrm{T}}\boldsymbol{x}\leqslant m, \quad \boldsymbol{x}\in X\}。$$

消费者应在预算集 B 中选则消费束 $\boldsymbol{x}$,使效用最大化,即

$$\begin{cases}\max u(\boldsymbol{x}) \\ \text{s. t. } \boldsymbol{P}^{\mathrm{T}}\boldsymbol{x}\leqslant m, \quad \boldsymbol{x}\in X\end{cases} \tag{6.9}$$

由于预算集为有界闭集,效用函数 $u(\boldsymbol{x})$ 在 $\boldsymbol{x}$ 上连续,因此问题(6.9)必有最优解。如果

假设偏好关系满足单调性，则效用最大化问题(6.9)的最优解 $\boldsymbol{x}^*$，一定满足 $\boldsymbol{P}^{\mathrm{T}}\boldsymbol{x}^*=m$。事实上，若不然，$\boldsymbol{P}^{\mathrm{T}}\boldsymbol{x}^*<m$，则应有 $\bar{\boldsymbol{x}}\geqslant\boldsymbol{x}^*$，$\bar{\boldsymbol{x}}\neq\boldsymbol{x}^*$，使 $\boldsymbol{P}^{\mathrm{T}}\bar{\boldsymbol{x}}\leqslant m$，由单调性假设，必有 $\bar{\boldsymbol{x}}>\boldsymbol{x}^*$。再注意到在单调性假设下效用函数 $u(\boldsymbol{x})$ 是严格递增的，从而 $u(\bar{\boldsymbol{x}})>u(\boldsymbol{x}^*)$。

此与 $\boldsymbol{x}^*$ 为最优解矛盾，故必有 $\boldsymbol{P}^{\mathrm{T}}\boldsymbol{x}^*=m$。于是问题(6.9)可简化为

$$\begin{cases}\max u(\boldsymbol{x})\\ \text{s.t. } \boldsymbol{P}^{\mathrm{T}}\boldsymbol{x}=m, \quad \boldsymbol{x}\in X\end{cases} \tag{6.10}$$

如果进一步假设偏好关系 $\succeq$ 满足严格凸性，从而效用函数是严格拟凹的，则由第 3 章定理 3.21 知，效用最大化问题必有唯一最优解 $\boldsymbol{x}^*$。可以看出 $\boldsymbol{x}^*=(x_1^*,\cdots,x_n^*)^{\mathrm{T}}$ 依赖于价格 $\boldsymbol{P}$ 和收入 m。因此，若把 $\boldsymbol{P}$ 和 m 看作参变量，则 $\boldsymbol{x}^*$ 是 $\boldsymbol{P}$ 和 m 的函数：

$$\boldsymbol{x}^*=x(\boldsymbol{P},m)=(x_1(\boldsymbol{P},m),\cdots,x_m(\boldsymbol{P},m))^{\mathrm{T}} \tag{6.11}$$

$\boldsymbol{x}^*=x(\boldsymbol{P},m)$ 称为消费者的需求函数，它表示价格为 $\boldsymbol{P}$，收入为 m 时，消费者进行最优选择时的消费方案。问题(6.10)的最优目标函数值记为

$$v(\boldsymbol{P},m)=u(\boldsymbol{x}^*)=u(x(\boldsymbol{P},m)) \tag{6.12}$$

$v(\boldsymbol{P},m)$ 是在给定价格 $\boldsymbol{P}$ 和收入 m 时，消费者可达到的最大效用，一般称之为间接效用函数(indirect utility function)。间接效用函数 $v(\boldsymbol{P},m)$ 具有下述性质：

(1) $v(\boldsymbol{P},m)$ 是 $\boldsymbol{P}$ 的递减函数，是 m 的递增函数，即如果 $\bar{\boldsymbol{P}}\geqslant\boldsymbol{P}$，则 $v(\bar{\boldsymbol{P}},m)\leqslant v(\boldsymbol{P},m)$；如果 $\bar{m}\geqslant m$，则 $v(\boldsymbol{P},\bar{m})\geqslant v(\boldsymbol{P},m)$。

(2) $v(\boldsymbol{P},m)$ 是 $(\boldsymbol{P},m)$ 的零次齐次函数，即 $v(\boldsymbol{P},m)=v(t\boldsymbol{P},tm)$，其中 $t>0$。

(3) $v(\boldsymbol{P},m)$ 是 $\boldsymbol{P}$ 的拟凸函数。

(4) 当 $\boldsymbol{P}>0,m>0$ 时，$v(\boldsymbol{P},m)$ 是连续函数。

问题(6.10)是具等式约束的优化问题，故由第 5 章 5.2 节，可构造拉格朗日函数

$$L(\boldsymbol{x},\lambda)=u(\boldsymbol{x})-\lambda(\boldsymbol{P}^{\mathrm{T}}\boldsymbol{x}-m) \tag{6.13}$$

当 $u(\boldsymbol{x})$ 连续可微时，若 $\boldsymbol{x}^*$ 是问题(6.10)的最优解，则存在 λ^*，使 $\boldsymbol{x}^*,\lambda^*$ 满足

$$\begin{cases}\dfrac{\partial L}{\partial x_i}=\dfrac{\partial u(\boldsymbol{x})}{\partial x_i}-\lambda p_i=0, \quad i=1,\cdots,n\\ \dfrac{\partial L}{\partial \lambda}=m-\boldsymbol{P}^{\mathrm{T}}\boldsymbol{x}=0\end{cases} \tag{6.14}$$

从而在 $\boldsymbol{x}^*$ 处有

$$\frac{1}{p_i}\cdot\frac{\partial u(\boldsymbol{x})}{\partial x_i}=\lambda^*, \quad i=1,\cdots,n \tag{6.15}$$

若 $\lambda^*\neq 0$，还有

$$\frac{\partial u(\boldsymbol{x}^*)}{\partial x_i}\bigg/\frac{\partial u(\boldsymbol{x}^*)}{\partial x_j}=\frac{p_i}{p_j}, \quad i,j=1,\cdots,n \tag{6.16}$$

在式(6.15)中，$\dfrac{1}{p_i}$ 表示单位收入可购买的商品 i 的数量，因此，式(6.15)表明：当效用最大化时，对每一种商品而言，单位收入所增加的效用(即收入的边际效用)都是相同的。拉格朗日乘子 λ^* 表示单位收入支出的边际效用，故可解释为“货币的边际效用”或“收入的影子价格”。

式(6.16)左边恰是商品 i 和 j 的边际替代率，而右边为商品 i 和 j 的经济替代率

(economic rate of substitution)。在两种商品的情形($n=2$)下,式(6.16)表明效用最大化时,等效用曲线在 $\boldsymbol{x}^*$ 处与预算线相切。这时等效用曲线在 $\boldsymbol{x}^*$ 处的切线斜率

$$\frac{\mathrm{d}x_2}{\mathrm{d}x_1}=-\frac{\dfrac{\partial u(\boldsymbol{x}^*)}{\partial x_1}}{\dfrac{\partial u(\boldsymbol{x}^*)}{\partial x_2}} \tag{6.17}$$

等于预算线斜率 $-\dfrac{p_1}{p_2}$(见图 6.1)。

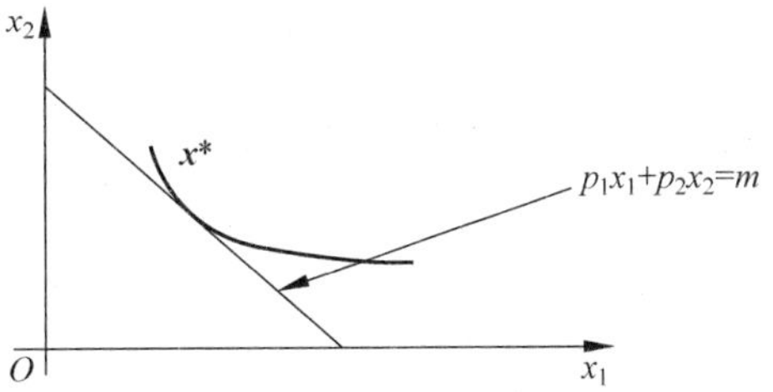

图 6.1　效用曲线与预算约束线的最优性关系

当效用 $u(\boldsymbol{x})$ 二阶连续可微时,若成立 $\nabla L(\boldsymbol{x}^*,\lambda^*)=0$,且 $u(\boldsymbol{x})$ 在 $\boldsymbol{x}^*$ 处的海塞(Hesse)矩阵 $H(\boldsymbol{x})=\left(\dfrac{\partial^2 u(\boldsymbol{x}^*)}{\partial x_i \partial x_j}\right)_{n\times n}$ 负定,则 $\boldsymbol{x}^*$ 是式(6.10)的严格局部最优解。

例 6.2　设效用函数为 $u(\boldsymbol{x})=Ax_1^{\alpha}x_2^{\beta}$(柯布-道格拉斯(Cobb-Douglass)效用函数),收入为 m,价格向量 $\boldsymbol{P}=(p_1,p_2)^{\mathrm{T}}$,求解最大效用。

解:由效用最大化问题的一阶条件(6.14),有

$$\begin{cases}\alpha A x_1^{\alpha-1}x_2^{\beta}-\lambda p_1=0\\ \beta A x_1^{\alpha}x_2^{\beta-1}-\lambda p_2=0\\ m-p_1x_1-p_2x_2=0\end{cases} \tag{6.18}$$

由此可得

$$x_1^*=\frac{\alpha m}{(\alpha+\beta)p_1},\quad x_2^*=\frac{\beta m}{(\alpha+\beta)p_2} \tag{6.19}$$

将 $\boldsymbol{x}^*$ 代入 $u(\boldsymbol{x})$ 可得间接效用函数

$$v(\boldsymbol{P},m)=A\left[\frac{\alpha m}{(\alpha+\beta)p_1}\right]^{\alpha}\cdot\left[\frac{\beta m}{(\alpha+\beta)p_2}\right]^{\beta} \tag{6.20}$$

如果记 $a=\dfrac{\alpha}{\alpha+\beta}$,$b=\dfrac{\beta}{\alpha+\beta}$,则以上两式可写为

$$\begin{aligned}p_1x_1^*&=am\\ p_2x_2^*&=bm\end{aligned} \tag{6.21}$$

和

$$v(\boldsymbol{P},m)=A\left(\frac{am}{p_1}\right)^{\alpha}\left(\frac{bm}{P_2}\right)^{\beta} \tag{6.22}$$

这表明:在效用最大化时,用于消费商品 i 的支出 $p_ix_i^*$($i=1,2$)是总支出(收入)m 的

线性函数，一般称之为线性支出系统(LES)。

上述结果不难推广到 n 种商品的情形。可以从对偶的角度提出和分析效用最大化问题。

设价格 $\boldsymbol{P}$ 和效用水平 u 给定，现要选择消费束 $\boldsymbol{x}$，使总支出最小，即考虑下述支出最小化问题：

$$\begin{cases}\min \boldsymbol{P}^{\mathrm{T}}\boldsymbol{x} \\ \text{s.t. } u(\boldsymbol{x}) \geqslant u, \quad \boldsymbol{x} \in X\end{cases} \tag{6.23}$$

类似于效用最大化问题的分析，此处仅需考虑成立等式 $u(\boldsymbol{x})=u$ 的情形。

设拉格朗日函数

$$L(\boldsymbol{x},\lambda)=\boldsymbol{P}^{\mathrm{T}}\boldsymbol{x}-\lambda(u(\boldsymbol{x})-u) \tag{6.24}$$

其一阶条件为

$$\begin{aligned}&\frac{\partial L}{\partial x_i}=p_i-\lambda\frac{\partial u(\boldsymbol{x})}{\partial x_i}=0\\&\frac{\partial L}{\partial \lambda}=u-u(\boldsymbol{x})=0\end{aligned} \tag{6.25}$$

设满足上述条件的消费者最优选择为

$$\hat{x}_i=h_i(\boldsymbol{P},u), \quad i=1,\cdots,n \tag{6.26}$$

记 $\hat{\boldsymbol{x}}=h(\boldsymbol{P},u)=[h_1(\boldsymbol{P},u),\cdots,h_n(\boldsymbol{P},u)]^{\mathrm{T}}$ 被称为消费者的希克斯(Hicks)需求函数或补偿需求函数(compensated demand function)，它可以看作是保持消费者在某一固定的效用水平 u 时，由于价格和收入变化而导出的需求函数，其中收入的改变应用来补偿价格的变化(最小支出≤收入)，由于希克斯需求函数依赖于效用水平 u，因而是“不可直接观测”的。而由效用最大化问题导出的需求函数 $x(\boldsymbol{P},m)$，一般称之为马歇尔(Marshall)需求函数，它依赖于价格 $\boldsymbol{P}$ 和收入 m，因而是“可观测”的。

由问题(6.23)得到的最小支出，记为 $e(\boldsymbol{P},u)$，即

$$e(\boldsymbol{P},u)=\boldsymbol{P}^{\mathrm{T}}\hat{\boldsymbol{x}}=\sum_{i=1}^{n}p_i h_i(\boldsymbol{P},u) \tag{6.27}$$

也被称为支出函数(expenditure function)，它具有以下性质：

(1) $e(\boldsymbol{P},u)$是 $\boldsymbol{P}$ 的一次齐次递增函数，亦是 u 的递增函数。

(2) $e(\boldsymbol{P},u)$是 $\boldsymbol{P}$ 的连续凹函数。

问题(6.9)与问题(6.23)存在对偶关系。容易从式(6.23)的一阶条件中看出乘子 $\lambda\neq 0$(因 $p_i>0$)，于是可知式(6.23)的 K-T 条件亦是式(6.9)的 K-T 条件，而两个问题都是凸规划。因此，若式(6.9)的最优解为 $\boldsymbol{x}^*=x(\boldsymbol{P},m)$，式(6.23)的最优解为 $\hat{\boldsymbol{x}}=h(\boldsymbol{P},u)$，则有

$$\begin{aligned}&x[\boldsymbol{P},e(\boldsymbol{P},u)]=h(\boldsymbol{P},u)\\&v[\boldsymbol{P},e(\boldsymbol{P},u)]=u\end{aligned} \tag{6.28}$$

即在效用最大化问题中，如果取消费者收入 $m=e(\boldsymbol{P},u)$(效用水平至少是 u 时的最小支出)，则马歇尔需求函数与希克斯需求函数是相同的。这时消费者的最大效用恰好达到 u。

反之，若假定偏好关系满足单调性，或者式(6.9)的一阶条件中乘子 $\lambda\neq 0$，则有

$$\begin{aligned}&h[\boldsymbol{P},v(\boldsymbol{P},m)]=x(\boldsymbol{P},m)\\&e[\boldsymbol{P},v(\boldsymbol{P},m)]=m\end{aligned} \tag{6.29}$$

即在支出最小化问题中，如果取效用水平 $u=v(\boldsymbol{P},m)$（价格为 $\boldsymbol{P}$ 收入为 m 时的最大效用），则希克斯需求函数与马歇尔需求函数是相同的，这时最小支出 $e(\boldsymbol{P},u)$ 恰等于收入 m。或者说 $x(\boldsymbol{P},m)$ 也是支出最小化问题的解，对应的最小支出是 m。

效用最大化问题可以由间接效用函数 $u=v(\boldsymbol{P},m)$ 表示求得，其中涉及的马歇尔需求函数 $x(\boldsymbol{P},m)$，依赖于价格 $\boldsymbol{P}$ 和收入 m，是可观测需求函数。与效用最大化具有对偶关系的支出最小化问题可以由支出函数 $e(\boldsymbol{P},u)$ 表示求得，其中的希克斯需求函数 $h(\boldsymbol{P},u)$，依赖于效用水平 u，是不能直接观测的。在效用最大化问题中，如果消费者收入 $m=e(\boldsymbol{P},u)$，则马歇尔需求函数与希克斯需求函数是相同的，这时消费者的最大效用恰好达到 u。在支出最小化问题中，效用水平 $u=v(\boldsymbol{P},m)$ 时，希克斯需求函数与马歇尔需求函数也是相同的，这时最小支出恰等于收入 m。

6.3 静态比较分析

现在我们要研究的问题是：当赋予 $(\boldsymbol{P},m)$ 以增量 $(\mathrm{d}\boldsymbol{P},\mathrm{d}m)$ 时，需求函数 $\boldsymbol{x}^*=x(\boldsymbol{P},m)$ 的变化情况。也就是说，要对两种状况进行比较，所以称之为消费者的静态比较分析。

设 $(\boldsymbol{P},m)$ 有增量 $(\mathrm{d}\boldsymbol{P},\mathrm{d}m)$，由式(6.11)则有

$$\begin{aligned}&\sum_{j=1}^{n}\frac{\partial^2 u}{\partial x_j\partial x_i}\mathrm{d}x_j^*-\lambda\mathrm{d}p_i-p_i\mathrm{d}\lambda=0,\quad i=1,\cdots,n\\&\mathrm{d}m-\sum_{j=1}^{n}p_j\mathrm{d}x_j^*-\sum_{j=1}^{n}x_j^*\mathrm{d}p_j=0\end{aligned}\tag{6.30}$$

把上式写成矩阵形式

$$\begin{pmatrix}D^2u(\boldsymbol{x}^*) & \boldsymbol{P}\\ \boldsymbol{P}^{\mathrm{T}} & 0\end{pmatrix}\begin{pmatrix}\mathrm{d}\boldsymbol{x}^*\\ -\mathrm{d}\lambda\end{pmatrix}=\begin{pmatrix}\lambda\boldsymbol{I}_n & 0\\ -\boldsymbol{x}^{*\mathrm{T}} & 1\end{pmatrix}\begin{pmatrix}\mathrm{d}\boldsymbol{P}\\ \mathrm{d}m\end{pmatrix}\tag{6.31}$$

其中，$D^2u(\boldsymbol{x})$ 是效用函数 $u(\boldsymbol{x})$ 在 $\boldsymbol{x}^*=x(\boldsymbol{P},m)$ 处的海塞矩阵。$\boldsymbol{x}^{*\mathrm{T}}$ 是需求函数 $\boldsymbol{x}^*=x(\boldsymbol{P},m)$ 的转置向量。对 $x(\boldsymbol{P},m)$ 和 $\lambda(\boldsymbol{P},m)$ 求微分，得到

$$\mathrm{d}x_i^*=\sum_{j=1}^{n}\frac{\partial x_i^*}{\partial p_j}\mathrm{d}p_j+\frac{\partial x_i^*}{\partial m}\mathrm{d}m,\quad i=1,\cdots,n\tag{6.32}$$

$$\mathrm{d}\lambda=\sum_{j=1}^{n}\frac{\partial\lambda}{\partial p_j}\mathrm{d}p_j+\frac{\partial\lambda}{\partial m}\mathrm{d}m\tag{6.33}$$

写成矩阵形式：

$$\begin{pmatrix}\mathrm{d}\boldsymbol{x}^*\\ \mathrm{d}\lambda\end{pmatrix}=\begin{pmatrix}\boldsymbol{J}_p & x_m^*\\ \boldsymbol{\lambda}_p^{\mathrm{T}} & \lambda_m\end{pmatrix}\begin{pmatrix}\mathrm{d}\boldsymbol{P}\\ \mathrm{d}m\end{pmatrix}\tag{6.34}$$

其中，$\boldsymbol{J}_p=\left(\frac{\partial x_i^*}{\partial p_j}\right)_{i,j}$，$\boldsymbol{x}_m^*=\left(\frac{\partial x_1^*}{\partial m},\cdots,\frac{\partial x_m^*}{\partial m}\right)^{\mathrm{T}}$，$\boldsymbol{\lambda}_p^{\mathrm{T}}=\left(\frac{\partial\lambda}{\partial p_1},\cdots,\frac{\partial\lambda}{\partial p_n}\right)$，$\lambda_m=\frac{\partial\lambda}{\partial m}$。把式(6.34)代入式(6.33)，再根据微分表达式的唯一性，便有

$$\begin{pmatrix}D^2u(\boldsymbol{x}) & \boldsymbol{P}\\ \boldsymbol{P}^{\mathrm{T}} & 0\end{pmatrix}\begin{pmatrix}\boldsymbol{J}_p & \boldsymbol{x}_m^*\\ -\boldsymbol{\lambda}_p^{\mathrm{T}} & -\lambda_m\end{pmatrix}=\begin{pmatrix}\lambda\boldsymbol{I}_n & 0\\ -\boldsymbol{x}^{*\mathrm{T}} & 1\end{pmatrix}\tag{6.35}$$

于是据式(6.35)有关系：

$$\sum_{i=1}^{n} p_i \frac{\partial x_i^*}{\partial m} = 1 \tag{6.36}$$

$$(\boldsymbol{P}^{\mathrm{T}}\boldsymbol{J}_p)_i = \sum_{j=1}^{n} p_j \frac{\partial x_j^*}{\partial p_i} = -x_i^*, \quad i=1,\cdots,n \tag{6.37}$$

式(6.36)是说，当价格 $\boldsymbol{P}$ 不变时，只是收入 m 改变了 $\mathrm{d}m$，相应地引出需求的改变 $\mathrm{d}\boldsymbol{x}^*$ 则有 $\boldsymbol{P}^{\mathrm{T}}\mathrm{d}\boldsymbol{x}^* = \mathrm{d}m$，即需求费用的改变量等于收入的改变量。

进一步，记商品 i 的消费支出 $p_i x_i^*$ 对收入 m 的弹性为

$$E_i = \frac{\partial(p_i x_i^*)}{\partial m} \cdot \frac{m}{p_i x_i^*}, \quad i=1,\cdots,n \tag{6.38}$$

商品 i 的消费支出占收入 m 的份额为 $\alpha_i = \dfrac{p_i x_i^*}{m}$，则式(6.36)可改写为

$$\sum_{i=1}^{n} \frac{\partial(p_i x_i^*)}{\partial m} = \sum_{i=1}^{n} \frac{\partial(p_i x_i^*)}{\partial m} \cdot \frac{m}{p_i x_i^*} \cdot \frac{p_i x_i^*}{m} = \sum_{i=1}^{n} \alpha_i E_i = 1 \tag{6.39}$$

一般称 $\dfrac{\partial(p_i x_i^*)}{\partial m}$ 为商品 i 的边际预算额，上式表明所有商品的边际预算份额之和等于 1。

式(6.37)是说，仅是第 i 种商品调价，其余商品价格及收入都保持不变，这也会引起其余商品需求量的改变，这时 $\sum\limits_{j\neq i} p_j \mathrm{d}x_j^* = -\mathrm{d}(p_i x_i^*)$。这表明第 i 种商品费用的改变量恰好与其余商品费用的改变量之和相抵消。

结论：式(6.36)与式(6.37)分别称为恩格尔(Engel)总量条件和古诺(Cournot)总量条件。这与人们的经验相符。它明晰地给出了需求函数应该满足的条件，成为建立经济模型的重要依据，据此可发现更为深刻的单凭经验难于识别的规律。

由式(6.34)，有

$$\mathrm{d}\boldsymbol{x}^* = \boldsymbol{J}_p \mathrm{d}\boldsymbol{P} + x_m^* \mathrm{d}m = (\boldsymbol{J}_p + x_m^* \boldsymbol{x}^{*\mathrm{T}})\mathrm{d}\boldsymbol{P} + x_m^*(\mathrm{d}m - \boldsymbol{x}^{*\mathrm{T}}\mathrm{d}\boldsymbol{P}) \tag{6.40}$$

其中，$\mathrm{d}m - \boldsymbol{x}^{*\mathrm{T}}\mathrm{d}\boldsymbol{P}$ 表示收入增量扣除因价格改变而引起的需求 $x(\boldsymbol{P},m)$ 的费用增量。对其有定理 6.2 所示的结果：

定理 6.2 $\mathrm{d}m - \boldsymbol{x}^{*\mathrm{T}}\mathrm{d}\boldsymbol{P} = 0$，当且仅当效用水平不变，即 $u(\boldsymbol{x}^* + \mathrm{d}\boldsymbol{x}) = u(\boldsymbol{x}^*)$

证明：事实上，由式(6.35)可知，$\mathrm{d}m - \boldsymbol{x}^{*\mathrm{T}}\mathrm{d}\boldsymbol{P} = \boldsymbol{P}^{\mathrm{T}}\mathrm{d}\boldsymbol{x}^*$，所以 $\mathrm{d}m - \boldsymbol{x}^{*\mathrm{T}}\mathrm{d}\boldsymbol{P} = 0$ 等价于 $\boldsymbol{P}^{\mathrm{T}}\mathrm{d}\boldsymbol{x}^* = 0$，再由式(6.14)，有 $\dfrac{\partial u}{\partial x_i} = \lambda p_i$，于是

$$\mathrm{d}u = \sum_{i=1}^{n} \frac{\partial u}{\partial x_i} \mathrm{d}x_i^* = \sum_{i=1}^{n} \lambda p_i \mathrm{d}x_i^* = \lambda \boldsymbol{P}^{\mathrm{T}}\mathrm{d}\boldsymbol{x}^* = 0 \tag{6.41}$$

可见 $u(\boldsymbol{x}^* + \mathrm{d}\boldsymbol{x}) = u(\boldsymbol{x}^*)$，即效用水平不变。证毕。

式(6.41)右端第一项和第二项分别称为替代效应和收入效应，也就是说需求的改变量是替代效应与收入效应合成的结果。为了弄清楚这些效应的实际含义有必要进一步考察矩阵 $\boldsymbol{K} = \boldsymbol{J}_p + x_m^* \boldsymbol{x}^{*\mathrm{T}}$，令 $\boldsymbol{P}$ 的增量 $\mathrm{d}\boldsymbol{P}$ 取作 $\mathrm{d}p_i \neq 0$，$\mathrm{d}p_j = 0(j\neq i)$，且取 $\mathrm{d}m = x_i^* \mathrm{d}p_i$，从而

$\mathrm{d}m-\boldsymbol{x}^{*\mathrm{T}}\mathrm{d}\boldsymbol{P}=0$。由于价格和收入的改变必然引起需求由 $\boldsymbol{x}^*$ 变到 $\boldsymbol{x}^*+\mathrm{d}\boldsymbol{x}$，但是效用水平不变，这时增量比 $\frac{\mathrm{d}x_j^*}{\mathrm{d}p_i}$ 便是矩阵 $\boldsymbol{K}$ 的元素 k_{ji}，注意 k_{ji} 不是通常的偏导数 $\frac{\partial x_j^*}{\partial p_i}$。记 $k_{ji}=\left(\frac{\partial x_j^*}{\partial p_i}\right)_{u不变}$，于是由 $\boldsymbol{K}$ 的定义有

$$\left(\frac{\partial x_j^*}{\partial p_i}\right)_{u不变}=\frac{\partial x_j^*}{\partial p_i}+\frac{\partial x_j^*}{\partial m}x_i^*,\quad i,j=1,\cdots,n \tag{6.42}$$

称此等式为斯勒茨基(Slutsky)方程，矩阵 $\boldsymbol{K}$ 称为斯勒茨基矩阵，它是需求函数理论的重要结论，需求函数的一些重要性质可由此方程推出。其矩阵形式为

$$\left(\frac{\partial \boldsymbol{x}^*}{\partial \boldsymbol{P}}\right)_{u不变}=\frac{\partial \boldsymbol{x}^*}{\partial \boldsymbol{P}}+\frac{\partial \boldsymbol{x}^*}{\partial m}(\boldsymbol{x}^{*\mathrm{T}}) \tag{6.43}$$

由效用最大化问题和斯勒茨基方程可以得到需求函数的几个重要性质，这些性质是检验实证经济模型是否符合经济规律的标准。

(1) 需求函数 $\boldsymbol{x}^*=x(\boldsymbol{P},m)$ 是 $(\boldsymbol{P},m)$ 的零次齐次函数，即对任意 $t>0$，有

$$x(t\boldsymbol{P},tm)=x(\boldsymbol{P},m) \tag{6.44}$$

这一性质可由效用最大化的一阶条件式(6.14)推出。

(2) 替代矩阵斯勒茨基矩阵 $\boldsymbol{K}=\left(\frac{\partial \boldsymbol{x}^*}{\partial \boldsymbol{P}}\right)_{u不变}$ 为对称矩阵，且是半负定的，即 $\forall i,j=1,\cdots,n$，有

$$\left(\frac{\partial x_j^*}{\partial p_i}\right)_{u不变}=\left(\frac{\partial x_i^*}{\partial p_j}\right)_{u不变} \tag{6.45}$$

且 $\forall \boldsymbol{y}\in\mathbf{R}^n$，有 $\boldsymbol{y}^{\mathrm{T}}\boldsymbol{K}\boldsymbol{y}\leqslant 0$。

其中，等号仅当 $\boldsymbol{y}=a\boldsymbol{P}$($a$ 为任意实数)时成立(证明略)。

由斯勒茨基方程(6.42)，式(6.45)可改写为

$$\frac{\partial x_j^*}{\partial p_i}+\frac{\partial x_j^*}{\partial m}x_i^*=\frac{\partial x_i^*}{\partial p_j}+\frac{\partial x_i^*}{\partial m}x_j^*,\quad i,j=1,\cdots,n \tag{6.46}$$

其经济意义为：当保持效用水平不变时，商品 j 替代 i 的能力与商品 i 替代 j 的能力相等。

(3) $\left(\frac{\partial x_i^*}{\partial p_i}\right)_{u不变}=\frac{\partial x_i^*}{\partial p_i}+\frac{\partial x_i^*}{\partial m}x_i^*<0,i=1,\cdots,n$，即斯勒茨基矩阵主对角线上的元素均为负值。(由 $\boldsymbol{y}^{\mathrm{T}}\boldsymbol{K}\boldsymbol{y}<0$，当 $\boldsymbol{y}\neq a\boldsymbol{P}$ 时，立得。)

这一性质的经济意义为：当保持效用水平不变时，需求函数自身的替代效应是负的，或者说，当效用水平保持不变时，任一商品 i 的价格上升，必导致对该商品需求的下降。

由式(6.46)可知：

(i) 如果 $\frac{\partial x_i^*}{\partial m}>0$，且 $x_i^*>0$，则称第 i 种商品为优质品。对于优质品，需求随收入增加而增加，而此时必有 $\frac{\partial x_i^*}{\partial p_i}<0$。这表明，优质品的价格上涨(或下跌)，它的需求量必然下降(或上升)。

(ii) 如果$\frac{\partial x_i^*}{\partial m}<0$，且$x_i^*>0$，则称第$i$种商品为劣质品。对于劣质品，需求随收入增加而减少(如黑白电视)，式(6.46)中$\frac{\partial x_i^*}{\partial p_i}$可正可负(为负时是正常商品，即价格上升将导致该商品需求减少)。

有趣的是$\frac{\partial x_i^*}{\partial p_i}>0$的情形。这种劣质品价格上涨时，它的需求量也上升，这就是吉芬(R. Giffen)在研究爱尔兰的马铃薯销售情况(19世纪)时发现的怪现象，后人称之为吉芬效应。那时马铃薯是劣质品，但多数人都食用它。当它的价格上涨时，使多数人的支付增加导致收入减少，没有可能消费优质品，不得不消费更多马铃薯这种劣质品。不过由式(6.39)可知，至少有某第i种商品使$\frac{\partial x_i^*}{\partial m}>0$，从而它是优质品(superior)或者说所消费的各种商品中不可能全是劣质品(inferior)。

(4) $\left(\frac{\partial \boldsymbol{x}^*}{\partial \boldsymbol{P}}\right)_{u不变}\boldsymbol{P}=0$，即$\boldsymbol{kP}=0$或者

$$p_1\left(\frac{\partial x_i^*}{\partial p_1}\right)_{u不变}+\cdots+p_n\left(\frac{\partial x_i^*}{\partial p_n}\right)_{u不变}=0,\quad i=1,\cdots,n \tag{6.47}$$

证明：由式(6.35)知，$\boldsymbol{P}^{\mathrm{T}}\boldsymbol{J}_p=-\boldsymbol{x}^{*\mathrm{T}}$ 而 $\boldsymbol{k}=\boldsymbol{J}_p+x_m^*\boldsymbol{x}^{*\mathrm{T}}$，于是有

$$\boldsymbol{P}^{\mathrm{T}}\boldsymbol{k}-\boldsymbol{P}^{\mathrm{T}}x_m^*\boldsymbol{x}^{*\mathrm{T}}=-\boldsymbol{x}^{*\mathrm{T}} \tag{6.48}$$

从而

$$\boldsymbol{P}^{\mathrm{T}}\boldsymbol{k}=(\boldsymbol{P}^{\mathrm{T}}x_m^*-1)\boldsymbol{x}^{*\mathrm{T}} \tag{6.49}$$

由式(6.36)，知$\boldsymbol{P}^{\mathrm{T}}x_m^*-1=0$，故

$$\boldsymbol{P}^{\mathrm{T}}\boldsymbol{k}=\boldsymbol{kP}=0 \tag{6.50}$$

由于$p_i>0, i=1,\cdots,n$，上式说明$\left(\frac{\partial x_i^*}{\partial p_j}\right)_{u不变}(j=1,\cdots,n)$必有正有负，当$\left(\frac{\partial x_i^*}{\partial p_j}\right)_{u不变}>0$时，商品$i$与商品$j$互为替代品(sbustitutes)；当$\left(\frac{\partial x_i^*}{\partial p_j}\right)_{u不变}<0$时，商品$i$与商品$j$为互补品(complement)。因此，性质(4)说明，当保持效用水平不变时，消费的商品中必有一些为替代品，另一些则为互补品。

(5) Roy恒等式。设间接效用函数$v(\boldsymbol{P},m)=u(x(\boldsymbol{P},m))$可微，则由式(6.42)及式(6.36)有

$$\frac{\partial v}{\partial m}=\sum_{i=1}^{n}\frac{\partial u}{\partial x_i}\frac{\partial x_i^*}{\partial m}=\lambda\sum_{i=1}^{n}p_i\frac{\partial x_i^*}{\partial m}=\lambda \tag{6.51}$$

再由式(6.37)，可得

$$\frac{\partial v}{\partial p_i}=\sum_{j=1}^{n}\frac{\partial u}{\partial x_j}\frac{\partial x_j}{\partial p_i}=\lambda\sum_{j=1}^{n}p_j\frac{\partial x_j^*}{\partial p_i}=-\lambda x_i^* \tag{6.52}$$

从而有

$$x_i^* = x_i(\boldsymbol{P}, m) = -\frac{\dfrac{\partial v(\boldsymbol{P}, m)}{\partial P_i}}{\dfrac{\partial v(\boldsymbol{P}, m)}{\partial m}} \tag{6.53}$$

这一恒等式说明由间接效用函数 $v(\boldsymbol{P}, m)$ 可以导出马歇尔需求函数。Roy 恒等式给出了一种确定需求函数的办法。

(6) Shephard 恒等式。

定理 6.3　设支出函数 $e(\boldsymbol{P}, u)$ 可微，$\boldsymbol{P}>0$。则

$$h_i(\boldsymbol{P}, u) = \frac{\partial e(\boldsymbol{P}, u)}{\partial P_i}, \quad i = 1, \cdots, n$$

证明：略去参数 u 不计，对价格 $\boldsymbol{P}$ 赋予改变量 $\Delta\boldsymbol{P}$，则由式(6.23)知，$e(\boldsymbol{P}+\Delta\boldsymbol{P})$ 及 $e(\boldsymbol{P})$ 均是最小支出，从而有

$$\begin{aligned} e(\boldsymbol{P}+\Delta\boldsymbol{P}) &= (\boldsymbol{P}+\Delta\boldsymbol{P})^{\mathrm{T}} h(\boldsymbol{P}+\Delta\boldsymbol{P}) \leqslant (\boldsymbol{P}+\Delta\boldsymbol{P})^{\mathrm{T}} h(\boldsymbol{P}) \\ &= e(\boldsymbol{P}) + \Delta\boldsymbol{P}^{\mathrm{T}} h(\boldsymbol{P}) \end{aligned} \tag{6.54}$$

$$e(\boldsymbol{P}) = \boldsymbol{P}^{\mathrm{T}} h(\boldsymbol{P}) \leqslant \boldsymbol{P}^{\mathrm{T}} h(\boldsymbol{P}+\Delta\boldsymbol{P}) = e(\boldsymbol{P}+\Delta\boldsymbol{P}) - \Delta\boldsymbol{P}^{\mathrm{T}} h(\boldsymbol{P}+\Delta\boldsymbol{P}) \tag{6.55}$$

于是

$$\Delta\boldsymbol{P}^{\mathrm{T}} h(\boldsymbol{P}+\Delta\boldsymbol{P}) \leqslant e(\boldsymbol{P}+\Delta\boldsymbol{P}) - e(\boldsymbol{P}) \leqslant \Delta\boldsymbol{P}^{\mathrm{T}} h(\boldsymbol{P})。$$

注意 $\dfrac{\Delta\boldsymbol{P}}{\|\Delta\boldsymbol{P}\|}$ 是有界变量，且函数 $h(\boldsymbol{P})$ 关于 $\boldsymbol{P}$ 是连续的，所以

$$\begin{aligned} \lim_{\|\Delta\boldsymbol{P}\|\to 0} \frac{1}{\|\Delta\boldsymbol{P}\|}(e(\boldsymbol{P}+\Delta\boldsymbol{P}) - e(\boldsymbol{P}) - \Delta\boldsymbol{P}^{\mathrm{T}} h(\boldsymbol{P})) &= \lim_{\|\Delta\boldsymbol{P}\|\to 0} \frac{\Delta\boldsymbol{P}^{\mathrm{T}}}{\|\Delta\boldsymbol{P}\|}(h(\boldsymbol{P}+\Delta\boldsymbol{P}) - h(\boldsymbol{P})) \\ &= 0 \end{aligned} \tag{6.56}$$

由可微性定义，知 $\dfrac{\partial e(\boldsymbol{P})}{\partial p_i} = h_i(\boldsymbol{P})$

证毕。

这个定理给出了利用支出函数确定补偿需求函数(希克斯函数)的办法。

研究 Stone-Geary 效用函数 $u(\boldsymbol{x}) = \sum_{i=1}^{n} \alpha_i \ln(x_i - \bar{x}_i)$，代入最大化问题(6.37)、(6.40)、(6.42)、(6.43)，可求得需求函数和收入的影子价格

$$\begin{cases} x_i^* = \bar{x}_i + \dfrac{\beta_i}{p_i}\left(m - \sum\limits_{j=1}^{n} p_j \bar{x}_j\right), & i = 1, \cdots, n \\ \lambda^* = \alpha_i / \beta_i \left(m - \sum\limits_{j=1}^{n} p_i \bar{x}_i\right) \end{cases} \tag{6.57}$$

其中，$\beta_i = \alpha_i / \sum_{i=1}^{n} \alpha_i$。

式(6.57)中的 $\bar{\boldsymbol{x}}(\bar{x}_1, \cdots, \bar{x}_n)$ 被解释为消费者维持生存(最低生活水平)的消费约束，因此，$s = \sum_{i=1}^{n} p_i \bar{x}_i$ 表示维持最低生活水平消费者的总支出，于是式(6.57)中第一式可改写为

$$p_i x_i^* = p_i \bar{x}_i + \beta_i (m - s), \quad i = 1, \cdots, n \tag{6.58}$$

式(6.58)称为实用的线性支出系统，它表明消费者在商品 i 上的支出 $p_i x_i^*$ 可分为两

部分：一部分为 $p_i\bar{x}_i$，是为了维持最低生活水平在 i 上的支出；另一部分 $\beta_i(m-s)$ 是按比例 β_i 在 i 上的额外支出。

不难验证效用函数 $u(\boldsymbol{x})$ 的海塞矩阵 $\boldsymbol{H}$ 为对角阵：

$$\boldsymbol{H}=\mathrm{diag}(-\alpha_1/(x_1-\bar{x}_1)^2,\cdots,-\alpha_n/(x_n-\bar{x}_n)^2)\quad（负定阵）$$

所以 $u(\boldsymbol{x})$ 是严格凹函数。

容易验证它满足以上提到的需求函数的诸性质，特别是由式(6.57)(两边对 m 求偏导)可进一步明确 β_j 的意义，并求得斯勒茨基矩阵：

$$\beta_j=\frac{\partial x_j^*}{\partial m}\cdot p_j \tag{6.59}$$

即 β_j 就是商品 j 的边际预算份额。而替代矩阵为

$$\left(\frac{\partial x_j^*}{\partial p_i}\right)_{u不变}=\frac{\beta_i\beta_j(m-s)}{p_ip_j},\quad i\neq j \tag{6.60}$$

$$\left(\frac{\partial x_i^*}{\partial p_i}\right)_{u不变}=\frac{(\beta_i-1)\beta_i(m-s)}{p_i^2}<0,\quad i=1,\cdots,n \tag{6.61}$$

注意：由式(6.57)知：

$$\frac{\partial x_i^*}{\partial p_i}=-\frac{\beta_i}{p_i^2}(m-s)+\frac{\beta_i}{p_i}(-\bar{x}_i)$$

$$\frac{\partial x_i^*}{\partial m}\cdot x_i^*=\frac{\beta_i}{p_i}x_i^*=\frac{\beta_i}{p_i}\left(\bar{x}_i+\frac{\beta_i}{p_i}(m-s)\right)$$

例 6.3 设消费者每天对牛奶的需求函数为

$$x_1(\boldsymbol{P},m)=10+\frac{m}{10p_1},\quad m=120,p_1=3,p_1'=2$$

其中，p_1 为原来价格，p_1' 为变动后价格。求解价格变动后的货币调整量、替代效应与收入效应。

解：

(1) 调整货币收入以保持实际购买力不变。

初始均衡点：价格水平为 $(3,p_2)$，均衡商品束 $(14,x_2)$，

支付货币为 $m=120=3\times14+p_2x_2$

价格变动后：价格水平为 $(2,p_2)$，均衡商品束 $(16,x_2')$

要使消费者购买力保持不变，则货币收入应该调整为

$$m'=2\times14+p_2x_2$$

则在价格变动后要保持消费者购买力不变，货币收入的调整量应为

$$\Delta m=m'-m=x_1(p_1'-p_2)=x_1\Delta p_1=14\times(-1)=-14$$

$$m'=m-14=120-14=106$$

(2) 计算替代效应：

$$\begin{aligned}\Delta x_1^s&=x_1(p_1',p_2,m')-x_1(p_1,p_2,m)\\&=10+\frac{m'}{p_1'}-\left(10+\frac{m}{p_1}\right)\end{aligned}$$

$$
\begin{aligned}
&=10+\frac{106}{20}-\left(10+\frac{120}{30}\right)\\
&=1.3
\end{aligned}
$$

(3) 计算收入效应：

$$
\begin{aligned}
\Delta x_1^n &= x_1(p_1',p_2,m)-x_1(p_1',p_2,m')\\
&=10+\frac{m}{p_1'}-\left(10+\frac{m'}{p_1'}\right)\\
&=10+\frac{120}{20}-\left(10+\frac{106}{20}\right)\\
&=0.7
\end{aligned}
$$

总效应 $\Delta x_1=\Delta x_1^s+\Delta x_1^n=1.3+0.7=2$

研究问题被表达为在给定的参数约束下目标函数最大化或最小化，之后还要考虑这些参数的改变对研究问题的结果所产生的影响，这在经济学的静态学角度来讲被称为比较静态，像消费者的需求函数就可以由此分析价格和收入的改变对需求的影响。

需求的改变量由替代效应和收入效应共同影响，斯勒茨基方程可以反映这一点。由效用最大化和斯勒茨基方程可以得到需求函数的重要性质，这些性质有助于判断实际问题是否符合经济规律。

6.4 数学规划在生产领域的应用

6.4.1 生产函数

生产者的决策变量可分为两大类：一类是投入变量，其中包括设备、原料和劳务等；另一类是产出变量，这是指通过生产或加工所得的产品。联系投入和产出的是工艺技术过程，若用数学语言来表述，就是说投入和产出之间存在着一个变换。设投入为 $\boldsymbol{x}\geqslant 0,\boldsymbol{x}\in\mathbf{R}^n$，产出为 $\boldsymbol{y}\geqslant 0,\boldsymbol{y}\in\mathbf{R}^m$，则 $\boldsymbol{x}$ 与 $\boldsymbol{y}$ 之间确定了一种函数关系，被称为生产函数，记作 $\boldsymbol{y}=f(\boldsymbol{x})=f(x_1,\cdots,x_n)=(f_1(x),\cdots,f_m(x))^{\mathrm{T}}$。

研究 $m=1$ 时的简单情形。设 $\boldsymbol{y}=f(\boldsymbol{x})$ 是充分光滑的。类似边际效用的考虑，偏导数 $\frac{\partial f}{\partial x_i}$ 定义为第 i 种投入的边际产量，它表示只是第 i 种投入增加(充分小)一单位数量，使产量获得的改变量。

当产量表示不变时，生产函数的微分 $\mathrm{d}\boldsymbol{y}=0$，特别地，当 $\mathrm{d}x_k=0,k\neq i,j,\mathrm{d}x_i\neq 0,\mathrm{d}x_j\neq 0$ 时，有

$$
-\frac{\mathrm{d}x_i}{\mathrm{d}x_j}=\frac{f_j'}{f_i'}=\frac{\dfrac{\partial f}{\partial x_j}}{\dfrac{\partial f}{\partial x_i}} \tag{6.62}
$$

称 $-\frac{\mathrm{d}x_i}{\mathrm{d}x_j}$ 为第 j 种投入替代第 i 种投入的边际替代率。它的含义是：当第 j 种投入减少一单位时，为保持原产量不变应该增加第 i 种投入的数量。令

$$E_i = \frac{\partial f(\boldsymbol{x})}{\partial x_i} \cdot \frac{x_i}{f(\boldsymbol{x})} \tag{6.63}$$

称为生产函数对第 i 个生产要素的弹性。它表示总产量对第 i 个生产要素 x_i 变动的反应程度,即当 x_i 增加1%时(其余 x_j 不变),总产量增加 E_i%。当 $E_i<1$ 时称为低弹性,即 x_i 的变动对总产量的影响较小;当 $E_i>1$ 时,称为高弹性,上述影响较大。

例 6.4 著名的柯布-道格拉斯生产函数

$$y=AK^{\alpha}L^{1-\alpha},\quad 0<\alpha<1$$

其中,y 表示产值,K 表示资本,L 表示劳动力,A 表示综合技术水平,α 和 $1-\alpha$ 分别表示资本产出和劳动力产出的弹性系数。证明这个函数具有如下性质:

(1) 一阶齐次的;

(2) 边际产量递减;

(3) 边际替代率递减。

证明:

(1) 从函数形式显而易见:

$$y=A(\lambda K)^{\alpha}(\lambda L)^{1-\alpha}=A\lambda^{\alpha}\lambda^{1-\alpha}K^{\alpha}L^{1-\alpha}=\lambda AK^{\alpha}L^{1-\alpha}=\lambda y$$

(2) 边际产量 $\frac{\partial y}{\partial K}=\alpha AK^{\alpha-1}L^{1-\alpha}$, $\frac{\partial y}{\partial L}=(1-\alpha)AK^{\alpha}L^{-\alpha}$。

注意 $0<\alpha<1$,故边际产量是递减的,即随着投入量的增加,单位投入量对产出的贡献逐渐减少。

(3) 边际替代率

$$-\frac{\mathrm{d}K}{\mathrm{d}L}=\frac{\partial y}{\partial L}\bigg/\frac{\partial y}{\partial K}=\frac{1-\alpha}{\alpha}\frac{K}{L} \tag{6.64}$$

再计算边际替代率的导数:

$$\frac{\mathrm{d}}{\mathrm{d}L}\left(-\frac{\mathrm{d}K}{\mathrm{d}L}\right)=\frac{\alpha-1}{\alpha^2}\cdot\frac{K}{L^2}<0\quad(K\text{ 看作 }L\text{ 的函数}) \tag{6.65}$$

由此可见边际替代率递减。

这个规律有明显的经济解释:当劳力投入已经很大时,为保持产量不变,再增加一单位劳力投入只能替代较少的资本投入 K。

当生产函数 $\boldsymbol{y}=f(\boldsymbol{x})$ 具有一阶齐次性时,对任何实数 $\lambda>0$ 都有 $f(\lambda\boldsymbol{x})=\lambda f(\boldsymbol{x})$。这表明,各种投入都扩大 λ 倍,则产出也扩大 λ 倍。在经济学中,称这样的生产活动是规模效益不变。例 6.4 的生产函数 $y=AK^{\alpha}L^{1-\alpha}$ 所描述的生产活动就是规模效益不变。如果对任意实数 $\lambda>1$,总有 $f(\lambda\boldsymbol{x})<\lambda f(\boldsymbol{x})$(或 $f(\lambda\boldsymbol{x})>\lambda f(\boldsymbol{x})$),则称这样的生产活动是规模效益递减(或递增)。

对于广义柯布-道格拉斯生产函数 $y=f(K,L)=AK^{\alpha}L^{\beta}$, $\alpha,\beta>0$,则有 $f(\lambda K,\lambda L)=\lambda^{\alpha+\beta}f(K,L)$,可见当 $\alpha+\beta<1$(或 >1)时,生产函数 $f(K,L)$ 是规模效益递减(或递增)的。

例 6.5 证明生产函数 $Q=f(K,L)=2K^{0.2}L^{0.6}$ 规模报酬是递减的。

证明:

$$f(\lambda K,\lambda L)=2(\lambda K)^{0.2}(\lambda L)^{0.6}=2\lambda^{0.8}K^{0.2}L^{0.6}=\lambda^{0.8}f(K,L)$$

所以规模效益递减。

6.4.2　最优生产计划问题

我们来考察生产者的决策。为简单起见，设产出是单一产品，投入有 n 种商品。产出和投入的数量用 $(y;\boldsymbol{x})=(y;x_1,\cdots,x_n)$ 来表示，价格用 $(p;\boldsymbol{q})=(p;q_1,\cdots,q_n)$ 来表示。工艺技术过程用生产函数 $y=f(x_1,\cdots,x_n)$ 来刻画，于是生产者的产值和成本分别为 $R=py$，$C=\boldsymbol{q}^{\mathrm{T}}\boldsymbol{x}$。

利润为 $R-C$，最优生产决策就是在生产技术允许的条件下选择适当投入以使利润达到最大，这可归结为如下的极大值问题：

$$\begin{cases}\max(py-\boldsymbol{q}^{\mathrm{T}}\boldsymbol{x})\\ \text{s. t. } 0\leqslant y\leqslant f(\boldsymbol{x})\quad \boldsymbol{x}>0\end{cases}\qquad \left(\text{或为}\begin{cases}\max(pf(x)-\boldsymbol{q}^{\mathrm{T}}\boldsymbol{x})\\ \text{s. t. } \boldsymbol{x}\geqslant 0\end{cases}\right)\tag{6.66}$$

式中的不等号可解释为：当投入是 $\boldsymbol{x}$ 时，产出量 y 可能达到 $f(\boldsymbol{x})$，也可能小于 $f(\boldsymbol{x})$（例如，由于浪费而引起的产量减少）。

这个问题的解 $(y^*,\boldsymbol{x}^*)\in\mathbf{R}_+\times\mathbf{R}_+^n$，就称为最优生产计划，如果生产函数是递增且严格拟凹函数，则问题(6.66)的解是唯一的。由 K-T 条件可知，存在 $\lambda^*\neq 0$，使得

$$\begin{aligned}&\nabla(py^*-\boldsymbol{q}^{\mathrm{T}}\boldsymbol{x}^*)+\lambda^*\nabla(f(\boldsymbol{x}^*)-y^*)=0\\ &y^*=f(\boldsymbol{x}^*)\end{aligned}\tag{6.67}$$

于是可得 $p=\lambda^*,q_i=\lambda^* f_i'=\lambda^*\dfrac{\partial f(\boldsymbol{x}^*)}{\partial x_i}$

因此

$$p\frac{\partial f(\boldsymbol{x}^*)}{\partial x_i}=q_i,\quad i=1,\cdots,n\tag{6.68}$$

这表明：生产者为获得最大利润，应使每种投入的边际产值等于该投入的价格。

例 6.6　求下面利润最大化问题 (P) 的最优解 x_1^*,x_2^*

$$(P)\quad\begin{cases}\max 4x_1^{\frac{1}{4}}x_2^{\frac{1}{4}}-(x_1+x_2)\\ \text{s. t. } x_1\geqslant 0,x_2\geqslant 0\end{cases}$$

解：存在 $x_1^0>0,x_2^0>0$，使得目标函数 $4x_1^{0\frac{1}{4}}x_2^{0\frac{1}{4}}-(x_1^0+x_2^0)>0$，即 (P) 的最优解必满足 $x_1>0,x_2>0$，由

$$\frac{\partial\left[4x_1^{\frac{1}{4}}x_2^{\frac{1}{4}}-(x_1+x_2)\right]}{\partial x_1}=x_1^{-\frac{3}{4}}x_2^{\frac{1}{4}}-1=0$$

$$\frac{\partial\left[4x_1^{\frac{1}{4}}x_2^{\frac{1}{4}}-(x_1+x_2)\right]}{\partial x_2}=x_1^{\frac{1}{4}}x_2^{-\frac{3}{4}}-1=0$$

可知 (P) 的最优解 x_1^*,x_2^* 满足 $x_1^*=x_2^*$。由 $x_1^{-\frac{3}{4}}x_2^{\frac{1}{4}}=1$ 知 $x_1^*=x_2^*=1$。

6.4.3　成本最小化模型

给定生产水平 y 及生产投入价格 $\boldsymbol{q}$，如何确定生产投入量的最佳组合，使得总成本最

小。这可归结为如下模型：

$$\begin{cases}\min C(y,\boldsymbol{q})=\boldsymbol{q}^{\mathrm{T}}\boldsymbol{x}\\ \text{s.t. } f(\boldsymbol{x})\geqslant y,\boldsymbol{x}\geqslant 0\end{cases}\tag{6.69}$$

在通常条件下(如 $f(\boldsymbol{x})$是严格拟凹的)，最小成本投入 $\boldsymbol{x}^*$ 满足 $f(\boldsymbol{x}^*)=y$，故式(6.69)中不等式可改为等式。

例 6.7 考察广义柯布-道格拉斯生产函数 $f(x_1,x_2)=Ax_1^{\alpha}x_2^{\beta}$，其中 $\alpha>0,\beta>0,\alpha+\beta\leqslant 1$，确定最小成本投入问题等价于求解如下极值问题

$$\begin{cases}\min C=q_1x_1+q_2x_2\\ \text{s.t. } Ax_1^{\alpha}x_2^{\beta}=y\end{cases}\tag{6.70}$$

解：这只需要求解

$$\begin{cases}q_1-\lambda(\alpha Ax_1^{\alpha-1}x_2^{\beta})=0\\ q_2-\lambda(\beta Ax_1^{\alpha}x_2^{\beta-1})=0\\ Ax_1^{\alpha}x_2^{\beta}=y\end{cases}\tag{6.71}$$

其中，λ 是拉格朗日乘子，解得

$$x_1(y,\boldsymbol{q})=A^{\frac{-1}{\alpha+\beta}}\left[\frac{\alpha q_2}{\beta q_1}\right]^{\frac{\beta}{\alpha+\beta}}y^{\frac{1}{\alpha+\beta}}$$

$$x_2(y,\boldsymbol{q})=A^{\frac{-1}{\alpha+\beta}}\left[\frac{\alpha q_2}{\beta q_1}\right]^{\frac{-\alpha}{\alpha+\beta}}y^{\frac{1}{\alpha+\beta}}$$

相应地，可得到成本函数 $C(y,\boldsymbol{q})$，特别是当 $\alpha+\beta=1,A=1$ 时，有

$C(y,\boldsymbol{q})=Kyq_1^{\alpha}q_2^{1-\alpha}$，其中 $K=\alpha^{-\alpha}(1-\alpha)^{\alpha-1}$。

成本函数 $C(y,\boldsymbol{q})$具有如下性质：

(1) $C(y,\boldsymbol{q})\geqslant 0$，且 $C(y,k\boldsymbol{q})=kC(y,\boldsymbol{q})$，其中 $k>0$。

(2) 如果 $q^2\geqslant q^1$，则 $C(y,q^2)\geqslant C(y,q^1)$。

(3) $C(y,\boldsymbol{q})$关于 $\boldsymbol{q}$ 是凹函数。

(4) $C(y,\boldsymbol{q})$关于 $\boldsymbol{q}$ 是连续函数。

(5) 对固定 $\boldsymbol{q}>0$，当 $y^1<y^2$，则有 $C(y^1,\boldsymbol{q})\leqslant C(y^2,\boldsymbol{q})$。

(6) 若成本函数 $C(y,\boldsymbol{q})$关于 $\boldsymbol{q}>0$ 是可微的，则

$$\nabla_{\boldsymbol{q}}C(y,\boldsymbol{q})=x^*(y,\boldsymbol{q})\tag{6.72}$$

此处，$x^*(y,\boldsymbol{q})$是产出为 y 的最小成本投入量。

根据上述性质，人们可以设定若干形式的成本函数。

例 6.8 Diwert(1971)给出了成本函数

$$C(y,\boldsymbol{q})=y\sum_{i=1}^{n}\sum_{j=1}^{n}b_{ij}q_i^{\frac{1}{2}}q_j^{\frac{1}{2}},\quad b_{ij}=b_{ji}\geqslant 0$$

求最小成本投入及其对应的等产量线。

解：不难验证，函数 $C(y,\boldsymbol{q})$满足性质(1)至(5)，根据性质(6)可求出最小成本投入为

$$x_i(y,\boldsymbol{q})=\frac{\partial C}{\partial q_i}=y\sum_{j=1}^{n}b_{ij}\left(\frac{q_j}{q_i}\right)^{\frac{1}{2}},\quad i=1,\cdots,n$$

特别是当 $n=2$，有

$$(x_1-b_{11}y)(x_2-b_{22}y)=b_{12}^2y$$

当 $b_{12}>0$ 时，上式表明，产出水平为 y 的等产量曲线是双曲线，当 $b_{12}\to 0$，便知有渐近线 $x_1=b_{11}y,x_2=b_{22}y$。

例 6.9 求解成本最小化模型

$$(P)\quad\begin{cases}\min(x_1+x_2)\\ \text{s. t. } x_1^{\frac{1}{2}}x_2^{\frac{1}{2}}\geqslant 2\\ x_1\geqslant 0,x_2\geqslant 0\end{cases}$$

解：可知(P)的最优解 x_1^*,x_2^* 必满足

$$x_1^{\frac{1}{2}}x_2^{\frac{1}{2}}=2$$

于是(P)等价于$(\bar{P})$

$$(\bar{P})\quad\begin{cases}\min(x_1+x_2)\\ \text{s. t. } x_1^{\frac{1}{2}}x_2^{\frac{1}{2}}=2\\ x_1\geqslant 0,x_2\geqslant 0\end{cases}$$

由拉格朗日乘子法，令

$$L(x_1,x_2,\lambda_1)=(x_1+x_2)-\lambda_1(x_1^{\frac{1}{2}}x_2^{\frac{1}{2}}-2)$$

则有

$$\frac{\partial L(x_1,x_2,\lambda_1)}{\partial x_1}=1-\frac{\lambda_1}{2}x_1^{-\frac{1}{2}}x_2^{\frac{1}{2}}=0$$

$$\frac{\partial L(x_1,x_2,\lambda_1)}{\partial x_2}=1-\frac{\lambda_1}{2}x_1^{\frac{1}{2}}x_2^{-\frac{1}{2}}=0$$

若 $\lambda_1=0$，矛盾。故 $\lambda_1\neq 0$，则 $x_1=x_2$，再由

$$x_1^{\frac{1}{2}}x_2^{\frac{1}{2}}=2$$

则

$$x_1^*=x_2^*=2$$

则

$$\lambda_1=2$$

数学规划在生产领域的应用包括生产函数、最优生产计划、成本最小化等，通过规划求解有利于生产的科学规划，使企业尽可能产生最大利润或选择最小成本。

章末习题

1. 假设某消费者的间接效用函数为 $V(p_1,p_2,I)=\dfrac{I}{p_1^a p_2^{1-a}}(0<a<1)$，求这个消费者的马歇尔需求函数 $x(\boldsymbol{p},I)$、支出函数 $e(\boldsymbol{p},u)$ 与希克斯需求函数 $h(\boldsymbol{p},u)$.

2. 已知两种商品的价格向量为 $\boldsymbol{p}=(p_1,p_2)^{\mathrm{T}}$，效用函数为 $U(x_1,x_2)=x_1^a x_2^b(a,b>0,a+b=1)$，给定一定的效用水平 u，求希克斯需求函数 $h(\boldsymbol{p},u)$ 和支出函数 $e(\boldsymbol{p},u)$.

3. 已知厂商的利润函数为 $\pi=25x-x^2-xy-2y^2+30y-28$，其中 x 和 y 分别为厂商生产的两种产品的产量：

(1) 试求情形①下厂商的最大利润和相应的两种产品的产量；

(2) 试求情形②和③下厂商的最大利润和相应的两种产品的产量；

(3) 分别针对情形②和③，估计生产限额增加 0.03 个单位时对利润的影响并分析原因。

①x 和 y 不受限制；②$x+y\leqslant 11$；③$x+y\leqslant 19$。

4. 设某一厂商的周产出量为生产函数 $Q(K,L)=K^{\frac{3}{4}}L^{\frac{1}{4}}$，每周的资本与劳动力单位成本为 $v=1$ 和 $w=5$，要求：为完成周产量 5 000 的任务，需如何安排投入量，使总成本最小。

5. 某厂商具有生产函数 $Q(K,L)=50K^{\frac{2}{3}}L^{\frac{1}{3}}$，对应的单位成本分别为 6 与 4，为使产出最大，而周费用支出不超过 1 000，应如何安排每周的投入量？

【在线测试题】扫描书背面的二维码，获取答题权限。

扫描此码 在线自测

第7章

线性微分方程组和差分方程组

学习目标

通过本章的学习,应该达到以下学习目标:

1. 灵活运用常系数微分方程组;
2. 熟悉常系数差分方程组及其求解;
3. 灵活运用常系数差分方程组在经济中的应用;
4. 了解萨缪尔森乘数加速数模型;
5. 掌握变分法及其应用;
6. 了解泛函极值的必要条件。

关键概念

线性微分方程组　常系数微分方程组　稳定性理论线性差分方程组　常系数差分方程组　萨缪尔森乘数加速数模型　变分法　泛函极值的必要条件　最优价格　军备竞赛

经济优化问题有时归结为求解微分方程或差分方程,下面对线性方程组进行介绍。

7.1 线性微分方程组

7.1.1 线性微分方程组的一般理论

线性微分方程组的一般形式是

$$\frac{\mathrm{d}x_i}{\mathrm{d}t}=\sum_{j=1}^{n}a_{ij}(t)x_j \quad i=1,2,\cdots,n \tag{7.1}$$

如果用紧凑的矩阵向量记法,这就是

$$\frac{\mathrm{d}\boldsymbol{x}}{\mathrm{d}t}=\boldsymbol{A}(t)\boldsymbol{x}+\boldsymbol{f}(t) \tag{7.2}$$

当 $f_i(t)\equiv 0(i=1,\cdots,n)$时,式(7.2)变成

$$\frac{\mathrm{d}\boldsymbol{x}}{\mathrm{d}t}=\boldsymbol{A}(t)\boldsymbol{x} \tag{7.3}$$

它被称为齐次线性方程组。若 $f_i(t)i=1,\cdots,n$ 并不都是恒为零的函数,则式(7.1)称

为非齐次线性方程组。

与上述微分方程组有着密切关系的是形如

$$\frac{\mathrm{d}^n x}{\mathrm{d}t}+a_1(t)\frac{\mathrm{d}^{n-1}x}{\mathrm{d}t^{n-1}}+\cdots+a_n(t)x=f(t) \tag{7.4}$$

的 n 阶线性微分方程,其中 $x, a_i(i=1,\cdots,n), f$ 都是数值函数,它与形如式(7.1)的方程组

$$\begin{cases}\dfrac{\mathrm{d}x}{\mathrm{d}t}=x_1\\ \dfrac{\mathrm{d}x_1}{\mathrm{d}t}=x_2\\ \vdots\\ \dfrac{\mathrm{d}x_{n-2}}{\mathrm{d}t}=x_{n-1}\\ \dfrac{\mathrm{d}x_{n-1}}{\mathrm{d}t}=-a_n(t)x-\cdots-a_1(t)x_{n-1}+f(t)\end{cases} \tag{7.5}$$

等价。

以下总假定:$a_{ij}(t), f_i(t) \quad (i,j=1,\cdots,n)$在一给定区间 $a<t<b(a\geqslant-\infty, b\leqslant+\infty)$上连续。

对于方程组(7.1),有下面的存在与唯一性定理 7.1。

定理 7.1 对于 $a<t<b$ 上任何 t_0,与任何 n 维常向量 $\boldsymbol{x}^{(0)}$,方程组(7.1)恒有定义在整个 $a<t<b$ 上的解 $\boldsymbol{x}=\boldsymbol{x}(t)$,满足初值条件

$$\boldsymbol{x}(t_0)=\boldsymbol{x}^{(0)} \tag{7.6}$$

并且方程组(7.1)也只能有一解满足初值条件(7.6)。

定理证明用 Picard 逐步逼近法,这里略去。

为研究方程组(7.1)与方程组(7.3)的解的结构,需推广向量相关性的概念。

称定义在 $a<t<b$ 上的向量函数 $\boldsymbol{x}^{(1)}(t),\cdots,\boldsymbol{x}^{(m)}(t)$是线性相关的,如果存在不全为零的常数 $c_1,\cdots,c_m$ 能使恒等式

$$c_1\boldsymbol{x}^{(1)}(t)+\cdots+c_m\boldsymbol{x}^{(m)}(t)\equiv 0 \tag{7.7}$$

在 $a<t<b$ 上成立;否则,说 $\boldsymbol{x}^{(1)}(t),\cdots,\boldsymbol{x}^{(m)}(t)$线性无关。

定理 7.2 齐次方程组(7.3)有 n 个线性无关的解 $\boldsymbol{x}^{(1)}(t),\cdots,\boldsymbol{x}^{(n)}(t)$,并且(7.3)的任何解 $\boldsymbol{x}(t)$都可以表示成这些解的线性组合:

$$\boldsymbol{x}(t)=c_1\boldsymbol{x}^{(1)}(t)+\cdots+c_n\boldsymbol{x}^{(n)}(t) \tag{7.8}$$

这也就是说,式(7.3)所有解的集合是一个 n 维线性空间。方程组(7.3)的 n 个线性无关的解合起来称为它的一个基本解组。由此可知,齐次线性方程组的通解是基本解组乘以任意常数作为系数的线性组合。

证明:任给 n 个线性无关的常向量 $\boldsymbol{x}_0^1,\boldsymbol{x}_0^2,\cdots,\boldsymbol{x}_0^n$。这样的向量显然是存在的,例如:

$$\boldsymbol{x}_0^1=\begin{pmatrix}1\\0\\\vdots\\0\end{pmatrix},\quad \boldsymbol{x}_0^{(2)}=\begin{pmatrix}0\\1\\\vdots\\0\end{pmatrix},\cdots\boldsymbol{x}_0^{(n)}=\begin{pmatrix}0\\0\\\vdots\\1\end{pmatrix}$$

考虑式(7.3)的满足条件 $\boldsymbol{x}^{(1)}(t_0)=\boldsymbol{x}_0^{(1)},\cdots,\boldsymbol{x}^{(n)}(t_0)=\boldsymbol{x}_0^{(n)},a<t_0<b$ 的解 $\boldsymbol{x}^{(1)}(t),\cdots,\boldsymbol{x}^{(n)}(t)$。如果 $\boldsymbol{x}^{(1)}(t),\cdots,\boldsymbol{x}^{(n)}(t)$线性相关,则存在不全为 0 的常数 $c_0,c_1,\cdots,c_n$,使

$$c_1\boldsymbol{x}^{(1)}(t)+\cdots+c_n\boldsymbol{x}^{(n)}(t)=0 \quad \text{当 } a<t<b \text{ 时} \tag{7.9}$$

特别应有

$$c_1\boldsymbol{x}^{(1)}(t_0)+\cdots+c_n\boldsymbol{x}^{(n)}(t_0)=0 \tag{7.10}$$

即

$$c_1\boldsymbol{x}_0^{(1)}+\cdots+c_n\boldsymbol{x}_0^{(n)}=0 \tag{7.11}$$

这和向量 $\boldsymbol{x}_0^{(1)},\boldsymbol{x}_0^{(2)},\cdots,\boldsymbol{x}_0^{(n)}$ 的线性无关性相违背,所以 $\boldsymbol{x}^{(1)}(t),\cdots,\boldsymbol{x}^{(n)}(t)$实线性无关。

设 $\boldsymbol{x}(t)$是式(7.3)的任一解,$\boldsymbol{x}(t_0)=\boldsymbol{x}^{(0)}$,因 $\boldsymbol{x}_0^{(1)},\boldsymbol{x}_0^{(2)},\cdots,\boldsymbol{x}_0^{(n)}$ 线性无关,所以存在常数 $c_0,c_1,\cdots,c_n$ 使

$$\boldsymbol{x}^{(0)}=c_1\boldsymbol{x}_0^{(1)}+\cdots+c_n\boldsymbol{x}_0^{(n)} \tag{7.12}$$

容易证明,$c_1\boldsymbol{x}^{(1)}(t)+\cdots+c_n\boldsymbol{x}^{(n)}(t)$也是式(7.3)的解,而式(7.12)表明,它与解 $\boldsymbol{x}(t)$ 在 $t=t_0$ 处相等。因此,根据解的唯一性,这两个解应该恒等,即式(7.18)成立(证毕)。

现在给出式(7.3)的 n 个解是否构成一基本解组的一个判别法。

设有 n 个定义在 $a<t<b$ 上的向量函数 $\boldsymbol{x}^{(1)}(t),\cdots,\boldsymbol{x}^{(n)}(t)$,行列式

$$w(t)=w(\boldsymbol{x}^{(1)}(t),\cdots,\boldsymbol{x}^{(n)}(t))=\begin{vmatrix} x_1^{(1)}(t) & x_1^{(2)}(t) & \cdots & x_1^{(n)}(t) \\ x_2^{(1)}(t) & x_2^{(1)}(t) & \cdots & x_2^{(1)}(t) \\ \vdots & \vdots & \cdots & \vdots \\ x_n^{(1)}(t) & x_n^{(1)}(t) & \cdots & x_n^{(1)}(t) \end{vmatrix}$$

称为这些向量函数的 Wronsky 行列式。

由线性代数的理论知,若向量函数 $\boldsymbol{x}^{(1)}(t),\cdots,\boldsymbol{x}^{(n)}(t)$线性相关,则它们的 Wronsky 行列式 $w(t)\equiv 0\ (a<t<b)$。但此论断的逆未必成立。例如,向量函数$\begin{pmatrix} t \\ 0 \end{pmatrix},\begin{pmatrix} t^2 \\ 0 \end{pmatrix}$的 Wronsky 行列式$\equiv 0$,但它们却是线性无关的。然而假如所论的向量函数 $\boldsymbol{x}^{(1)}(t),\cdots,\boldsymbol{x}^{(n)}(t)$是方程(7.3)的解,根据解的唯一性定理,可以证明 $w(t)\equiv 0\ (a<t<b)$,还是 $\boldsymbol{x}^{(1)}(t),\cdots,\boldsymbol{x}^{(n)}(t)$ 线性相关的充分条件。其实,只需 $w(t)$在 $a<t<b$ 上某点 $t=t_0$ 处等于 0,就足以保证 $\boldsymbol{x}^{(1)}(t),\cdots,\boldsymbol{x}^{(n)}(t)$的线性相关性。事实上,设 $w(t_0)=0$,则向量 $\boldsymbol{x}^{(1)}(t_0),\cdots,\boldsymbol{x}^{(n)}(t_0)$线性相关,即存在不全为 0 的常数 $c_0,c_1,\cdots,c_n$,使

$$c_1\boldsymbol{x}^{(1)}(t_0)+\cdots+c_n\boldsymbol{x}^{(n)}(t_0)=0 \tag{7.13}$$

考虑函数 $c_1\boldsymbol{x}^{(1)}(t)+\cdots+c_n\boldsymbol{x}^{(n)}(t)$,根据 $\boldsymbol{x}^{(1)}(t),\cdots,\boldsymbol{x}^{(n)}(t)$是式(7.3)的解的假设,它也是解,它满足初值条件 $\boldsymbol{x}(t_0)=0$。注意式(7.13)有 0 解 $\boldsymbol{x}=0$,后者显然也满足条件 $\boldsymbol{x}(t_0)=0$,故由解的唯一性可知 $c_1\boldsymbol{x}^{(1)}(t)+\cdots+c_n\boldsymbol{x}^{(n)}(t)\equiv 0,a<t<b$。

综上所述得定理 7.3。

定理 7.3 方程组(7.3)的解 $\boldsymbol{x}^{(1)}(t),\cdots,\boldsymbol{x}^{(n)}(t)$线性相关的充要条件是它们的 Wronsky 行列式 $w(t)$在 $a<t<b$ 上某点 $t=t_0$ 处等于 0,因此 $w(t)$在这个区间上要么恒等于 0,要么恒不为 0(视相关还是无关而定)。

进一步非齐次线性方程组(7.1)的所有解有如下结构。

定理 7.4 只要 $\boldsymbol{x}^{(0)}(t)$是非齐次线性方程组(7.1)的一个特解,而 $\boldsymbol{x}^{(1)}(t),\cdots,\boldsymbol{x}^{(n)}(t)$ 是对应的齐次线性方程组(7.3)的一个基本解组,则式(7.1)的任何解都可以写成

$$\boldsymbol{x}(t)=c_1\boldsymbol{x}^{(1)}(t)+\cdots+c_n\boldsymbol{x}^{(n)}(t)+\boldsymbol{x}^{(0)}(t) \tag{7.14}$$

其中,$c_1,\cdots,c_n$ 是某些常数。反之,对于任何常数 $c_1,\cdots,c_n$,向量函数(7.7)都是式(7.1)的形式。

证明:设 $\boldsymbol{x}(t)$是式(7.1)的任一解,则由式(7.2)有

$$\begin{aligned}\frac{\mathrm{d}[\boldsymbol{x}(t)-\boldsymbol{x}^{(0)}(t)]}{\mathrm{d}t}&=(\boldsymbol{A}(t)\boldsymbol{x}(t)+\boldsymbol{f}(t))-(\boldsymbol{A}(t)\boldsymbol{x}^{(0)}(t)+\boldsymbol{f}(t))\\&=\boldsymbol{A}(t)(\boldsymbol{x}(t)-\boldsymbol{x}^{(0)}(t))\end{aligned} \tag{7.15}$$

所以,$\boldsymbol{x}(t)-\boldsymbol{x}^{(0)}(t)$是对应的齐次线性方程组(7.3)的解,根据定理 7.2 知常数 $c_1,\cdots,c_n$ 使

$$\boldsymbol{x}(t)-\boldsymbol{x}^{(0)}(t)=c_1\boldsymbol{x}^{(1)}(t)+\cdots+c_n\boldsymbol{x}^{(n)}(t) \tag{7.16}$$

即

$$\boldsymbol{x}(t)=c_1\boldsymbol{x}^{(1)}(t)+\cdots+c_n\boldsymbol{x}^{(n)}(t)+\boldsymbol{x}^{(0)}(t) \tag{7.17}$$

反之,设 $c_1,\cdots,c_n$ 是任意常数,若上式成立,则有

$$\begin{aligned}\frac{\mathrm{d}\boldsymbol{x}(t)}{\mathrm{d}t}&=\boldsymbol{A}(t)(c_1\boldsymbol{x}^{(1)}(t)+\cdots+c_n\boldsymbol{x}^{(n)}(t)+\boldsymbol{x}^{(0)}(t))+\boldsymbol{f}(t)\\&=\boldsymbol{A}(t)\boldsymbol{x}(t)+\boldsymbol{f}(t)\end{aligned} \tag{7.18}$$

故式(7.14)是式(7.1)的解。

这个定理可以叙述成:非齐次线性方程组通解是它的一个特解和对应的齐次方程组的通解之和。假如已知对应的齐次方程的基本解组,则求非齐次方程组的通解问题归结为求它的任意一个特解问题。为求这样一个特解,我们可采用下述方法,其被称为变动参数法。

因 $\boldsymbol{x}^{(1)}(t),\cdots,\boldsymbol{x}^{(n)}(t)$,则知对任意常数 $c_1,\cdots,c_n$,函数 $c_1\boldsymbol{x}^{(1)}(t)+\cdots+c_n\boldsymbol{x}^{(n)}(t)$都是式(7.3)的解。

现在设法来求式(7.1),假如已给对应的齐次方程组(7.3)的基本解组(7.8)形如:

$$\boldsymbol{x}(t)=c_1(t)\boldsymbol{x}^{(1)}(t)+\cdots+c_n(t)\boldsymbol{x}^{(n)}(t)=\boldsymbol{X}(t)\begin{pmatrix}c_1(t)\\ \vdots\\ c_n(t)\end{pmatrix} \tag{7.19}$$

的解。其中,$c_1(t),\cdots,c_n(t)$不一定是常数,而是待定的 t 的可微函数,$\boldsymbol{X}(t)=(\boldsymbol{x}^{(1)}(t),\cdots,\boldsymbol{x}^{(n)}(t))$是矩阵。将式(7.19)代入式(7.1)得

$$\begin{aligned}\frac{\mathrm{d}\boldsymbol{x}(t)}{\mathrm{d}t}&=c_1(t)\frac{\mathrm{d}\boldsymbol{x}^{(1)}(t)}{\mathrm{d}t}+\cdots+c_n(t)\frac{\mathrm{d}\boldsymbol{x}^{(n)}(t)}{\mathrm{d}t}+\boldsymbol{x}^{(1)}(t)\frac{\mathrm{d}c_1(t)}{\mathrm{d}t}+\cdots+\boldsymbol{x}^{(n)}(t)\frac{\mathrm{d}c_n(t)}{\mathrm{d}t}\\&=\boldsymbol{A}(t)\boldsymbol{x}(t)+\boldsymbol{f}(t)\end{aligned} \tag{7.20}$$

因为 $\boldsymbol{x}^{(1)}(t),\cdots,\boldsymbol{x}^{(n)}(t)$是式(7.3)的解,故有

$$c_1(t)\frac{\mathrm{d}\boldsymbol{x}^{(1)}(t)}{\mathrm{d}t}+\cdots+c_n(t)\frac{\mathrm{d}\boldsymbol{x}^{(n)}(t)}{\mathrm{d}t}=\boldsymbol{A}(t)\boldsymbol{x}(t) \tag{7.21}$$

从而由上式得

$$x^{(1)}(t)\frac{\mathrm{d}c_1(t)}{\mathrm{d}t}+\cdots+x^{(n)}(t)\frac{\mathrm{d}c_n(t)}{\mathrm{d}t}=\boldsymbol{X}(t)\begin{pmatrix}\frac{\mathrm{d}c_1(t)}{\mathrm{d}t}\\ \vdots\\ \frac{\mathrm{d}c_n(t)}{\mathrm{d}t}\end{pmatrix}=\boldsymbol{f}(t) \tag{7.22}$$

于是，

$$\begin{pmatrix}\frac{\mathrm{d}c_1(t)}{\mathrm{d}t}\\ \vdots\\ \frac{\mathrm{d}c_n(t)}{\mathrm{d}t}\end{pmatrix}=\boldsymbol{X}^{-1}(t)\boldsymbol{f}(t)$$

对此式进行积分可得

$$\begin{pmatrix}c_1(t)\\ \vdots\\ c_n(t)\end{pmatrix}=\int_{t_0}^{t}\boldsymbol{X}^{-1}(\tau)\boldsymbol{f}(\tau)\mathrm{d}\tau+\hat{c},\quad a<t_0<b \tag{7.23}$$

代入式(7.19)便得到表达式

$$\boldsymbol{x}(t)=\boldsymbol{X}(t)\hat{\boldsymbol{c}}+\int_{t_0}^{t}\boldsymbol{X}(t)\boldsymbol{X}^{-1}(\tau)\boldsymbol{f}(\tau)\mathrm{d}\tau,\quad a<t_0<b \tag{7.24}$$

其中，$\boldsymbol{X}(t)$是对应的齐次方程组的基本解矩阵，$\hat{\boldsymbol{c}}$ 是任意的常向量。

7.1.2 常系数微分方程组

如果式(7.2)的系数矩阵 $\boldsymbol{A}(t)=\boldsymbol{A}$ 是常数，则称之为常系数微分方程组，即

$$\frac{\mathrm{d}\boldsymbol{x}(t)}{\mathrm{d}t}=\boldsymbol{A}\boldsymbol{x}+\boldsymbol{f}(t) \tag{7.25}$$

相应的齐次方程组为

$$\frac{\mathrm{d}\boldsymbol{x}(t)}{\mathrm{d}t}=\boldsymbol{A}\boldsymbol{x} \tag{7.26}$$

它们有如上一节所述的解之结构。故可以先求式(7.26)的通解，再据之用变动参数法求出式(7.25)的一个特解。

设式(7.26)的解具有如下形式：

$$\boldsymbol{x}(t)=\boldsymbol{c}\,\mathrm{e}^{\lambda t} \tag{7.27}$$

其中，指数 λ 与系数 $\boldsymbol{c}\neq\boldsymbol{0}$($n$ 维常向量)都是待定的。将(7.27)代入(7.26)，消去两端的公因子 $\mathrm{e}^{\lambda t}\neq 0$，得

$$(\lambda\boldsymbol{I}-\boldsymbol{A})\boldsymbol{c}=\boldsymbol{0} \tag{7.28}$$

这就是 λ 和 $\boldsymbol{c}\neq\boldsymbol{0}$ 所应满足的条件，此条件等价于：λ 是矩阵 $\boldsymbol{A}$ 的特征根，$\boldsymbol{c}$ 是相应的特征向量。于是有如下定理。

定理 7.5 如果特征方程(7.28)的根 $\lambda_1,\cdots,\lambda_n$ 彼此互异，则向量函数

$$\boldsymbol{c}^{(1)}\mathrm{e}^{\lambda_1 t},\cdots,\boldsymbol{c}^{(n)}\mathrm{e}^{\lambda_n t}$$

便是式(7.26)的一基本解组，其中，$\boldsymbol{c}^{(i)}$是与 λ_i 相应的特征向量，其中 $i=1,\cdots,n$。

如果常系数微分方程组具有实数解，可以用推论7.1进行求解。

推论7.1 如果式(7.26)的系数矩阵 $\boldsymbol{A}$ 是实数系数矩阵，则在上述条件下

$$\boldsymbol{c}^{(1)}\mathrm{e}^{\lambda_1 t},\cdots,\boldsymbol{c}^{(r)}\mathrm{e}^{\lambda_r t};\ \boldsymbol{R}_e\boldsymbol{c}^{(s+r)}\mathrm{e}^{\lambda_{s+r}t},\boldsymbol{I}_m\boldsymbol{c}^{(s+r)}\mathrm{e}^{\lambda_{s+r}t}\quad\left(s=1,\cdots,\frac{n-r}{2}\right)\tag{7.29}$$

便是式(7.26)之一实值基本解组，其中 $\lambda_1,\cdots,\lambda_r$ 是实特征根(因此 $\boldsymbol{c}^{(1)},\cdots,\boldsymbol{c}^{(r)}$ 可取为实数的)而 λ_{s+r} 与 $\bar{\lambda}_{s+r}$ $\left(s=1,\cdots,\frac{n-r}{2}\right)$ 是相互共轭复特征根。

证明：因为 $\boldsymbol{A}$ 是实数系数矩阵，故复根必成对地出现，从而由定理7.5，有基本解组

$$\boldsymbol{c}^{(1)}\mathrm{e}^{\lambda_1 t},\cdots,\boldsymbol{c}^{(r)}\mathrm{e}^{\lambda_r t};\ \boldsymbol{c}^{(s+r)}\mathrm{e}^{\lambda_{s+r}t},\bar{\boldsymbol{c}}^{(s+r)}\mathrm{e}^{\bar{\lambda}_{s+r}t}\quad\left(s=1,\cdots,\frac{n-r}{2}\right)$$

它与式(7.29)是等价的。

容易看出，若基本解组中有一个正解便可得非齐次方程组的非负解。

例7.1 求解微分方程组 $\frac{\mathrm{d}x_1}{\mathrm{d}t}=-7x_1+x_2,\frac{\mathrm{d}x_2}{\mathrm{d}t}=-2x_1-5x_2$

解：特征方程是 $\lambda^2+12\lambda+37=0$，其根为 $-6\pm i$，经简单计算得出相应的特征向量为 $\boldsymbol{c}^{(1)}=\begin{pmatrix}1\\1+i\end{pmatrix},\boldsymbol{c}^{(2)}=\begin{pmatrix}1\\1-i\end{pmatrix}$。

因此，复值通解为

$$\boldsymbol{x}=c_1\begin{pmatrix}1\\1+i\end{pmatrix}\mathrm{e}^{(-6+i)t}+c_2\begin{pmatrix}1\\1-i\end{pmatrix}\mathrm{e}^{(-6-i)t}$$

而实通解为 $\boldsymbol{x}=c_1\begin{pmatrix}\cos t\\\cos t-\sin t\end{pmatrix}\mathrm{e}^{-6t}+c_2\begin{pmatrix}\sin t\\\sin t+\cos t\end{pmatrix}\mathrm{e}^{-6t}$

注意：欧拉公式 $\mathrm{e}^{\alpha+\mathrm{i}\beta}=\mathrm{e}^{\alpha}(\cos\beta+\mathrm{i}\sin\beta)$ 从而 $(1+\mathrm{i})\mathrm{e}^{\mathrm{i}t}=(1+\mathrm{i})(\cos t+\mathrm{i}\sin t)=(\cos t-\sin t)+i(\cos t+\sin t)$

若 λ 是特征方程(7.28)的重根，如二重根，则当 $\lambda\boldsymbol{I}-\boldsymbol{A}$ 的秩为 $n-2$ 时，式(7.28)有两个线性无关的解 $\boldsymbol{c}^{(1)},\boldsymbol{c}^{(2)}$，从而 $\boldsymbol{c}^{(1)}\mathrm{e}^{\lambda t},\boldsymbol{c}^{(2)}\mathrm{e}^{\lambda t}$ 均属于基本解组。当 $\lambda\boldsymbol{I}-\boldsymbol{A}$ 的秩为 $n-1$ 时，式(7.13)只有一个非零解 $\boldsymbol{c}^{(1)}$，则基本解组除 $\boldsymbol{c}^{(1)}\mathrm{e}^{\lambda t}$ 之外，还有另一个形如 $(\boldsymbol{c}^{(1)}t+\boldsymbol{c}^{(2)})\mathrm{e}^{\lambda t}$ 者，其中 $\boldsymbol{c}^{(2)}$ 可由 $(\lambda\boldsymbol{I}-\boldsymbol{A})\boldsymbol{c}^{(2)}=-\boldsymbol{c}^{(1)}$ 求得(代入式(7.26)即知)。若为三重根，则可能还有形如 $\left(\frac{t^2}{2}\boldsymbol{c}^{(1)}+t\boldsymbol{c}^{(2)}+\boldsymbol{c}^{(3)}\right)\mathrm{e}^{\lambda t}$ 者。一般地，若 λ 为 k 重根，则可能有形如 $\left(\frac{t^{k-1}}{(k-1)!}\boldsymbol{c}^{(1)}+\cdots+t\boldsymbol{c}^{(k-1)}+\boldsymbol{c}^{(k)}\right)\mathrm{e}^{\lambda t}$ 的解，这里 $\boldsymbol{c}^{(1)}$ 是对应于 λ 的特征向量。

例7.2 求解微分方程组 $\frac{\mathrm{d}x_1}{\mathrm{d}t}=x_2+x_3,\frac{\mathrm{d}x_2}{\mathrm{d}t}=x_1+x_3,\frac{\mathrm{d}x_3}{\mathrm{d}t}=x_1+x_2$。

解：可求得基本解组为

$$\boldsymbol{x}^{(1)}(t)=\begin{pmatrix}1\\1\\1\end{pmatrix}\mathrm{e}^{2t},\quad\boldsymbol{x}^{(2)}(t)=\begin{pmatrix}1\\0\\-1\end{pmatrix}\mathrm{e}^{-t},\quad\boldsymbol{x}^{(3)}(t)=\begin{pmatrix}0\\1\\-1\end{pmatrix}\mathrm{e}^{-t}$$

例 7.3　求解微分方程组$\frac{dx_1}{dt}=x_2-x_3,\frac{dx_2}{dt}=x_1+x_2,\frac{dx_3}{dt}=x_1+x_3$

解：可求得基本解组为

$$x^{(1)}(t)=\begin{pmatrix}-1\\1\\1\end{pmatrix},\quad x^{(2)}(t)=\begin{pmatrix}0\\1\\1\end{pmatrix}e^t,\quad x^{(3)}(t)=\begin{pmatrix}0+1\\t+0\\t-1\end{pmatrix}e^t$$

对于非齐次方程组，可在求得相应齐次方程组基本解组的基础上，用变动参数法求它的一个特解，最后得到通解。

例 7.4　求解微分方程组

$$\frac{dx_1}{dt}=x_1+2x_2-e^{-t}$$

$$\frac{dx_2}{dt}=4x_1+3x_2+4e^{-t}$$

解：可求得相应齐次方程组的基本解组为

$$x^{(1)}(t)=\begin{pmatrix}1\\2\end{pmatrix}e^{5t}\quad x^{(2)}(t)=\begin{pmatrix}1\\-1\end{pmatrix}e^{-t}$$

设特解形如式(7.19)，则需解方程组

$$\begin{cases}e^{5t}\dfrac{dc_1(t)}{dt}+e^{-t}\dfrac{dc_2(t)}{dt}=-e^{-t}\\[2ex]2e^{5t}\dfrac{dc_1(t)}{dt}-e^{-t}\dfrac{dc_2(t)}{dt}=4e^{-t}\end{cases}$$

得$\frac{dc_1}{dt}=e^{-6t},\frac{dc_2}{dt}=-2$

积分后，取

$$c_1(t)=-\frac{1}{6}e^{-6t},\quad c_2(t)=-2t$$

于是所求方程组之通解为(代入式(7.19))

$$x(t)=c_1\begin{pmatrix}e^{5t}\\2e^{5t}\end{pmatrix}+c_2\begin{pmatrix}e^{-t}\\-e^{-t}\end{pmatrix}+\begin{pmatrix}-\dfrac{1}{6}-2t\\-\dfrac{1}{3}+2t\end{pmatrix}e^{-t}$$

引入算子$\frac{d\boldsymbol{x}}{dt}=D\boldsymbol{x},\cdots,\frac{d^n\boldsymbol{x}}{dt^n}=D^n\boldsymbol{x}$，可以通过消去法直接求解非齐次方程组

$$\begin{cases}(D-1)x_1-2x_2=-e^{-t}\\-4x_1+(D-3)x_2=4e^{-t}\end{cases}$$

视其中的 D 为普通参数，用克莱姆法则求解，可得一算子方程，再用算子解法求其解。

7.1.3　稳定性理论的基本含义

初值条件或微分方程本身的微小变化是否只引起对应解的微小变化？这就是微分方程

组的稳定性问题，具体内容如下：

设微分方程组

$$\frac{\mathrm{d}\boldsymbol{x}}{\mathrm{d}t}=\boldsymbol{f}(t,\boldsymbol{x}) \tag{7.30}$$

满足初始条件 $\boldsymbol{x}(t_0)=\bar{\boldsymbol{x}}^{(0)}$ 的解是 $\bar{\boldsymbol{x}}(t)$。

如果对任给 $\varepsilon>0$ 总存在相应正数 $\delta>0$，使得只要初始值 $\boldsymbol{x}^{(0)}$ 满足

$$\|\boldsymbol{x}^{(0)}-\bar{\boldsymbol{x}}^{(0)}\|<\delta \tag{7.31}$$

此微分方程组(7.30)的解 $\boldsymbol{x}(t)$ 对所有 $t>t_0$ 就满足

$$\|\boldsymbol{x}(t)-\bar{\boldsymbol{x}}(t)\|<\varepsilon$$

则称解 $\bar{\boldsymbol{x}}(t)$ 是稳定的，否则，则称解 $\bar{\boldsymbol{x}}(t)$ 是不稳定的。

如果 $\bar{\boldsymbol{x}}(t)$ 稳定，并且初始值满足式(7.31)的所有解 $\boldsymbol{x}(t)$ 都满足

$$\lim_{t\to\infty}\|\boldsymbol{x}(t)-\bar{\boldsymbol{x}}(t)\|=0 \tag{7.32}$$

则称 $\bar{\boldsymbol{x}}(t)$ 是渐近稳定的。

由上节定理 7.5 及推论所分析的常系数齐次方程组(7.26)解的结构可知，若特征方程的根都有负实部，则式(7.26)的任一解当 $t\to\infty$ 时都 $\to\mathbf{0}$ 从而有如下定理。

定理 7.6 如果常系数齐次方程组(7.26)的所有特征根的实部都是负的，则零解是渐近稳定的，如至少有一个实部为正的根，则零解是不稳定的。若出现 0 实部，则不能肯定。

如果将式(7.30)写成

$$\frac{\mathrm{d}\boldsymbol{x}}{\mathrm{d}t}=\boldsymbol{A}\boldsymbol{x}+R(t,\boldsymbol{x}) \tag{7.33}$$

其第一近似即为式(7.26)，$R(t,\boldsymbol{x})$ 是 $f(t,\boldsymbol{x})$ 按 $\boldsymbol{x}$ 的分量展开式中所有高于一次项的总和。则在一定条件下，由式(7.26)的稳定性可推出式(7.30)的稳定性(特别是当 $R(t,\boldsymbol{x})$ 不含 t 时，则无需另加条件)。

研究微分方程组(7.30)零解的稳定性(注意任一特解 $\boldsymbol{x}=\boldsymbol{\varphi}(t)$ 的稳定性问题都能通过变换 $\boldsymbol{x}'=\boldsymbol{x}-\boldsymbol{\varphi}(t)$ 化成相应方程组的零解 $\boldsymbol{x}'=\mathbf{0}$ 的稳定性问题)有一个比较一般的方法，即所谓的李雅普诺夫方法。

定理 7.7 对于方程组(7.30)，如果可以找到一个在原点邻域内满足下列条件的可微函数 $V(x_1,\cdots,x_n)$(也称为李雅普诺夫函数)：

(1) $V(x_1,\cdots,x_n)\geqslant 0$(或 $\leqslant 0$)且只在 $\boldsymbol{x}=\mathbf{0}$ 时 $V=0$。

(2) 当 $t\geqslant t_0$ 时，V 沿着方程组(7.30)的积分曲线的全导数

$$\frac{\mathrm{d}V}{\mathrm{d}t}=\sum_{i=1}^{n}\frac{\partial V}{\partial x_i}\frac{\partial x_i}{\partial t}=\sum_{i=1}^{n}\frac{\partial V}{\partial x_i}f_i(t,\boldsymbol{x})\leqslant 0 \quad (\text{或}\geqslant 0)$$

那么方程组(7.30)的零解是稳定的。

如果除了满足上述条件外，在原点某适当小的邻域外部$\left(\text{即}\sum x_i^2\geqslant\delta^2>0\right)$，$t\geqslant t_0$ 时 $\frac{\mathrm{d}V}{\mathrm{d}t}<0\left(\text{或}\frac{\mathrm{d}V}{\mathrm{d}t}>0\right)$，那么方程组(7.30)是渐近稳定的。

例 7.5 研究微分方程组

$$\frac{\mathrm{d}x_1}{\mathrm{d}t}=-4x_2-x_1^3$$

$$\frac{\mathrm{d}x_2}{\mathrm{d}t}=3x_1-x_2^3$$

在解点 $\boldsymbol{x}=(0,0)$ 的稳定性。

解：这个方程组的一次近似方程组和特征方程有两个纯虚根(实部为 0)，因此，这是一临界情况，不能用一次近似方法研究。现用李雅普诺夫函数，取

$$V(x_1,x_2)=3x_1^2+4x_2^2$$

因为

(1) $V(0,0)=0, V(x_1,x_2)>0, x_1^2+x_2^2\neq 0$

(2) $\dfrac{\mathrm{d}V}{\mathrm{d}t}=\dfrac{\partial V}{\partial x_1}\dfrac{\partial x_1}{\partial t}+\dfrac{\partial V}{\partial x_2}\dfrac{\partial x_2}{\partial t}=-(6x_1^4+8x_2^4)\leqslant 0$

对于任意 $\delta>0$，当 $x_1^2+x_2^2\geqslant\delta^2, t\geqslant t_0$ 时 $\dfrac{\mathrm{d}V}{\mathrm{d}t}<0$，所以解点 $\boldsymbol{x}=(0,0)$ 是渐近稳定的。

例 7.6 研究微分方程组

$$\frac{\mathrm{d}x}{\mathrm{d}t}=-y+x(x^2+y^2-1)$$

$$\frac{\mathrm{d}y}{\mathrm{d}t}=x+y(x^2+y^2-1)$$

在解点 $(x,y)=(0,0)$ 的稳定性。

解：用李雅普诺夫函数，取

$$V(x,y)=\frac{1}{2}(x^2+y^2)$$

在区域 $D=\{(x,y)\mid x^2+y^2<1\}$ 上，因为

(1) $V(0,0)=0, V(x,y)>0, x^2+y^2\neq 0$

(2) $\dfrac{\mathrm{d}V}{\mathrm{d}t}=\dfrac{\partial V}{\partial x}\dfrac{\partial x}{\partial t}+\dfrac{\partial V}{\partial y}\dfrac{\partial y}{\partial t}=x\dfrac{\partial x}{\partial t}+y\dfrac{\partial y}{\partial t}=(x^2+y^2)(x^2+y^2-1)\leqslant 0$

对于任意 $\delta>0$，当 $x^2+y^2\geqslant\delta^2, t\geqslant t_0$ 时 $\dfrac{\mathrm{d}V}{\mathrm{d}t}<0$，所以解点 $(x,y)=(0,0)$ 是渐近稳定的。

线性微分方程组理论是微分方程理论中非常值得重视的一部分内容，无论从理论还是应用的角度，本节所提供的方法和结果都是十分重要的。要理解线性微分方程组解的存在唯一性定理，了解所有解的代数结构，并掌握求解方法。本节还介绍了微分方程组的稳定性理论，重点介绍了用李雅普诺夫函数来研究零解的稳定性。

7.2 线性差分方程组

7.2.1 基本概念和一般理论

差分和差分方程的引入源于两点：一是数值求解微分方程组的需要(用差商代替导

数),二是为了描述按时间离散取值的经济量(如收入、消费、投资等)之间的关系。

设函数 $x=x(t)$ 在自变量取整数值时,即 $t=0,1,2,\cdots$ 时有定义并简记为

$$x=x_t,\quad t=0,1,2,\cdots \tag{7.34}$$

当自变量从 t 变到 $t+1$ 时,函数 x_t 的增量 $x_{t+1}-x_t$ 称为一阶差分,记为

$$\Delta x_t=x_{t+1}-x_t \tag{7.35}$$

Δx_t 仍是 t 的函数,一阶差分的差分称为 x_t 的二阶差分,记作

$$\Delta^2 x_t=\Delta(\Delta x_t)=\Delta x_{t+1}-\Delta x_t=x_{t+2}-2x_{t+1}+x_t \tag{7.36}$$

一般有

$$\Delta^k x_t=\Delta(\Delta^{k-1} x_t)=\sum_{i=0}^{k}(-1)^i c_k^i x_{t+k-i} \tag{7.37}$$

容易验证,一阶差分有以下性质:

(1) $\Delta(ax_t+by_t)=a\Delta x_t+b\Delta y_t$($a$,$b$ 为常数);

(2) $\Delta(x_t y_t)=x_{t+1}\Delta y_t+y_t\Delta x_t=x_t\Delta y_t+y_{t+1}\Delta x_t$;

(3) $\Delta\left(\dfrac{x_t}{y_t}\right)=\dfrac{y_t\Delta x_t-x_t\Delta y_t}{y_t y_{t+1}}(y_t y_{t+1}\neq 0)$。

关系式

$$a_k(t)x_{t+k}+a_{k-1}(t)x_{t+k-1}+\cdots+a_0(t)x_t=b_t\quad t=0,1,2,\cdots \tag{7.38}$$

称为 k 阶线性差分方程,其中 $a_j(t)$、b_t 为给定的关于 t 的函数,并且 $a_k(t)a_0(t)\neq 0$。当 $b_t=0$ 时,方程(7.38)称为齐次差分方程。容易看出,如果 $x_0,x_1,\cdots,x_{k-1}$(称为初始值)已给定,则由式(7.38)可以逐次地定出 $x_j(j=k,k+1,\cdots)$,其形如

$$x_t^{(i)}=a_{i1}(t)x_{t-1}^{(1)}+a_{i2}(t)x_{t-1}^{(2)}+\cdots+a_{in}(t)x_{t-1}^{(n)}+f_i(t)\quad i=1,2,\cdots,n \tag{7.39}$$

方程(7.39)称为一阶线性差分方程组,写成矩阵形式为

$$\boldsymbol{X}_t=\boldsymbol{A}(t)\boldsymbol{X}_{t-1}+\boldsymbol{f} \tag{7.40}$$

如果 $\boldsymbol{f}\equiv\boldsymbol{0}$,则方程组

$$\boldsymbol{X}_t=\boldsymbol{A}(t)\boldsymbol{X}_{t-1} \tag{7.41}$$

称为齐次的,否则称式(7.39)为非齐次的。

类似于微分方程,k 阶差分方程(7.38)可以等价地转化成式(7.39)的形式。

类似地,可以得到线性差分方程组(7.39)与线性微分方程组相应的性质。现叙述如下。

定理 7.8 线性差分方程组(7.39)满足初值条件

$$\boldsymbol{X}_{t0}=\bar{\boldsymbol{X}}_{t0}\quad(\text{已知向量}) \tag{7.42}$$

的解 x_t 存在且唯一。

定理 7.9 齐次方程组(7.41)有 n 个线性无关的解 $\boldsymbol{X}_t^{(1)},\cdots,\boldsymbol{X}_t^{(n)}$,并且式(7.41)的任何解 $\boldsymbol{X}_t$ 都可以表示为这些解的线性组合

$$\boldsymbol{X}_t=c_1\boldsymbol{X}_t^{(1)}+\cdots+c_n\boldsymbol{X}_t^{(n)} \tag{7.43}$$

定理 7.10 齐次方程组(7.41)解 $\boldsymbol{X}_t^{(1)},\cdots,\boldsymbol{X}_t^{(n)}$ 线性相关的充要条件是它们的 Wronsky 行列式 W_t 在某点 $t=t_0$ 处等于 0。因此,W_t 要么恒等于 0 要么恒不等于 0(视相关不相关而定)。

定理 7.11 只要 $\boldsymbol{X}_t^{(0)}$ 是非齐次方程组(7.39)的一个特解,而 $\boldsymbol{X}_t^{(1)},\cdots,\boldsymbol{X}_t^{(n)}$ 是对应齐

次方程组(7.41)的一个基本解组,则式(7.39)的任何解 $\boldsymbol{X}_t$ 都可以写成

$$\boldsymbol{X}_t = c_1\boldsymbol{X}_t^{(1)} + \cdots + c_n\boldsymbol{X}_t^{(n)} + \boldsymbol{X}_t^{(0)} \tag{7.44}$$

反之,对于任何常数 $c_1,\cdots,c_n$,向量函数(7.44)都是式(7.39)的解。

7.2.2 常系数差分方程组

如果式(7.40)的系数矩阵 $\boldsymbol{A}(t)=\boldsymbol{A}$ 是常数,则称之为常系数差分方程组,即

$$\boldsymbol{X}_t = \boldsymbol{A}\boldsymbol{X}_{t-1} + \boldsymbol{f}(t) \tag{7.45}$$

相应的齐次方程组为

$$\boldsymbol{X}_t = \boldsymbol{A}\boldsymbol{X}_{t-1} \tag{7.46}$$

它们有如上一节所述的解之结构。

设 $\boldsymbol{X}_t=\boldsymbol{\xi}\lambda^t\,(\lambda\neq 0)$ 代入式(7.46)得

$$\boldsymbol{A}\boldsymbol{\xi} = \lambda\boldsymbol{\xi} \tag{7.47}$$

即

$$(\lambda\boldsymbol{I} - \boldsymbol{A})\,\boldsymbol{\xi} = \boldsymbol{0} \tag{7.48}$$

这说明如果 $\boldsymbol{X}_t=\boldsymbol{\xi}\lambda^t$ 是式(7.46)的非 0 解,则 λ 是矩阵 $\boldsymbol{A}$ 的特征根,$\boldsymbol{\xi}$ 是相应的特征向量。于是有如下定理。

定理 7.12 如果特征方程(7.48)的根 $\lambda_1,\cdots,\lambda_n$ 彼此互异,则向量函数

$$\boldsymbol{\xi}^{(1)}\lambda_1^t,\cdots,\boldsymbol{\xi}^{(n)}\lambda_k^t \tag{7.49}$$

便是式(7.46)的一基本解组,其中,$\boldsymbol{\xi}^{(s)}$ 是与 λ_s 相应的特征向量。

如果所论方程组是有实数解的,目的在于求其实解,则可以使用推论 7.2。

推论 7.2 如果式(7.46)的系数矩阵 $\boldsymbol{A}$ 是有实数解的,则在上述条件下

$$\boldsymbol{\xi}^{(1)}\lambda_1^t,\cdots,\boldsymbol{\xi}^{(r)}\lambda_r^t;\ \boldsymbol{R}_e\boldsymbol{\xi}^{(s+r)}\lambda_{s+r}^t,\boldsymbol{I}_m\boldsymbol{\xi}^{(s+r)}\lambda_{s+r}^t \quad \left(s=1,\cdots,\frac{n-r}{2}\right)$$

便是式(7.46)之一实值基本解组,其中 $\lambda_1,\cdots,\lambda_r$ 是实特征根(因为 $\boldsymbol{\xi}^{(1)},\cdots,\boldsymbol{\xi}^{(r)}$ 可取为实数)而 λ_{s+r} 与 $\bar{\lambda}_{s+r}\left(s=1,\cdots,\dfrac{n-r}{2}\right)$ 是相互共轭复特征根($\boldsymbol{\xi}^{s+r}$ 仍为相应的特征向量)。

例如,若有 $s=\alpha+i\beta=\rho(\cos\theta+i\sin\theta)$ 对应的特征向量为 $\boldsymbol{\xi}=\boldsymbol{T}^{(1)}+i\boldsymbol{T}^{(2)}$,则易算得

$$\boldsymbol{X}_t^{(1)} = \rho^t(\boldsymbol{T}^{(1)}\cos\theta t - \boldsymbol{T}^{(2)}\sin\theta t) \tag{7.50}$$

$$\boldsymbol{X}_t^{(2)} = \rho^t(\boldsymbol{T}^{(2)}\cos\theta t + \boldsymbol{T}^{(1)}\sin\theta t) \tag{7.51}$$

若 λ 是特征方程(7.48)的重根,如二重根,则当 $\lambda\boldsymbol{I}-\boldsymbol{A}$ 的秩为 $n-2$ 时,式(7.48)有两个线性无关的解 $\boldsymbol{\xi}^{(1)},\boldsymbol{\xi}^{(2)}$,从而 $\boldsymbol{\xi}^{(1)}\lambda^t,\boldsymbol{\xi}^{(2)}\lambda^t$ 均属于基本解组。当 $\lambda\boldsymbol{I}-\boldsymbol{A}$ 的秩为 $n-1$ 时,式(7.48)只有一个非零解 $\boldsymbol{\xi}^{(1)}$,则基本解组除 $\boldsymbol{\xi}^{(1)}\lambda^t$ 之外,还有另一个形如 $(\boldsymbol{\xi}^{(1)}t+\boldsymbol{\xi}^{(2)})\lambda^t$ 者,其中 $\boldsymbol{\xi}^{(2)}$ 可由 $(\lambda\boldsymbol{I}-\boldsymbol{A})\boldsymbol{\xi}^{(2)}=-\boldsymbol{A}\boldsymbol{\xi}^{(1)}$ 求得。若 λ 为三重根,则可能还有形如 $\left(\dfrac{t^2}{2}\boldsymbol{\xi}^{(1)}+t\,\boldsymbol{\xi}^{(2)}+\boldsymbol{\xi}^{(3)}\right)\lambda^t$ 者。将上式代入式(7.46),则知 $\boldsymbol{\xi}^{(3)}$ 需满足

$$(\lambda\boldsymbol{I} - \boldsymbol{A})\,\boldsymbol{\xi}^{(3)} = -\boldsymbol{A}\boldsymbol{\xi}^{(2)} + \frac{\boldsymbol{A}}{2}\boldsymbol{\xi}^{(1)} \tag{7.52}$$

如此,等等。一般而言,若 λ 为 k 重根,则可能有形如

$$\frac{t^{k-1}}{(k-1)!}\boldsymbol{\xi}^{(1)}+\cdots+t\boldsymbol{\xi}^{(k-1)}+\boldsymbol{\xi}^{(k)} \tag{7.53}$$

的解，这里$\boldsymbol{\xi}^{(1)}$是对应于λ的特征向量。

例 7.7 解方程组

$$\begin{cases}x_t^{(1)}=x_{t-1}^{(1)}+x_{t-1}^{(2)}\\ x_t^{(2)}=4x_{t-1}^{(1)}+x_{t-1}^{(2)}\end{cases}$$

解：令$|\lambda\boldsymbol{I}-\boldsymbol{A}|=\lambda^2-2\lambda-3=0$，得$\lambda_1=3,\lambda_2=-1$。易求出与$\lambda_1=3,\lambda_2=-1$对应的特征向量分别为$\boldsymbol{\xi}^{(1)}=(1,2)^{\mathrm{T}}$，$\boldsymbol{\xi}^{(2)}=(1,-2)^{\mathrm{T}}$，因此方程组的通解为

$$\boldsymbol{X}_t=c_1\boldsymbol{\xi}^{(1)}3^t+c_2\boldsymbol{\xi}^{(2)}(-1)^t$$

即

$$x_t^{(1)}=c_1 3^t+c_2(-1)^t$$
$$x_t^{(2)}=2c_1 3^t-2c_2(-1)^t$$

例 7.8 解方程组

$$\begin{cases}x_t=x_{t-1}-5y_{t-1}\\ y_t=2x_{t-1}-y_{t-1}\end{cases}$$

解：特征方程为$|\lambda\boldsymbol{I}-\boldsymbol{A}|=\lambda^2+9=0$，得$\lambda=\pm 3\mathrm{i}$。易求出与$\lambda=3\mathrm{i}$对应的特征向量分别为

$$\boldsymbol{\xi}^{(1)}=\begin{pmatrix}5\\1\end{pmatrix}+\mathrm{i}\begin{pmatrix}0\\-3\end{pmatrix}=\boldsymbol{T}_1+\mathrm{i}\boldsymbol{T}_2$$

得$\left(注意\ 3\mathrm{i}=3\left(\cos\frac{\pi}{2}+\mathrm{i}\sin\frac{\pi}{2}\right)\right)$

$$\begin{pmatrix}x_t^{(1)}\\ y_t^{(1)}\end{pmatrix}=3^t\left(\begin{pmatrix}5\\1\end{pmatrix}\cos\frac{\pi}{2}t-\begin{pmatrix}0\\-3\end{pmatrix}\sin\frac{\pi}{2}t\right)=\begin{pmatrix}5\cos\frac{\pi}{2}t\\ \cos\frac{\pi}{2}t+3\sin\frac{\pi}{2}t\end{pmatrix}3^t$$

$$\begin{pmatrix}x_t^{(2)}\\ y_t^{(2)}\end{pmatrix}=\begin{pmatrix}5\sin\frac{\pi}{2}t\\ -3\cos\frac{\pi}{2}t+\sin\frac{\pi}{2}t\end{pmatrix}3^t$$

例 7.9 解方程组

$$\begin{cases}x_t^{(1)}=3x_{t-1}^{(1)}-x_{t-1}^{(2)}\\ x_t^{(2)}=x_{t-1}^{(1)}+x_{t-1}^{(2)}\end{cases}$$

解：令$|\lambda\boldsymbol{I}-\boldsymbol{A}|=\lambda^2-4\lambda+4=0$，得$\lambda=2$为二重根，求得一特征向量为$\boldsymbol{\xi}^{(1)}=\begin{pmatrix}1\\1\end{pmatrix}2^t$，从而$\boldsymbol{X}_t=\begin{pmatrix}1\\1\end{pmatrix}2^t$为一解。其另一无关解形如$(t\boldsymbol{\xi}^{(1)}+\boldsymbol{\xi}^{(2)})\lambda^t$。

由$(\lambda I-A)\boldsymbol{\xi}^{(2)}=-A\boldsymbol{\xi}^{(1)}=-\lambda\boldsymbol{\xi}^{(1)}$解得$\boldsymbol{\xi}^{(2)}=(3,1)^{\mathrm{T}}$从而问题的另一解为

$$\boldsymbol{X}_t = \left(t\begin{pmatrix}1\\1\end{pmatrix} + \begin{pmatrix}3\\1\end{pmatrix}\right)2^t$$

7.2.3　线性差分方程组在经济中的应用

微分方程组和差分方程组在经济数量分析，特别是在动态经济模型中十分有用。

1. 萨缪尔森(Samuelson)乘数加速数模型

设 Y_t 为 t 期国民收入，C_t 为 t 期消费，I_t 为 t 期投资，G 为政府支出(各期相同)。萨缪尔森建立如下宏观经济模型，称为乘数——加速数模型：

$$\begin{cases} Y_t = C_t + I_t + G \\ C_t = \alpha Y_{t-1}, \quad 0 < \alpha < 1 \\ I_t = \theta(C_t - C_{t-1}), \quad \theta > 0 \end{cases} \tag{7.54}$$

其中，α 为边际消费倾向(常数)，θ 为加速数(常数)

可化成标准的差分方程组：

$$\boldsymbol{X}_t = \boldsymbol{A}\boldsymbol{X}_{t-1} + \boldsymbol{f} \tag{7.55}$$

其中，$\boldsymbol{X}_t = (Y_t, C_t, I_t)^{\mathrm{T}}$，$\boldsymbol{A} = \begin{pmatrix} \alpha(1+\theta) & -\theta & 0 \\ \alpha & 0 & 0 \\ \theta\alpha & -\theta & 0 \end{pmatrix}$，$\boldsymbol{f} = \begin{pmatrix} G \\ 0 \\ 0 \end{pmatrix}$

设特解 $\bar{\boldsymbol{X}}_t = \begin{pmatrix} a \\ b \\ c \end{pmatrix}$，用待定系数法可求得 $\bar{\boldsymbol{X}}_t = \begin{pmatrix} \dfrac{G}{1-\alpha} & \dfrac{\alpha G}{1-\alpha} & 0 \end{pmatrix}^{\mathrm{T}}$

其特征方程为 $\lambda^2 - \alpha(1+\theta)\lambda + \alpha\theta = 0$，据此可求得问题的解。

2. 变分法

17 世纪末，几何、力学等领域中相继提出了一些所谓泛函的极值问题，导致了变分法的形成和发展。所谓泛函是指这样一个变量，它的取值是由一个函数或几个函数决定的，即泛函是函数与数的对应，而变分法就是研究求泛函极值的方法。下面我们对这一方法进行简单介绍。

(1) 最小旋转面问题。

求一曲线 $y = y(x)$，使它过两个定点 $A(x_1, y_1)$ 和 $B(x_2, y_2)$，且绕 x 轴旋转所成之旋转曲面有最小的侧面积(见图 7.1)。

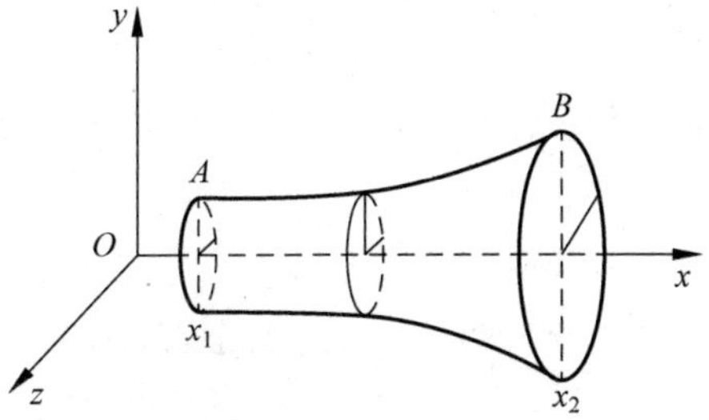

图 7.1　旋转曲面

在积分学中我们知道，旋转曲面的面积是

$$S=\int_A^B 2\pi y\,\mathrm{d}l \tag{7.56}$$

其中，$\mathrm{d}l=\sqrt{1+y'^2}\,\mathrm{d}x$

S 的数值取决于函数 $y(x)$ 的选取，或者说，S 是函数 $y(x)$ 的函数称为泛函，记作

$$S(y(x))=\int_{x_1}^{x_2} 2\pi y(x)\sqrt{1+y'^2}\,\mathrm{d}x \tag{7.57}$$

$y(x)$ 应满足

$$y(x_1)=y_1,\quad y(x_2)=y_2 \tag{7.58}$$

问题归结为求 $y(x)$，在满足端点条件(7.58)下，由式(7.57)确定的 S 取得极小值。

(2) 最速降线问题。

求一曲线 $y=y(x)$，使一质点由 $A(x_1,y_1)$ 在重力的作用下，沿这条曲线滑到 $B(x_2,y_2)$ 所需要的时间最短(见图 7.2)。

根据能量守恒定律，质点在曲线上任一点处的速度 $\frac{\mathrm{d}s}{\mathrm{d}t}$ 满足

$$\frac{1}{2}m\left(\frac{\mathrm{d}s}{\mathrm{d}t}\right)^2=mgy \tag{7.59}$$

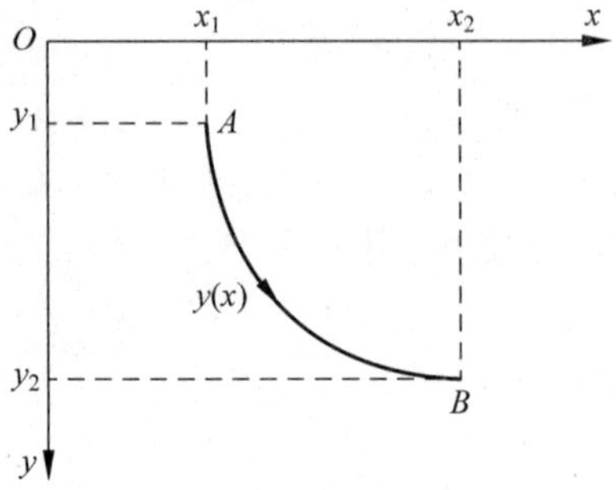

图 7.2 旋转曲面的最小侧面积

即

$$\frac{\mathrm{d}s}{\mathrm{d}t}=\sqrt{2gy}$$

由 $\mathrm{d}s=\sqrt{1+y'^2}\,\mathrm{d}x$ 可得

$$\mathrm{d}t=\frac{\sqrt{1+y'^2}}{\sqrt{2gy}}\mathrm{d}x \tag{7.60}$$

于是质点的滑行时间可表示为泛函：

$$t(y(x))=\int_{x_1}^{x_2}\frac{\sqrt{1+y'^2}}{\sqrt{2gy}}\mathrm{d}x \tag{7.61}$$

端点条件同式(7.58)。

(3) 泛函极值的必要条件。

泛函极值问题一般可表示为在函数 $F(x,y,z)$ 已知条件下，求 $y=y(x)$(假定它二阶可导)，使

$$J(y(x))=\int_{x_1}^{x_2}F(x,y(x),y'(x))\,\mathrm{d}x \tag{7.62}$$

达到极小(大)值。

考虑式(7.58)表示的固定端点情况。

回忆函数取极值必要条件：若 x 是 $f(x)$ 的极小点，则对于绝对值足够小的任意常数 ε，有 $f(x+\varepsilon)-f(x)\geqslant 0$。

因为 $f(x+\varepsilon)-f(x)=f'(x)\varepsilon+o(\varepsilon^2)$，所以 $f'(x)=0$。

用类似的办法研究泛函极值的必要条件。若 $y(x)$ 使 $J(y(x))$ 达到极小值，则对于满足

$$\varphi(x_1)=\varphi(x_2)=0 \tag{7.63}$$

的任意二阶可导的函数 $\varphi(x)$ 和绝对值足够小的任意常数 ε，

$$J(y+\varepsilon\varphi)-J(y)\geqslant 0 \tag{7.64}$$

因为

$$\begin{aligned}J(y+\varepsilon\phi)-J(y)&=\int_{x_1}^{x_2}F(x,y+\varepsilon\phi,y'+\varepsilon\phi')\mathrm{d}x-J(y)\\&=\int_{x_1}^{x_2}[F(x,y,y')+F_y\varepsilon\phi+F_{y'}\varepsilon\phi'+o(\varepsilon^2)]\mathrm{d}x-J(y)\\&=\varepsilon\int_{x_1}^{x_2}[F_y\phi+F_{y'}\phi']\mathrm{d}x+o(\varepsilon^2)\end{aligned} \tag{7.65}$$

由式(7.64)和 ε 的任意性知

$$\int_{x_1}^{x_2}(F_y\varphi+F_{Y'}\varphi')\mathrm{d}x=0 \tag{7.66}$$

对上式左边第二项进行分部积分，并利用式(7.63)

$$\int_{x_1}^{x_2}F_{Y'}\varphi'\mathrm{d}x=F_{y'}\varphi\Big|_{x_1}^{x_2}-\int_{x_1}^{x_2}\frac{\mathrm{d}F_{Y'}}{\mathrm{d}x}\varphi\mathrm{d}x=-\int_{x_1}^{x_2}\frac{\mathrm{d}F_{y'}}{\mathrm{d}x}\varphi\mathrm{d}x$$

代入式(7.66)得

$$\int_{x_1}^{x_2}\left(F_y-\frac{\mathrm{d}F_{y'}}{\mathrm{d}x}\right)\varphi\mathrm{d}x=0 \tag{7.67}$$

下面给出一个引理(读者可自己证明)。

引理 8.3.1 设 $M(x)$ 是连续函数，如果对任意一个满足 $\varphi(x_1)=\varphi(x_2)=0$ 的连续函数 $\varphi(x)$，都有

$$\int_{x_1}^{x_2}M(x)\varphi(x)\mathrm{d}x=0,\quad 则\ M(x)\equiv 0\quad (x_1\leqslant x\leqslant x_2)$$

根据引理，由式(7.67)即可得

$$F_y(x,y,y')-\frac{\mathrm{d}}{\mathrm{d}x}F_{y'}(x,y,y')=0\quad x_1\leqslant x\leqslant x_2 \tag{7.68}$$

式(7.68)称 Euler 方程，它又可写成

$$F_Y-F_{xy'}-F_{yy'}y'-F_{Y'Y'}y''=0 \tag{7.69}$$

$y(x)$ 使 $J(y(x))$ 取得极值的必要条件是它满足 Euler 方程。Euler 方程可以推广到泛函的定义中包含几个函数的情形，如

$$J(y(x),z(x))=\int_{x_1}^{x_2}F(x,y,y',z,z')\mathrm{d}x \tag{7.70}$$

的 Euler 方程为

$$\begin{aligned}F_y-\frac{\mathrm{d}}{\mathrm{d}x}F_{Y'}&=0\\F_z-\frac{\mathrm{d}}{\mathrm{d}x}F_Z{}'&=0\end{aligned} \tag{7.71}$$

像函数极值问题一样，在寻求实际问题的泛函极值时，也只需利用必要条件，再根据具

体情况判断，而很少需要充分条件。

3. 最优价格

这里我们讨论一个供销平衡情况下的最优价格模型，所谓供销平衡是指工厂产品的产量等于市场上商品的销售量。

利润是销售收入与生产成本之差。设每件商品的售价为 p，成本为 q，销售量（也是产量）为 x，则销售收入和生产成本分别为 $I=px$，$c=qx$。

在市场竞争的情况下，销售量 x 自然取决于价格 p，记作

$$x=f(p) \tag{7.72}$$

f 称需求函数，它当然是 p 的降函数。这样，在 q 是常数的情况下，收入 I 和成本 c 都是 p 的函数，利润 U 可表示为

$$U(p)=I(p)-c(p)=(p-q)f(p) \tag{7.73}$$

显然，使利润 $U(p)$ 达到最大值的最优价格 p^*，可由 $\left.\frac{\mathrm{d}U}{\mathrm{d}p}\right|_{p=p^*}=0$ 得到，即有

$$\left.\frac{\mathrm{d}I}{\mathrm{d}p}\right|_{p=p^*}=\left.\frac{\mathrm{d}c}{\mathrm{d}p}\right|_{p=p^*} \tag{7.74}$$

在数量经济学中 $\frac{\mathrm{d}I}{\mathrm{d}p}$ 被称为边际收入（价格变动一个单位时，收入的改变量），$\frac{\mathrm{d}c}{\mathrm{d}p}$ 被称为边际成本（价格变动一个单位时，成本的改变量）。式(7.74)表明：最优经济效益在边际收入等于边际成本时达到，这是经济学中的一条著名的定律。

下面分三种情况对最优价格进一步分析。

(1) 在整个销售过程中，q 不变，需求函数为

$$f(p)=a-bp \quad (a,b>0) \tag{7.75}$$

试制订一个不变的最优价格。

以式(7.75)代入式(7.73)得

$$U(p)=(p-q)(a-bp) \tag{7.76}$$

容易得到最优价格为

$$p^*=\frac{a+bp}{2b}=\frac{q}{2}+\frac{a}{2b} \tag{7.77}$$

为了分析式(7.77)表示的 p^* 的含义，需要了解 a，b 的含义。由式(7.75)，a 可解释为“绝对”需求量，即这种商品免费供应时社会的需求量。$b=\left|\frac{\mathrm{d}x}{\mathrm{d}p}\right|$ 表示价格上涨一个单位时，销售量的下降，它反映市场需求对价格的敏感程度。在实际工作中，a，b 可由 p，x 的一组统计数据用最小二乘拟合得到。式(7.68)表示：最优价格由两部分组成，一部分是成本 q 的一半，另一部分与“绝对”需求量成正比，与市场对价格的敏感系数成反比。

(2) 在时间为 T 的销售过程中，q 不变，单位时间的需求函数仍用式(7.75)表示，要求总需求量为 Q。试制订最优价格函数 $p(t)$。

在这种情况下的利润为

$$U(p(t))=\int_0^T[p(t)-q]\cdot[a-bp(t)]\mathrm{d}t \tag{7.78}$$

并且要满足

$$\int_0^T [a - bp(t)]\mathrm{d}t = Q \tag{7.79}$$

问题归结为在式(7.79)约束下求使泛函 $U(p(t))$ 达到极值的 $p(t)$。

利用 Lagrange 乘子法化为无条件极值问题，令

$$J(p(t)) = \int_0^T \{[p(t) - q]\cdot[a - bp(t)] + \lambda[a - bp(t)]\}\mathrm{d}t \tag{7.80}$$

注意到积分中不出现 $p'(t)$，其 Euler 方程为

$$\frac{\mathrm{d}}{\mathrm{d}p}[(p-q)(a-bp) + \lambda(a-bp)] = 0 \tag{7.81}$$

解得：

$$p = \frac{a+bq}{(\lambda+2)b} \tag{7.82}$$

式(7.82)表示，最优价格仍为常数。为确定 λ，将式(7.82)代入式(7.80)，

$$\int_0 \left(a - \frac{a+bq}{\lambda+2}\right)\mathrm{d}t = Q$$

解出 λ 后，再代入式(7.82)可得

$$p = \frac{aT - Q}{bT}(0 \leqslant t \leqslant T) \tag{7.83}$$

将式(7.83)与式(7.77)比较可知，最优价格与 a，b 的关系是类似的，但是在销售时间 T 和总销售量 Q 有限制时，最优价格与成本 q 无关，它随着 T 的增加而提高，随着 Q 的增加而降低。顺便指出，为使式(7.83)中的 $p \geqslant 0$，必须使 $aT \geqslant Q$。这应该是成立的，因为 aT 是时间 T 内的“绝对”销售量。

(3) 假设需求函数与总销售量仍用式(7.75)和式(7.79)表示，同时由于销售过程中贮存费、变质损失费等因素的影响，成本 q 不再是常数，它的相对增长率是 $\alpha(>0)$，即设

$$\frac{\mathrm{d}q}{\mathrm{d}t} = \alpha q \tag{7.84}$$

如果

$$q\mid_{t=0} = q_0 \tag{7.85}$$

则由式(7.84)、式(7.85)解出的 $q(t)$ 为

$$q(t) = q_0 \mathrm{e}^{\alpha t} \tag{7.86}$$

为了求解这种情况下的最优价格函数 $p(t)$，只需用式(7.86)中的 $q(t)$ 代替式(7.82)中的 q，得

$$p(t) = \frac{a + bq_0 \mathrm{e}^{\alpha t}}{(\lambda+2)b} \tag{7.87}$$

将 $p(t)$ 代入式(8.31)确定 λ 后，可得

$$p(t) = \frac{(aT - Q)(a + bq_0 \mathrm{e}^{\alpha t})}{b\left[aT + \frac{bq_0}{\alpha}(\mathrm{e}^{\alpha T} - 1)\right]} \tag{7.88}$$

为了更清楚地看出式(7.88)表示的关系，当 $\alpha \ll 1$ 时利用近似式 $\mathrm{e}^{\alpha t} \approx 1 + \alpha t$，式(7.88)可表示为

$$p(t)=\frac{aT-Q}{bT}+\frac{q_0a(aT-Q)}{T(a+bq_0)}t \tag{7.89}$$

结果表明，由于成本 $q(t)$ 随时间不断提高，最优价格 $p(t)$ 也应不断上涨。在实际工作中，可用阶梯函数近似代替式(7.89)中的线性函数关系。

例 7.10 设某商品的市场需求函数为 $f(p)=6-\frac{1}{2}p(t)$。

(1) 假定在整个供销过程中，该商品每件成本 $q=4$，试制订出该商品的最优销售价格；

(2) 商品在 60 天销售完 180 件，在整个供销过程中每件商品的成本 $q=4$ 保持不变，试制订出该商品最优销售价格；

(3) 商品在 60 天内售完 180 件，由于销售过程中，存贮费、变质损失费等诸因素的影响，每件商品的成本 q 的相对增长率 $\alpha=0.01$，并设最初 $t=0$ 时成本 $q_0=4$，试订定出该商品的最优销售价格。

解：

(1) 由于在整个供销过程中每件商品的成本 $m=4$ 是常数，因此该商品销售的最优价格是不变的，所以当 $p=8$ 时利润最大，此时价格即为最优价格；

(2) 由题意，$a=6, b=\frac{1}{2}, T=60, Q=180, p=\frac{a}{b}-\frac{Q}{bT}=\frac{6}{\frac{1}{2}}-\frac{180}{\frac{1}{2}\times 60}=6$，故该商品的最优价格为 $p=6$。

(3) $a=6, b=\frac{1}{2}, T=60, \alpha=0.01, q_0=4, Q=180$，得

$$p(t)=\frac{a}{b}-\frac{Q}{bT}+\frac{q_0\alpha t}{2}-\frac{q_0(e^{\alpha t}-1)}{2\alpha T}+\frac{q_0e^{\alpha t}}{2}=4+2e^{0.01t},$$

我们看出，此种情况下的商品销售最优价格随时间的延续而提高。

4. 军备竞赛

两个国家或两个国家集团之间由于相互不信任而不断增加自己的军事实力，防御对方可能发动的战争，这种军备竞赛的过程能不能给以数学模型呢？L. F. 理查德森(L. F. Richardson)在 1939 年提出了一个数学模型。当然，数学公式无法反映军备竞赛错综复杂的国际、国内政治形势，这个模型只不过告诉我们，一个复杂的实际过程可以合理地简化到什么程度，得到的结果又怎样解释实际现象。

Richardson 假设每一方军备的增加都取决于下列三个因素：

(1) 对方军备的大小。由于相互不信任，一方军备越大，另一方军备增加越快。

(2) 自己军备的大小。由于受自己的总的经济力量的限制，自己的军备越大，增加的就越慢。

(3) 双方固有的敌视程度。即使一方没有军备，由于存在这种敌视；另一方也会增加军备。

设甲、乙双方的军备分别为 $x(t)$ 和 $y(t)$，根据上述三个因素进行进一步的简化假设：$x(t)$ 的增加率与 $y(t)$ 成正比；$x(t)$ 的减少率与 $x(t)$ 成正比；由于敌视程度对 x 的变化率的影响用一个常数表示。对 $y(t)$ 做类似的假设。于是

$$\begin{cases}\dot{x}=-\alpha x+ky+g\\ \dot{y}=lx-\beta y+h\end{cases}\tag{7.90}$$

其中 k,l,α,β,g,h 均为大于(或等于)零的常数。

这个微分方程组的平衡点就是

$$\begin{cases}-\alpha x+ky+g=0\\ lx-\beta y+h=0\end{cases}\tag{7.91}$$

的解(x_0,y_0)。

这个模型的某些特殊情况可以解释几个简单而重要的现象：

(1) 对于两个相互不存在敌视的国家，$g=h=0$，那么 $x(t)\equiv y(t)\equiv 0$ 是(7.91)的平衡解，即如果 $x(t)$ 和 $y(t)$ 在某个时候为零，就将永远保持为零。这种情况可以解释为由于双方的信任和裁军而达到持久和平，它可以出现在两个友好的邻国之间。

(2) 如果 $g,h\neq 0$，即使在某个时候 $x(t)$，$y(t)$ 为零，由于这时 $\dot{x}=g$ 和 $\dot{y}=h$，$x(t)$和 $y(t)$也将增加。这表示未经和解的(即不消除敌视的)双方裁军是不会持久的。

(3) 如果在某个时候 $x(t)=0$，即使忽略 g 的作用，由于这时 $\dot{x}=ky$，$x(t)$也不会保持为零。这表示单方面的裁军绝不会持久。

下面在一般情况下讨论方程(7.90)的平衡点的稳定性。

我们知道线性常系数微分方程组

$$\begin{cases}\dot{x}=-\alpha x+ky+g\\ \dot{y}=lx-\beta y+h\end{cases}\tag{7.92}$$

的平衡点 $P(x_0,y_0)$的稳定性由系数$-\alpha,k,l,-\beta$ 决定。根据平衡点稳定的充要条件是所有特征值具有负实部(特征方程组为 $\lambda^2+(\alpha+\beta)\lambda+\alpha\beta-\ell k=0$)，可以得到，当

$$p=-\alpha-\beta<0\tag{7.93}$$

且

$$q=\begin{vmatrix}-\alpha & k\\ l & -\beta\end{vmatrix}>0\tag{7.94}$$

时，$P(x_0,y_0)$才是稳定的。否则，是不稳定的。

现在平衡点为 $x_0=\dfrac{kh-\beta q}{\alpha\beta-kl}$，$y_0=\dfrac{lg+\alpha h}{\alpha\beta-kl}$。

对它来说 $p=-\alpha-\beta<0$，$q=\begin{vmatrix}-\alpha & k\\ l & -\beta\end{vmatrix}=\alpha\beta-kl$。

所以当且仅当

$$\alpha\beta>kl\tag{7.95}$$

时，平衡点是稳定的。

注意到α 和β 是每一方自己的经济力量对军备增长的约束程度的度量，k 和l 是对方的军备对自己军备增长的刺激程度的度量，式(7.95)粗略地表示，当约束程度大于刺激程度时，军备竞赛是稳定的，不会无限制的增长；反之，竞赛将无限制地进行下去，可能导致战争。

为了利用式(7.95)判断平衡点的稳定性，必须估计这些系数的值，这显然是困难的。下

面是 Richardson 提出的估计方法(注意：这些系数的倒数具有时间的量纲)。

设 $g=0, y=y_1$(乙方军备为常数)，当 $x=0$ 时，由方程(7.90)得

$$\frac{1}{k}=\frac{y_1}{\dot{x}} \tag{7.96}$$

式(7.96)表示再不存在敌视时，$\frac{1}{k}$是甲方军备从零赶上乙方军备 y_1 所需要的时间。

设 $g=0, y=0$，由方程(7.90)得 $x(t)=x(t_0)\mathrm{e}^{-\alpha(t-t_0)}$，即

$$x\left(t_0+\frac{1}{\alpha}\right)=\frac{x(t_0)}{e} \tag{7.97}$$

式(7.97)表示在不存在敌视且乙方无军备时，$\frac{1}{\alpha}$是甲方军备减少到原来的$\frac{1}{e}$所需要的时间。

例 7.11 第一次世界大战前期，法俄同盟和德奥匈同盟的军备竞赛情况如下。

两个同盟的经济实力大致相同，且约为德国的 3 倍，已知德国的 $k\approx 0.3$，所以两个同盟的 $k\approx 0.9$，同时假定 $\alpha=\beta\approx 0.2$，那么由于 $\alpha\beta<kl$，它们的军备不会趋于稳定。据此，阐明第一次世界大战爆发的原因。

解：事实上，当时两个同盟之间既有军事竞赛又有贸易往来。用 x_1, y_1 表示双方的军事预算，x_2, y_2 表示双方的贸易往来，从军事预算中扣出贸易往来作为军备，即 $x=x_1-x_2, y=y_1-y_2$。以 $k=l, \alpha=\beta$ 代入方程(7.92)，并将两式相加得到

$$\frac{\mathrm{d}}{\mathrm{d}t}(x+y)=(k-\alpha)(x+y)+g+h$$

将 $x=x_1-x_2, y=y_1-y_2$ 代入并整理可得到

$$\frac{\mathrm{d}}{\mathrm{d}t}(x_1+y_1)=(k-\alpha)\left[(x_1+y_1)-(x_2+y_2)+\frac{1}{k-\alpha}\frac{\mathrm{d}}{\mathrm{d}t}(x_2+y_2)+\frac{g+h}{k-\alpha}\right]$$

表明 x_1+x_2 与它变化率的关系是线性的。由于军事预算体现的军备继续增加，所以爆发了历史上的第一次世界大战。

本节介绍了线性差分方程组的基本概念、一般理论和求解过程。对于离散型的经济变量，常利用差分方程模型来解决实际应用中的问题，如萨缪尔森乘数加速数模型、最优价格模型、军备竞赛模型等。

章末习题

1. 求解微分方程组

$$\frac{\mathrm{d}x_1}{\mathrm{d}t}=4x_1+6x_2,\quad \frac{\mathrm{d}x_2}{\mathrm{d}t}=-3x_1-5x_2,\quad \frac{\mathrm{d}x_3}{\mathrm{d}t}=-3x_1-6x_2+x_3.$$

2. 求解初值问题

$$\frac{\mathrm{d}x_1}{\mathrm{d}t}=x_1,\quad \frac{\mathrm{d}x_2}{\mathrm{d}t}=2x_1+x_2-2x_3,\quad \frac{\mathrm{d}x_3}{\mathrm{d}t}=3x_1+2x_2+x_3+\mathrm{e}^t\cos 2t,$$

$$\boldsymbol{x}(0)=(0,1,1)^{\mathrm{T}}.$$

3. 试用形如 $V(x,y)=ax^2+by^2$ 的李雅普诺夫函数确定下列方程组零解的稳定性：

$$\frac{\mathrm{d}x}{\mathrm{d}t}=-xy^2$$

$$\frac{\mathrm{d}y}{\mathrm{d}t}=-yx^2.$$

4. 研究下列方程组零解的稳定性：

$$\frac{\mathrm{d}x}{\mathrm{d}t}=-x-y+(x-y)(x^2+y^2)$$

$$\frac{\mathrm{d}y}{\mathrm{d}t}=x-y+(x+y)(x^2+y^2).$$

5. 求解下列差分方程组：

$$\begin{cases}x_t^{(1)}=x_{t-1}^{(1)}-3x_{t-1}^{(2)}+4x_{t-1}^{(3)}\\x_t^{(2)}=4x_{t-1}^{(1)}-7x_{t-1}^{(2)}+8x_{t-1}^{(3)}\\x_t^{(3)}=6x_{t-1}^{(1)}-7x_{t-1}^{(2)}+7x_{t-1}^{(3)}.\end{cases}$$

【在线测试题】扫描书背面的二维码，获取答题权限。

扫描此码　在线自测

参考文献

[1] 陈宝林. 最优化理论与算法(第2版)[M]. 北京：清华大学出版社，2005.
[2] 夏少刚. 运筹学——经济优化方法与模型[M]. 北京：清华大学出版社，2005.
[3] 魏权龄. 经济与管理中的数学规划[M]. 北京：中国人民大学出版社，2011.
[4] 张从军，李辉，鲍远圣，孙春燕. 经济运筹方法[M]. 上海：复旦大学出版社，2009.
[5] 于维生. 博弈论与经济[M]. 北京：高等教育出版社，2007.
[6] 黄红选，韩继业. 数学规划[M]. 北京：清华大学出版社，2006.
[7] 吴群，周羚君，殷俊锋. 矩阵分析[M]. 上海：同济大学出版社，2017.
[8] 徐树方，钱江. 矩阵计算六讲[M]. 北京：高等教育出版社，2011.
[9] R. T. 洛克菲勒(R. T. Rockafellar)著，盛宝怀，译. 凸分析[M]. 北京：机械工业出版社，2018.
[10] 时宝，黄朝炎. 微分方程基础及其应用[M]. 北京：科学出版社，2007.
[11] 高作峰，王友，王国成. 对策理论与经济管理决策[M]. 北京：中国林业出版社，2006.
[12] 袁亚湘，孙文瑜. 最优化理论与方法[M]. 北京：科学出版社，1997.
[13] 方述诚，S. 普森普拉. 汪定伟，王梦光，译. 线性优化及扩展：理论与算法[M]. 北京：科学出版社，1994.
[14] 谢识予. 经济博弈论(第三版)[M]. 上海：复旦大学出版社，2006.
[15] 胡运权，郭耀煌. 运筹学教程(第二版)[M]. 北京：清华大学出版社，2003.
[16] 高立. 数值最优化方法[M]. 北京：北京大学出版社，2014.
[17] 王宜举，修乃华. 非线性最优化理论与方法(第三版)[M]. 北京：科学出版社，2019.
[18] 杨庆之. 凸优化的理论和方法[M]. 北京：科学出版社，2019.
[19] [美]蒋中一，[加]凯尔文·温赖特. 数理经济学的基本方法(第4版)[M]. 刘学，顾佳峰，译. 北京：北京大学出版社，2006.
[20] 张维迎. 博弈论与信息经济学[M]. 上海：上海三联书店，上海人民出版社，2004.
[21] 同济大学教学研究室. 线性代数(第四版)[M]. 北京：高等教育出版社，2006.
[22] 黄奇辅. 金融经济学基础[M]. 北京：清华大学出版社，2003.
[23] 施光燕，董加礼. 最优化方法[M]. 北京：高等教育出版社，1999.
[24] 苗连英，宋慧敏，逄世友，等. 关于资源影子价格的讨论[J]. 教育现代化，2015(19)：169-172.
[25] 东北师范大学微分方程教研室. 常微分方程[M]. 北京：高等教育出版社，2005.
[26] 张有旭. 最优价格模型的建立及其解法[J]. 现代情报，2004(4)：206-207.
[27] 王丽丽，王爱法. 影子价格在产品计划中的应用和解法[J]. 科教文汇，2020(4)：76-79.
[28] 王成强. 金融数学专业线性规划双语案例教学示析[J]. 黑龙江科学，2019(10)：4-7.
[29] 吉本斯. 博弈论基础[M]. 北京：中国社会科学出版社，1999.
[30] 高鸿业. 西方经济学：微观部分[M]. 北京：中国人民大学出版社，2004.
[31] 程云鹏. 矩阵论(第3版)[M]. 西安：西北工业大学出版社，2006.
[32] 戴华. 矩阵论[M]. 北京：科学出版社，2001.
[33] 胡毓达. 非线性规划[M]. 北京：高等教育出版社，1990.
[34] 刘树林. 数理经济学[M]. 北京：科学出版社，2008.
[35] 伍超标. 数理经济学导论[M]. 北京：中国统计出版社，2002.
[36] 王燕军. 最优化基础理论与方法[M]. 上海：复旦大学出版社，2011.
[37] 王景恒. 最优化理论与方法[M]. 北京：北京理工大学出版社，2018.

[38] 张晋东，孙成功. 运筹学全程导学及习题全解[M]. 北京：中国时代经济出版社，2006.

[39] 黄红选，韩继业. 数学规划[M]. 北京：清华大学出版社，2006.

[40] 黄永年，昔秀峰. 常系数线性差分方程组的一种解法[J]. 应用数学学报，1995(4)：481-486.

[41] 周义仓，靳祯，秦军林. 常微分方程及其应用[M]. 北京：科学出版社 2010.

[42] 王高雄等. 常微分方程[M]. 北京：高等教育出版社，2006.

教学支持说明

▶▶课件申请

尊敬的老师：

您好！感谢您选用清华大学出版社的教材！为更好地服务教学，我们为采用本书作为教材的老师提供教学辅助资源。该部分资源仅提供给授课教师使用，请您直接用手机扫描下方二维码完成认证及申请。

任课教师扫描二维码
可获取教学辅助资源

▶▶样书申请

为方便教师选用教材，我们为您提供免费赠送样书服务。授课教师扫描下方二维码即可获取清华大学出版社教材电子书目。在线填写个人信息，经审核认证后即可获取所选教材。我们会第一时间为您寄送样书。

任课教师扫描二维码
可获取教材电子书目

清华大学出版社

E-mail: tupfuwu@163.com
网址：http://www.tup.com.cn/
电话：010-83470332 / 83470142
传真：8610-83470107
地址：北京市海淀区双清路学研大厦B座509室
邮编：100084